주역의 시간

주역의 시간

삶의 무기가 되는 하루 1페이지 인문학 수업

초판 인쇄 2021년 1월 11일
초판 발행 2021년 1월 15일

편저자   남덕
펴낸이   김상철
발행처   스타북스
등록번호   제300-2006-00104호
주소   서울시 종로구 종로 19 르메이에르종로타운 B동 920호
전화   02) 735-1312
팩스   02) 735-5501
이메일   starbooks22@naver.com
ISBN   979-11-5795-570-1 13140

주역의 시간

삶의 무기가 되는
하루 1페이지
인문학 수업

남덕 편저

365일 우주에너지를 내 것으로 만드는 비밀병기
운을 열어주고 인생을 두 배로 사는 지혜의 정원

스타북스

주역은 어떻게 인생의 무기가 되는가?

"길흉화복은 새옹지마"라는 만고의 진리가 있다. 좋은 일과 나쁜 일, 재앙과 복은 돌고 돌아서 누구에게나 찾아오기도 하고 나가기도 한다는 뜻이다. 그것이 요즘에는 세상이 빠르게 변하는 만큼 오고 가는 것도 빨라졌다. 따라서 그때를 빨리 읽고 대처하는 사람은 성공하고 그렇지 않은 사람은 실패한다.

인간이 우주와 교감을 통해 삶을 예측하는 최고의 고전인 『주역』은 때의 변화를 예측하는 명리학으로 오랜 시간 이어져 내려온 서책이나, 고대 중국의 군주들이 한결같이 익혀 온 제왕학이기도 하다.

군주들이 주역을 배운 이유는 〈군자는 점을 치지 아니한다〉는 말에 연유하는 것이다. 주역을 잘 익히게 되면 예지력이 발현되어 때가 변하는 조짐을 깨달을 수 있는 통찰력과 직관력을 갖추게 되기 때문이었다.

『주역의 시간』은 시기 변화를 꿰뚫어 보는 것을 특화하였기 때문에 '시기와 조짐에 관한 전문서'라고도 할 수 있다. 작금의 세계 경제 동향을 살펴보더라도 앞으로의 시대에서는 지금보다 한층 더 변화를 읽어 내고 그에 대응하는 방법을 찾기 위한 학문이 반드시 필요하리라고 생각한다.

나는 한 사람의 애독자이자 주역을 연구하는 사람으로서 이 위대한 『주역』의 지혜를 조금이라도 더 많은 사람들에게 전하고 싶다는 생각에서 이 책을 집필하게 되었다.

『주역』 원고에 매달리기 전에 우선 각각의 말을 선별하기 시작했으나, 그 선별 작업에 착수하자마자 차질이 빚어질 수밖에 없었다. 방대한 『주역』의 말들은 단지 요설에 그치는 것이 아니고 다듬고 다듬어 내서 군더더기가 없는 시사와 경고, 함축이 가득한 문장이다. 쉽게 취사선택할 수 있는 내용이 아니어서 적지 않은 어려움에 처하기도 하였다.

또 해설을 해 나가는 데 있어 그만 나도 모르게 상세한 설명을 덧붙이고 싶어져서 그것을 몇 줄의 문장으로 축약하는 데 애를 먹기도 했다. 덕분에 새로운 기분으로 다시 『주역』을 배우는 좋은 기회가 되기도 하였다. 「문언전」이나 「계사전」을 볼 때는 새삼 그 명문에 도취하여 지극히 행복한 시간을 가질 수도 있었다.

이 책은 모든 독자 분들이 『주역』에 흥미를 가지게 될 계기를 만들어드리기 위해 쓴 것이다. 여러분 스스로 『주역』 본문을 음미하여서 『주역』의 매력을 접할 수 있게 된다면 더할 수 없는 행운이라 하지 않을 수 없겠다.

책의 마지막에는 이 책을 읽어 나가는 데 도움이 될 만한 기초지식을 정리해 놓았다. 독자들께서 참고한다면 『주역』의 원리뿐 아니라 이 세상을 이해하는 데에도 도움이 되리라 생각한다.

1

일월

천도天道는
———————
영원하여
———————
그치는 일이 없다

하늘의 작용에 따라 행한다

건乾은 크고 형통하여 이롭고 바르다.

乾元亨利貞
건 원 형 이 정

'건'은 위대한 하늘의 작용이며 천도天道를 관장하는 근원을 말한다. '원'은 사물의 개시, 원단의 원이다. 이를 시원으로 하여 만물이 생겨난다. '형'은 통하는 것, 생겨난 만물이 생장해 가는 것을 말한다. '이'는 수확, 열매를 뜻한다. 만물이 생장하면 반드시 열매를 맺는다. '정'은 바른 것이다. 열매가 올바른 과실이라면, 그것을 굳게 지켜 나간다. '원형이정'은 하늘의 작용에 따라 올바르게 행한다면 만사가 순조롭게 진척된다는 것을 가르쳐 준다.

또한 원형이정은 각각 춘하추동에 들어맞는다. 봄에 생겨난 것이 여름에 크게 자라난다. 가을에 풍작을 이루고 열매를 맺는다. 겨울에는 열매가 굳어져서는 이윽고 떨어져 대지로 되돌아간다. 이같이 끝 간 데 없이 되풀이되는 변화의 원리 원칙이 원형이정이다. 이것을 '상태常態'라 하여 사물이 성취되어 가는 길을 가리킨다. 한편 원리 원칙에 벗어난 것은 '변태變態'로서 중도에 좌절되어 버리는 길이다. 원형이정은 원리원칙을 따르는 것이 중요함을 새삼 가르쳐 주고 있다.

1+1 하루를 두 배로 사는 인생 독본

육체에 대한 해독과 정신에 대한 해독의 차이는 다음과 같다. 육체에 대한 해독은 그저 불쾌한 것에 그치지만, 영혼에 대한 악서惡書의 해독은 아주 매혹적이어서 그럴수록 더욱 나쁜 영향을 끼친다.

모든 것은 인仁에서 시작된다

원元은 선善의 으뜸이다.
군자는 인을 몸소 실천함으로써 족히 남의 우두머리가 될 수 있다.

元者 善之長也 君子體仁 足以長人
원 자 선 지 장 야 군 자 체 인 족 이 장 인

───── 문언전文言傳 ─────

'원'은 만물의 시초이며 '선'의 으뜸가는 것이다. 춘하추동에 대비해 보면 '봄'이다. 모든 것이 시작되고 움트는 시기이다. 인간의 도덕에 비추어 보면 '인仁'이다. 자비로운 마음이야말로 '선善'의 으뜸가는 것이다.

배려와 자비로운 마음으로 키우는 데는 사심이 없고 아무런 보상도 바라지 않는다. 이를 인애의 정신이라 한다. 인을 체득하고서야 비로소 사람들을 이끄는 자, 남의 '우두머리'가 될 수 있다.

1+1 하루를 두 배로 사는 인생 독본

진실한 종교란 인간의 내면에 자리하며 저 불가사의한 시공에 둘러싸인 인간의 존재를 밝혀 주는 것이다. 즉, 인간 생활을 무한한 시공과 결합시켜서 인간의 행위를 광명을 향해 인도하는 그러한 관계이다.

조화의 요체는 예禮이다

형亨은 기꺼운 모임이다.
모임을 기꺼이 갖는 것이 예에 족히 합치하는 것이다.

亨者 嘉之會也 嘉會足以合禮
형 자 가 지 회 야   가 회 족 이 합 례

──── 문언전文言傳 ────

'형'은 크게 뻗어 나가는 것이다. 계절로 말하면 초목 백화가 만발하는 '여름'이다. '가嘉'는 기쁨, '회會'는 모임이다. 사람이나 사물이 모여 풍요롭게 번창해 나간다. 모두가 기꺼워하는 가운데 일이 진척된다면 개인과 전체가 잘 조화되어 사회가 평온해진다.

'예禮'라 하면 우선 예의범절이란 말이 떠오르게 되나 그것은 좁은 의미의 해석이다. 넓은 의미에서는 사회를 통합하는 정리나 도리, 구체적으로는 법률, 질서, 제도 등을 나타내는 말이다.

1+1 하루를 두 배로 사는 인생 독본

우리는 누구나 어떤 사명을 가지고 있지만 그 사명이 무엇인지는 분명히 알 수가 없다. 그러나 그 사명이 무엇인지 알려는 노력을 멈춰서는 안 되며 적극적으로 참가하여야 한다. 성취되어야 할 사명이 무엇인가를 알지 못하고는 존재할 수 없다.

의義가 이利를 낳는다

이利는 의義에 화하는 것이다.
물건을 이롭게 함이 족히 의에 조화되는 것이다.

利者 義之和也 利物足以和義
이 자 의 지 화 야 이 물 족 이 화 의

───── 문언전文言傳 ─────

　'이'는 결실의 때. 춘하추동으로 말하면 '가을'이다. 이利에는 칼로 베어낸다, 이익 같은 것의 의미도 같이 들어있는바 가을의 추수는 열매만을 수확하고 그 밖의 것은 잘라 버린다. 이는 사사로운 정과 사욕을 엄격하게 쳐내고 좋은 열매를 얻는 것을 가리킨다. 인간의 도덕에 빗대면 '의義'가 된다.

　『주역』에서 가르치는 '이'라 함은 '의'로써 인간 사회의 조화를 유지해 나가는 일이 곧 '이득'이라고 말하는 것이다.

1+1 하루를 두 배로 사는 인생 독본

설령 우리들이 원하지 않는다 하더라도 주위의 모든 세계와 우리 자신이 연결되어 있음을 느끼지 않을 수 없다. 사상, 지식의 교환, 그리고 특히 이 세계에 대한 우리들의 위치, 관계의 이해利害가 우리들을 결합시켜 준다.

모든 일의 근간은 지知에서 시작된다

정貞은 일의 근간이다.
정하고 견고함이 족히 일의 근간이 되는 것이다.

貞者事之幹也 貞固足以幹事
정 자 사 지 간 야 정 고 족 이 간 사

───── 문언전文言傳 ─────

'정'에는 견고하다든가 성취와 같은 의미가 있다. 계절로는 '겨울'에 해당한다. 토양이 자양분을 갖추는 시기로 내면이 충실해져 가는 시기이다. 사람의 도덕에 빗대어 보면 '지知'에 해당한다. 지혜와 지식은 모든 일의 근간이 된다.

시작元, 성장亨, 결실利, 성취貞의 순환이 만물에 통용되는 『주역』의 '사덕四德'으로서 이것이 '상태常態' 즉, 정상적인 모습이다. 이 길을 벗어나 한발 앞서 달아나려 한다면 반드시 중도에서 좌절하게 되는 것이다.

1+1 하루를 두 배로 사는 인생 독본

사람들이 가득 들어찬 건물 안에서 누군가 갑자기 "불이야!"하고 외치면 대번에 혼란이 일어나 많은 사상자가 발생할 것이다. 말 한마디의 해독은 이렇듯 무섭다. 우리가 실수한 말로 인해 일생을 망치는 사람을 우리 눈으로 보지 못한다 하더라도 그 말의 해독의 크기는 마찬가지이다. 당신도 말의 파괴자가 될 수 있음을 두려워하라.

하늘은 높고 땅은 낮다

하늘은 높고 땅은 낮으니 건곤乾坤이 정해진다.

天尊地卑 乾坤定矣
천 존 지 비   건 곤 정 의

계사상전繫辭上傳

　『주역』은 우주의 양태를 본떠서 만들어졌다. 하늘은 땅 위에 있어 높고, 땅은 하늘 아래에 낮게 있어 하늘의 기운을 받아들여 만물을 살찌운다. 이 천지의 모습에서 건곤의 근본이 정해진다.

　'건'은 '하늘'이며 음양의 '양'으로서 능동적인 성질을 갖는다. '곤'은 '땅'으로 음양의 '음'에 해당하며 수동적인 성질을 갖는다. 이 근본에 따라 높이 있는 것과 낮게 있는 것이 각각의 역할을 다한다면 우주뿐 아니라 인간 사회도 안정되어 간다.

1+1 하루를 두 배로 사는 인생 독본

어떤 일엔가 정신없이 골몰해 있을 때 사람들은 자신이 지금 좋고 있는 그 일에만 행복이 있다고 믿기가 일쑤이다.

어제까지 그런 욕망을 달성하기 위해 허비한 노력의 반이라도 버리는 데 노력해 보라. 그때 그대는 더 큰 평화와 행복을 얻을 수 있음을 깨닫게 될 것이다.

대지의 힘은 광대하다

땅은 두터워서 만물을 싣고 있으니 덕이 끝없이 합치하며,
넓게 포용하고 크게 빛나면서 모든 사물이 막힘이 없다.

坤厚載物 德合无疆 含弘光大 品物咸亨
곤 후 재 물 덕 합 무 강 함 홍 광 대 품 물 함 형

───┤ 곤위지坤爲地 ├───

'곤'은 '땅'을 가리키며 음양의 '음'을 나타낸다. '무강'의 '무无'는
없을 무無, '강疆'은 지경 경境의 옛 문자로서 경계가 없는 것을 일
컫는다. 음의 상징인 대지는 존재하는 모든 것을 '무강'에 싣고 받
아들이며 키우고 비축한다. 생명도 사물도 하나하나 다 풍성하게
형성하여 늘려 간다.

음의 힘은 한없이 광대하며 어떠한 것이라도 받아들여 살리고
길러 나가는 힘을 갖고 있다.

1+1 하루를 두 배로 사는 인생 독본

우리가 함께 사는 한, 비록 가장 천하고 가련한 혹은 비웃음을 받아 마땅한 사람일지라도 그
인격을 멸시해서는 안 된다. 모든 사람에게는 영원한 법칙의 결과로서 존재하는 불멸의 영성
이 존재한다. 그것을 발견하도록 해야 한다. 영성이 본질 그대로 존재하는 한 비난하지도 말고
그저 잠자코 견디는 힘을 길러야 한다.

음과 양은 서로 돕는다

한 번은 음하고 한 번은 양한 것을 도道라고 한다.

一陰一陽之謂道
일 음 일 양 지 위 도

계사상전繫辭上傳

음양은 상반되어 대립하면서도 서로를 돕는다. 그리고 하나가 되려고 섞이면서 나선형으로 크게 순환하며 발전 성장하는 길을 만들어 간다. 음양은 하늘과 땅, 남과 여, 앞으로 나아감과 물러남 같이 대립하는 두 개의 성질로 나뉘어서 서로 반발하면서도 섞이려고 하는 것이다. 『주역』에서는 이 음양 작용에 의한 변증법적 작용을 도道라고 일컬으며, 방대한 에너지를 발하여 만물을 낳는 기원으로 삼고 있다.

여름과 겨울은 서로 대립하면서 그 힘을 소멸, 성장시키거나 전화하여 4계절이 순환한다. 춘하추동이 순환함으로써 생성되는 것들은 이루 헤아릴 수 없다.

가까운 예를 들자면 배움의 시기는 음이다. 그 배운 결과를 사회에 발휘하는 것은 양이다. 밤에 쉬면서 영기英氣를 비축하는 것은 음이고, 다음날 아침 상쾌하고 힘차게 눈을 뜨는 것은 양에 해당한다. 우리들의 인생도 '일음일양'의 작용 속에서 영위되고 있는 것이다.

1+1 하루를 두 배로 사는 인생 독본

기독교의 가르침은 어린이라도 스스로 생각해서 이해할 수 있을 만큼 분명하다. 실상은 그렇지 않으면서도 기독교인처럼 행동하며 남에게서 기독교라는 말을 듣기를 바라는 자는 참된 기독교를 이해하지 못하는 것이다.

말은 뜻을 다 전하지 못한다

글로는 말을 다하지 못하고 말로는 그 뜻을 다하지 못한다.

書不盡言 言不盡意
서 불 진 언   언 불 진 의

계사상전繫辭上傳

말하고 싶은 것을 그대로 다 글로 옮겨 적을 수는 없다. 또한 말은 마음이 움직여 느끼는 모든 것을 그대로 다 표현할 수가 없다.

그래서 『주역』은 말하고 싶은 모든 것을 남기지 않고 망라하기 위해서 사상事象과 만물을 상징하는 '상象', 때와 장소 그리고 위치를 나타내는 '64괘', 그것을 해설하는 말인 '사辭'로써 모든 변화와 그 깊은 뜻을 나타내 보이려고 한 것이다.

1+1 하루를 두 배로 사는 인생 독본

참된 지식이란 기억에 의해서가 아니라, 자신의 사고의 노력에 의하여 얻어진다. 어떤 사물에 대하여 스스로 깊이 생각해 보기도 전에 그 사물에 대해 소개한 책부터 읽는 것은 나쁜 습관이다. 이 같은 습관이 반복되면 자기의 개성적인 세계를 발견하기가 어렵게 된다.

생각이 반을 지나리라

지혜로운 자가 그 단사象辭를 보면 곧 거의 깨달을 것이다.

知者 觀其象辭 則思過半矣
지 자 관 기 단 사 즉 사 과 반 의

계사하전繫辭下傳

'단사'란 『주역』 64괘의 첫마디에 쓰인 말을 일컫는다. 길흉과 존망의 도리를 아는 사람이라면 사물의 처음을 보기만 해도 그 대부분을 파악할 수 있으리라는 말이다.

무언가를 계기로 하여, 누구로부터 들은 한마디로 '그런 뜻인가!' 하고 납득하는 일이 있다. 『주역』에는 그러한 한마디로 감응을 불러일으킬 만한 말들이 적혀 있다.

1+1 하루를 두 배로 사는 인생 독본

어린아이를 교육할 때는 자기 눈앞에 이상적인 완전한 인간의 전형을 그리면서 교육해야 한다. 그렇게 할 때 비로소 그 아이는 자기가 사는 자리에서 흔들리지 않는 인간이 될 수 있다. 아이들은 현재를 위해서가 아니라 미래에 적응하도록 교육하여야 한다.

세상은 시시때때로 변한다

역서를 멀리하지 못할 것이다.

易之爲書也 不可遠
역 지 위 서 아 불 가 원

변화의 법칙을 말해 주는『주역』은 일상적으로 사용하는 서책이다. 때時는 항시 변화하고 사물은 매일같이 달라진다. 그 일상 속에서 매일 조금씩이라도『주역』을 읽는 것이 중요하다.

그리하노라면 그중에서 자신과 정말 아무 관계없는 일은 하나도 없다는 사실을 알게 된다. 자기 자신이나 세상사에 비추어『주역』을 읽음으로써 변화의 원리에 대한 통찰력을 기를 수 있다. 무엇보다 가르침을 실천해 봄으로써 그 효력을 실감할 수 있다.

021

1+1 하루를 두 배로 사는 인생 독본

지금 당장 그대 자신 속에 있는 모든 지배욕과 허영심을 버려라. 영예와 칭찬을 찾고자 하지 말라. 이러한 모든 것은 그대의 정신을 타락시킬 뿐이다. 자기가 타인보다 잘났다는 관념을 경계하라. 자기가 갖지도 않은 도의심이 자신을 아름답게 보이고 있다는 거짓 관념을 경계하라.

오의奧義를 깨우치다

그 말이 자세하고 간곡하면서도 맞는 말이며,
그 일을 베풀었으되 (이치는) 숨겨 놓았다.

其言曲而中 其事肆而隱
기 언 곡 이 중   기 사 사 이 은

───── 계사하전繫辭下傳 ─────

『주역』 속의 말은 원리 원칙의 줄기에서 다양하게 뻗어 난 가지 와도 같다. 거기 쓰여 있는 것은 상황 변화에 호응하기 위해 우여곡절을 보이기도 하나, 내용은 정곡을 찌르고 있다. 또한 이리저리 사물을 말로 표현하고 있으나 그 이면에는 깊은 뜻이 숨겨져 있다.

『주역』을 읽는 의미는 현상의 이면에 숨겨져 있는 진리를 알아차리고 올바른 선택을 함으로써 보다 좋은 인생을 살아가기 위한 나침반으로 삼는 데에 있다.

1+1 하루를 두 배로 사는 인생 독본

타인들의 세계와 신에 대한 관계를 결정해 주는 권리가 자기에게 있다고 생각하는 자들이 있는가 하면, 또한 그러한 권리를 타인이 갖고 있다고 생각하여 타인의 말을 맹목적으로 좇는 인간들도 있다. 모든 사람은 세계와 신에 대한 자기의 관계를 스스로 수립하여야 한다.

삶의 방법은 변하지 않는다

천지의 도는 항구하여 그치는 일이 없다.

天地之道 恒久而不已也
천 지 지 도 항 구 이 불 이 야

───── **뇌풍항雷風恒** ─────

천지의 도는 영구히 계속하여 그치는 일이 없다. '항구'라 함은 영원히 변하지 않는다는 의미이다. 그러나 한자리에 멈춰서 움직이지 않는다는 뜻이 아니라 하루가 아침 낮 저녁으로 바뀌고 1년이 봄 여름 가을 겨울 순으로 돌아가듯이 항상 변화하고 발전해 간다.

다만 그 순서가 바뀌지 않도록 변화하는 속에서도 오랫동안 계속해서 변하지 않는 것이 있다. 사람들이 살아가는 방법도 이와 같아서 시대가 바뀌어도 결코 바뀌지 않는 근본이란 게 있다.

1+1 하루를 두 배로 사는 인생 독본

두 가지 평화가 있다. 하나는 소극적 평화이다. 그것은 마음을 고달프게 한 소란이 사라진 데 불과하다. 그것은 투쟁 후에 오는 평온이며 폭풍이 지난 뒤의 평온이다. 다른 하나는 더욱 완전한 정신의 평화이다. 이는 모든 것을 이해한 믿음의 평온이며 이 안에 인간의 행복이 있다.

천지의 교감으로 만물이 살아간다

천지 교감으로 만물이 상통하고, 상하 교감으로 그 뜻이 일치한다.

天地交而 萬物通也 上下交而 其志同也
천 지 교 이 만 물 통 야　상 하 교 이　기 지 동 야

지천태地天泰

하늘의 기와 땅의 기가 서로 섞여 지상의 만물이 생성하고, 상하 교류하여 의지가 통한다. 천지와 상하가 교류한다 함은 음양이 어우러지는 것이다.

음양이 서로 섞이지 못하면 이 세상의 어느 것도 살아 나갈 수가 없다. 남자와 여자가 교합하여 아이가 태어난다. 회사 조직에서라면 경영자와 부하의 뜻이 하나가 되어야 큰 사업을 이루어 낼 수 있다.

지천태는 천하태평의 때를 나타내는 경사스러운 괘이다.

1+1 하루를 두 배로 사는 인생 독본

사랑은 인생에 있어서 최초의 것은 아니다. 사랑은 마지막의 것이다. 사랑은 원인이 아니라 자기 마음 안에 신의 정신을 처음으로 의식하는 것이다. 이 자의식이 사랑을 요구하며 또한 사랑을 낳는다.

각자의 역할을 다함으로써
안정과 조화를 이룬다

아비는 아비 노릇을, 자식은 자식 노릇을, 형은 형 노릇을,
동생은 동생 노릇을, 지아비는 지아비 노릇을,
아내는 아내 노릇을 제대로 해야 집안의 도가 바르게 된다.

父父子子 兄兄弟弟 夫夫婦婦 而家道正
부부자자 형형제제 부부부부 이가도정

───── 풍화가인風火家人 ─────

가정이 원만하기 위해서는 부자, 형제, 부부가 각자 제자리를 지
켜야 한다. 아비는 아비답게, 자식은 자식답게, 형은 형답고 동생
은 동생답게, 지아비는 지아비답고 아내는 아내다워야 한다.

모든 존재에는 구별과 역할이 있다. '아비의 역할이란?' '자식의
역할이란?' 하는 식으로 자신에게 물어보고, 가족 한 사람 한 사람
이 그 역할을 다함으로써 집안이 안정되고 조화를 이루게 된다.

1+1 하루를 두 배로 사는 인생 독본

인간은 고귀하거나 비천하게 살아갈 수 있음과 같이 고귀하게 또는 비천하게 죽음을 맞이하
게 된다. 우리는 죽음과 삶이라는 두 한계를 극복할 수 없다.

집안을 다스리는 모습이 천하에 반영된다

집안이 바르면 천하가 안정되리라.

正家而天下定矣
정 가 이 천 하 정 의

───── 풍화가인風火家人 ─────

모든 사물은 안에서 밖으로 영향을 미친다. 가정을 올바르게 다스리면 그것이 사회 전체로 파급되어 간다. 가정생활의 모습이 나라와 천하에 반영되는 것이다.

집안을 평화롭게 하는 데는 자신의 마음을 평온하게 하여 수신 修身 함이 제일 중요한 일이다. 집안을 평화롭게 하고 일가가 평온하고 화목하여 서로 양보한다면 그 기풍이나 미풍양속이 천하에 가득 들어차게 된다. 이는 사서오경의 『대학』 8조목에도 반영되어 있는 사고방식이기도 하다.

1+1 하루를 두 배로 사는 인생 독본

만약 그대가 역사를 읽는다면 다음의 사실을 알 수 있을 것이다. 인간이 끊임없이 불행한 원인의 하나가 부정한 신념을 신앙처럼 떠받드는 사람들 때문이라는 것을. 그 오만과 사악 때문에 너무나 눈이 어두워져 인간이 신앙을 필요로 하지 않는 곳에 전파하였다는 사실을.

자신의 하루하루 일과를 닦는 일

군자는 덕을 쌓고 업을 닦는 것이다.

君子 進德修業也
군 자 진 덕 수 업 야

───── 문언전文言傳 ─────

'덕'이란 훌륭한 인격이나 선행을 쌓기 위한 요건이 된다. 자신이 어떻게 해야 할 것인가, 어떻게 행동해야 하는가를 스스로 자문해 보며 자신의 질을 향상시키는 것이다.

또한 이 질에도 인간적인 질, 기술적인 질, 기업으로서의 질 등 여러 가지가 있으나, 뜻을 둔 '질'의 향상을 목표로 하여 자신의 하루하루 일과를 닦는 일이 중요하다. 이를 '수업修業'이라고 한다.

1+1 하루를 두 배로 사는 인생 독본

선善의 위대한 가르침은 우리가 세상에 있기도 전인 몇 세기 전부터 시작된 것이며 또 그 가르침은 우리가 한 줌 흙으로 변해 버린 후에도 지속될 것이다. 따라서 우리는 그 일부만을 듣는 셈이며 그것도 대부분은 이해하지 못하고 마는 것이다.

몸을 확실하게 업業에 두고 닦아야 한다

말을 삼가고 닦아 그의 진실함을 확립하는 것은 업을 닦는 방법이다.

修辭立其誠 所以居業也
수 사 입 기 성   소 이 거 업 야

───── 문언전文言傳 ─────

　자신의 몸을 확실하게 업에 두고 나서 정성을 다해야 성실하게 자신의 생각을 전달할 수 있다. '수사'는 요설로 치장하여 표현한 말이란 의미가 아니고 본래 '간단명료하고 힘 있는 말'로서, 효과적이며 알기 쉽고 적절하면서도 설득력이 있는 그야말로 살아서 전달되는 말을 의미한다.

　특히 남의 윗자리에 선 사람은 수사, 이 '전달하는 기술'을 몸에 익혀 두어야 한다. '잠자코 있어도 밑에서 다 알아서 해 준다'고 생각하는 것은 태만에 지나지 않는다.

1+1 하루를 두 배로 사는 인생 독본

자기는 지식이 있고 예의와 덕까지 갖추었다고 생각하는 사람이 가장 어리석고 악취를 퍼뜨리며 무지 속에서 헤매고 있다. 그들은 자기 인생의 의의를 모를 뿐더러 도리어 그 무지를 자랑거리로 삼고 있음은 우리가 흔히 볼 수 있는 사실이다.

공적인 입장에서 행하라 ①

사람과 같이 함을 공개된 장소에서 한다면 형통하리라.

同人于野亨
동 인 우 야 형

───── 천화동인天火同人 ─────

'동인'은 동인지同人誌라 할 때의 동인의 어원이 되는 말로 다수
의 사람이 마음을 하나로 하여 협력하는 관계를 말한다. 그렇게 함
으로써 하나의 큰 뜻을 이룰 수가 있다.

'야野'에는 많은 의미가 있다. '조야朝野'라고 하면 조정이나 정
부와 민간을 말하며, 그 밖에도 들판이나 감추는 것 없이 공개된
장소, 일상에서 멀리 떨어져 있는 곳, 때로는 세상의 끝을 의미하
기도 한다. 뜻을 성취하기 위해 다른 사람과 협동하여 일하려고 하
는 경우에는 자신의 일상 영역에서 나와 공평한 장소인 '야野'에
서지 않으면 안 된다는 가르침이다.

1+1 하루를 두 배로 사는 인생 독본

하늘과 땅은 영원하다. 하늘과 땅이 영원하다는 것은 둘 다 자기 자신을 위하여 존재하는 것이
아니라는 데 있다. 이것이야말로 하늘과 땅이 영원한 원인이다. 이처럼 성현은 항상 자기로부
터 떨어져 있다. 그러므로 자기에게 필요한 모든 것을 이룰 수가 있는 것이다.

공적인 입장에서 행하라 ②

사람과 함께함에 있어 종친 가운데 고르니 인색하도다.

同人于宗吝
동 인 우 종 인

───── 천화동인天火同人 ─────

남과 뜻을 같이하여 서로 협력한다. 하나의 일을 이루기 위해서는 공개된 자리에서 행하지 않으면 안 된다. 공식적이고 공개된 환경에서가 아니고 자신과 관계있는 사람에게만 편든다던지, 동족 이외는 마음에 두지 않는 편협한 자세를 취한다면 결코 일을 성취할 수 없다.

'종宗'은 친척, 일가, 동족으로서 사적으로 친밀한 관계에 있는 집합체를 말한다. 친척으로 이루어진 회사가 실패하는 요인은 실로 이 '종친과 같이하는 것'으로서 일가만을 대우해 주는 편협함에 있다고 할 것이다.

1+1 하루를 두 배로 사는 인생 독본

보통 사람은 지금까지의 습관적인 편견을 포기할 때 처음에는 자기의 길을 잃은 것처럼 고독을 느끼게 된다. 그러나 그렇게 해야만 자기의 내면으로 더 깊이 파고들 수 있고 더 정확한 자기의 모습을 대면할 수가 있다. 그때 비로소 자신이 위대한 인생의 목전에 이르러 있음을 깨닫는 것이다.

지금의 손해는 나중의 이득이 된다

두 그릇의 제기만으로도 제사를 지낼 수 있다.

二簋可用享
이 궤 가 용 향

───── 산택손山澤損 ─────

손해를 봤을 때는 수입이 적고 지출이 많기 때문에 곤궁해진다. 그런 때는 어떻게 해야 할 것인가를 가르쳐 주는 말이다.

'궤'는 제기祭器를 말한다. 보통은 8그릇을 사용하나 그 궤를 2개로 줄여 공물을 바친다. 즉, 가장 소중한 공물을 줄일 정도로 검소 검약해 가며 때를 기다리라는 것이다.

〈손해를 봐서 후에 득을 취하라〉는 말이 있듯이, 산택손의 괘는 손해를 보거나 삭감하는 것은 나중에 스스로에게 이득이 된다는 것을 가르쳐 주고 있다.

1+1 하루를 두 배로 사는 인생 독본

어떤 종류의 행위는 그 보수로써 사회 일반의 박수갈채를 받는다. 그럴 때 우리는 눈부신 무지개를 보는 듯 황홀해진다. 젊은 사람에게는 그것이 더욱 매력적이다. 그 무지개는 행위의 종결과 함께 사라지며 동시에 노력하려는 의욕도 사라지고 마는 법이다.

분수를 지키다

있을 곳이 아님에도 거기에 거하면 반드시 신상이 위태해질 것이다.

非所據而據焉 身必危
비 소 거 이 거 언   신 필 위

계사하전繫辭下傳

'있을 곳'이란 자신의 분수에 맞는 지위와 입장, 행동 등을 말한다. 그러한 분수를 지키지 못하고 상응하지 않는 지위나 명예를 얻는다 해도, 중책을 감당해 내지 못하고 결국은 치욕을 맛보고 심신이 괴로워진다.

자신의 분수를 크게 벗어나면 반드시 신상이 위태로워진다. 지위나 명예를 잃을 뿐 아니라 때로는 생명까지 위태로워진다고 엄히 가르치고 있는 말이다.

1+1 하루를 두 배로 사는 인생 독본

전쟁은 사람이 한 인간이기를 포기하고 병사가 되도록만 교육한다. 병사의 가장 중요한 임무는 복종이며 병사의 가장 큰 만족은 폭풍과 같은 모험과 위험이다. 전쟁은 국민들에게 평화로운 고뇌를 일으키는 대신 승리의 피에 미친 환희를 일으킨다.

풍요한 시기일수록 뜻을 바로 세워야 한다

췌萃는 형통한다. 왕이 종묘에 이른다.

萃亨 王假有廟
췌 형 왕 가 유 묘

──── 택지췌澤地萃 ────

'췌'는 '모이는 것'이다. 사람이 모이는 곳에는 물건이 모이게 되므로 풍성하고 번창한 때를 말한다.

'왕이 종묘에 이른다' 함은 왕이 선조의 영을 기리는 제사를 행하는 것이다. 인심을 모으고 한마음으로 바라며, 기를 중심으로 모으기 위해 행하는 일이다.

사람과 사물이 모이면 욕심도 따라 모이고, 뺏고 빼앗기는 싸움이 일어난다. 또한 풍성하고 번창한 시대가 되면 사람들은 감사하는 마음을 잊고 뜻도 잃어버린다. 풍요로운 시기일수록 기를 모아 바르게 하고 긴장하여 뜻을 바로 세우는 것이 중요하다.

1+1 하루를 두 배로 사는 인생 독본

분노가 아무리 타인을 불쾌하게 하더라도 사실 화내고 있는 자신이 가장 괴롭다. 분노로 시작된 것은 수치로 끝난다. 분노는 분노를 가져오게 하는 모욕보다도 해롭다. 사람들이 싸우고 있는 광경을 본 어린아이들은 곧 바른 평가를 내린다. 누가 옳으냐 그르냐는 문제와는 상관없이 그저 공포와 혐오 때문에 싸우는 그들을 경멸한다.

사람을 가리지 않고 만인에게 베푸는 덕

오가는 사람이 우물을 시정市井으로 쓰다.

往來井井
왕 래 정 정

수풍정水風井

우물가에는 빈부나 신분 계급을 가리지 않고 모든 사람들이 오간다. 나그네도 동물도 다같이 시원하고 신선한 물의 혜택을 보기 위해 찾아든다.

서민 사회를 의미하는 '시정'이라는 말이 있다. 이는 예로부터 깨끗하고 맑은 우물물이 있는 곳에 사람들이 왕래하고 모여들어 시市와 마을이 형성되게 된 데서 생긴 말이다.

수풍정의 괘가 의미하는 정井의 덕은 옮겨 다니지 않고 항상 일정하게 맑은 물을 담고 있는 일용의 덕을 말한다. 사람을 가리지 않고 만인에게 베푸는 덕을 의미한다.

1+1 하루를 두 배로 사는 인생 독본

사람은 결국 어디로 가는가? 이 문제를 우리들은 알 수 없다. 그러나 가장 고귀한 지혜는 그대가 어디로 가야 할 것인가를 깨닫는 속에서 얻어진다. 다시 말해 신을 향하여, 높은 완성으로 걸어 나가야 함을 깨닫는 일이다.

본질을 잃지 않는 힘

물은 끊임없이 흘러서 넘치지 않고
험지로 행하여도 그 믿음을 잃는 일이 없다.

水流而不盈 行險而不失其信
수 류 이 불 영   행 험 이 불 실 기 신

──── 감위수坎爲水 ────

물의 성질은 흘러갈 곳이 있으면 흐르고 늘 움직여서 결코 멈추는 일이 없다. 바위에 가 부딪치든 험한 곳이든, 흘러가서 그 상황이 어떻든 간에 그 본질을 잃는 일이 없다.

감위수의 괘는 험난함이 겹쳐질 때 그 어려움으로부터 벗어나는 방법을 일러 준다. 어떠한 난관에 처할지라도 반드시 벗어날 수 있다고 믿는 힘, 상황을 진심으로 받아들이고 앞으로 나아가려고 하는 힘이 '물'의 본질인 '믿음'이다.

1+1 하루를 두 배로 사는 인생 독본

세상에는 모든 사람이 가지기에 충분한 지식이 있다. 그러나 그 지식을 자기 소유로 하지 못한다면 지식은 그에게 해로울 뿐이다. 두뇌만 써서는 배부를 수 없다. 열매를 잘 이용하라.

진심으로 성실함이 넘쳐흐르다

중부中孚는 (진실한 믿음으로써) 돼지나 물고기라도 길하다.

中孚 豚魚吉
중 부 돈 어 길

────── 풍택중부風澤中孚 ──────

'중부'란 마음의 중심, 진심으로 성실함이 넘쳐흐르듯 하는 것을 말한다.

'부孚'는 손톱 조爪와 아들 자子 자로 이루어진 문자로 어미 새가 알을 품고 있다는 뜻의 글자이다. 어미 새는 알이 발톱에 상하지 않게끔 조심스레 움직이며 품는다. 그 같은 성심성의의 감정이 부이다. 이 같은 성심성의를 다하는 진심은 사람들만이 아니고 돼지나 물고기에게까지 미치게 될 정도로 큰 것이라는 의미이다.

또한 알은 기일을 놓치지 않고 부화한다는 점에서 '믿는다'는 의미도 포함하고 있다.

1+1 하루를 두 배로 사는 인생 독본

우리가 풍족한 식탁에 앉아 담소와 포식을 즐기고 있을 때, 한 조각의 빵과 한 평의 누울 자리를 구하는 사람들이 울부짖고 슬퍼하는 소리를 들으면서도 그 울음소리에 귀 기울이지 않는다면 그 이상 부당한 처사가 있을까?

스스로를 돌이켜 유순한 덕을 기르다

암소를 기르면 길하다.

畜牝牛吉
휵 빈 우 길

─── 이위화離爲火 ───

이위화의 '이離'는 '멀어진다'는 의미이나 '붙는다'는 의미도 갖고 있다. 불은 무언가에 붙어서 타오르고 빛을 발하며 반짝인다. 사람도 무언가에 붙어 따름으로써 능력을 발휘하는 것이다. 또 '이'에는 일에 '착수한다'는 의미도 있어서 인간관계 전반에 관련되는 말을 뜻한다.

'빈우'는 암소를 나타내는 말로 유순한 덕의 상징이다. 뿔이 자기 몸 쪽으로 완만하게 휘어져 있어서 자신을 객관적으로 돌아다보는 일에 비유되어진다. 모나고 공격적인 사람은 사귀기 힘들기 때문에 스스로 돌이켜 보고 '암소를 기르는 것'이 처세의 기본이라고도 할 수 있다.

1+1 하루를 두 배로 사는 인생 독본

사랑이 주는 용기, 평화, 환희는 참으로 위대하다. 사랑에 의하여 얻어지는 내면적인 행복은 외면적인 행복만을 알고 있는 사람으로서는 절대 깨닫지 못하는 것이다. 타인을 사랑하는 것은 참되고 견고한 정신의 행복을 가져온다. 사랑이란 인간을 영원의 세계와 결합시켜 주기 때문이다.

지위와 명성만 믿고 무모히 나아가는 사람

장님도 볼 수 있고 절름발이도 걸을 수 있으나,
호랑이 꼬리를 밟으면 사람을 물게 되니 흉하다.
무인임에도 대군이 된다.

眇能視 跛能履 履虎尾咥人凶 武人爲于大君
묘 능 시 파 능 리 이 호 미 질 인 흉 무 인 위 우 대 군

─── 천택리天澤履 ───

통찰력도 없고 추진력이 미흡한데도 스스로 힘이 있노라고 믿고
는 위험한 길을 무서울 게 없다는 듯이 무모하게 나아간다. 그 결
과 호랑이 꼬리를 힘껏 밟아 덥석 잡아먹히고 만다. 흉凶이다. 무
인인데 대군(왕)이 되는 것도 마찬가지로 무리가 있다.

'범'은 선인先人을 비유한 말이다. '무인'은 야심과 힘이 있어 일
단은 지위와 명성을 얻게 되나, 겸허한 마음이 아니고 예의를 차릴
줄 모르니 호랑이에게 잡아먹혀 이윽고 파멸에 이르게 된다.

1+1 하루를 두 배로 사는 인생 독본

신과 나는 동일체라고 스승은 말하였다. 그러나 만약 나의 육체가 신의 형상이라고 생각한다
면 그것은 잘못이다. 다른 존재에 비하여 어떤 특별한 정신적인 나의 본질이 신이라 생각함도
잘못이다. 신과 동일체인 참 자아에 침투할 수 있을 때에만 그대는 비로소 정당하다.

기꺼이 간난을 헤쳐 나간다

기쁨으로 백성을 이끌면 백성은 그 노고를 잊어버리고,
기쁨을 갖고 임한다면 어려운 일에 맞닥뜨리더라도
백성은 죽음조차 괘념치 않는다.

說以先民 民忘其勞 說以犯難 民忘其死
열 이 선 민   민 망 기 로   열 이 범 난   민 망 기 사

──── 태위택兌爲澤 ────

　　태위택의 괘는 기뻐함이라는 뜻으로 기쁨을 주는 때를 강설한
다. 여기서 가르치는 기쁨은 표면적인 기쁨이 아니고 본원적인 기
쁨을 말한다.

　　남의 윗자리에 서는 자가 스스로 즐겨 힘든 일을 하며 백성을 이
끈다면, 백성은 노고를 잊는다. 마찬가지로 기꺼이 간난을 헤쳐 나
아간다면 백성은 곤란하다고 하여 목숨을 내던지기를 주저하지 않
는다. 보람 있는 수고나 죽음은 씩씩하게 임하는 기쁨으로 바뀌게
된다.

1+1 하루를 두 배로 사는 인생 독본

성인의 지혜가 그 성스러움 때문에 형태를 나타낼 수 없을 만큼 방해를 주는 조건은 아무것도
없다. 지혜는 모든 사람에게 필요한 것이며 모든 사람이 얻을 수 있는 것이다. 지혜는 스스로
의 사명을 깨닫고 그것을 행하는 방법을 아는 데에 있다.

하늘의 뜻에 따르고 백성에 응하다

천지가 바뀌어 4계절을 이루고 탕무가 혁명을 한 것도,
천의를 따르고 백성들의 뜻에 응한 것이니 혁명의 때는 위대한 것이다.

天地革而四時成 湯武革命 順乎天而應乎人 革之時大矣哉
천 지 혁 이 사 시 성   탕 무 혁 명   순 호 천 이 응 호 인   혁 지 시 대 의 재

──── 택화혁澤火革 ────

천지의 기가 변혁하여 사계절을 이룬다. 하 왕조를 멸망시키고
은 왕조를 연 탕왕이나 은 왕조를 멸하고 주周 왕조를 세운 무왕의
혁명도 하늘의 뜻에 반하지 않는 길이며, 백성의 괴로움에 응한 것
이었다.

혁명에는 대의명분이 필요하다. 그것이 '순천응인順天應人' 즉,
하늘의 뜻에 따르고 백성에 응하는 일이다. 사욕이나 사사로운 원
한에서가 아니고 하늘의 뜻에 따라 백성의 요망에 부응하는 혁명
과 개혁은 위대하다.

1+1 하루를 두 배로 사는 인생 독본

대지는 어떤 특정한 인간의 소유물일 수 없다. 대지는 우리들 만물의 어머니이다. 우리가 태어
난 순간부터 대지의 가슴은, 영원한 꿈을 좇아 평안을 얻지 못하는 우리들을 자비롭게 포옹하
고 끊임없이 애무하여 준다.

역易의 세 가지 뜻

'역易'은 한 글자로서 변역變易, 불역不易, 역간易簡의 3가지 의미를 갖는다. 이를 '역의 삼의三義'라고 한다. '변역'은 변하여 바뀜을 뜻한다. 삼라만상 모두가 한때일지라도 변하지 않는 것은 없다. '불역'은 변화의 가운데에는 반드시 일정한 불변의 법칙이 있음을 말한다. '역간'은 그 변화의 법칙을 우리들이 이해하기만 한다면, 천하의 모든 사물과 현상도 알기 쉬워지고 간단히 인생에 응용할 수가 있음을 나타낸다.

우주는 멈춰 있지 않고 시시각각 변화한다. 시간은 돌고 돌아 한시라도 정지해 있지 않으며 모든 사물은 계속해서 변해 간다. 그러므로 '변역'이다.

또 삼라만상은 시시각각 변화하지만 거기에는 반드시 일정한 불변의 법칙이 있다. 하루는 아침 점심 저녁, 1년은 춘하추동 하는 식으로 그 순서를 바꾸지 아니하고 순환한다. 그러므로 '불역'이다.

'역간'은 쉽고 간단하다는 의미로 '간이簡易'라고도 한다.

그 법칙을 순순히 보고 자연스럽게 깨닫게 된다면, 그것을 우리들의 인생에도 손쉽게 응용할 수가 있는 것이다.

1+1 하루를 두 배로 사는 인생 독본

학자라고 자칭하는 인간을 주의하라. 그들은 인사받기를 좋아하고 사람이 많이 모인 곳에서 연설하기를 좋아하며 모임에서는 윗자리를 차지하기 좋아한다. 상가喪家로 불리어 가면 누구보다 앞서서 음식을 탐하면서 마음에도 없는 기도를 오래 하는 인간을 주의하라. 그들은 무엇보다도 자기에 대한 비판을 못 들은 척하는 데 능숙하다.

2
이월

역易이란 성인이
극에 이르기까지
징조를 알게 하는
연구를 행함이다

기미機微를 익히다

무릇 역易이란 성인이 이로써 극極에 이르기까지 사물의 전조를 알게 되는
연구를 행함이다. 오직 깊이 연구하기에 능히 천하의 뜻에 능통하게 되며
오직 전조를 알아차리게 되므로 능히 천하의 일을 이루고, 오직 신神인 까닭에
빨리 아니해도 빠르며 행하지 아니해도 이르게 된다.

夫易 聖人之所以極深而研幾也 唯深也故 能通天下之志
부 역 성 인 지 소 이 극 심 이 연 기 야 유 심 야 고 능 통 천 하 지 지

唯幾也故 能成天下之務 唯神也故 不疾而速 不行而至
유 기 야 고 능 성 천 하 지 무 유 신 야 고 부 질 이 속 불 행 이 지

계사상전繫辭上傳

  기미는 낌새나 조짐으로 어떤 일을 알아차릴 수 있는 눈치를 말
한다.『주역』은 성인이 매사를 확실히 알기 위해, 마치 끊임없이 돌
을 갈아 미세한 분말로 만들듯이 때의 변화를 깊이 연마하여 전조
를 읽는 능력을 기르기 위한 서책이다. 세상사를 깊이 파고들어 통
찰력을 기름으로써 사람들이 지향하는 곳, 사회가 바라고 있는 것
이 무엇인가를 알게 된다. 그리고 자신이 지향하여야 할 것은 무엇
인가를 터득하게 된다.

  '기幾'를 안다는 것은 사물의 기미를 살펴보는 것만으로 소리 없
는 소리를 듣고 눈에 보이지 않는 것을 간파하는 일이다. 이렇듯『주
역』에는 예로부터 지도자가 몸에 익혀야 할 능력이 기술되어 있다.

1+1 하루를 두 배로 사는 인생 독본

어떠한 이유로도 정신적인 것을 물질적인 것으로 돌이킬 수는 없다. 그리고 정신적인 것이 물
질적인 것에서 연유한다고 설명할 수도 없다. 정신적인 것과 물질적인 것의 구별은 어린이의
지혜로나 성자의 지혜로나 한 가지로 아무런 소득을 얻지 못한다.

때에 맡긴다

해가 지면 달이 뜨고 달이 지면 해가 떠서,
일월日月이 서로 밀어 밝음이 생긴다.

日往則月來 月往則日來 日月相推而明生焉
일 왕 즉 월 래　월 왕 즉 일 래　일 월 상 추 이 명 생 언

계사하전繫辭下傳

　해가 저물면 달이 뜨고 달이 지면 해가 떠오르듯이, 일월은 서로 교대로 들고 남으로써 변해 간다. 일월은 서로 감응하며 같이 변하면서 지상에 빛을 가져다준다.

　걸핏하면 인간은 머리를 굴려 매사를 진행시키려 하나, 머릿속으로 생각하는 것보다 자연의 때에 맡겨 추진하는 편이 더 크고 순조롭게 나아갈 수 있는 법이다.

1+1 하루를 두 배로 사는 인생 독본

죽음에 대한 걱정을 아주 잊어버리고 있는 생활과 시시각각 죽음이 가까이 오고 있음을 걱정하면서 보내는 생활은 전혀 판이한 상태이다. 부질없이 '죽음'을 회상함은 죽음에 대한 진지한 사색이 결여되었음을 뜻한다. 다만 자각하면서 현재를 평화롭고 즐겁게 살아가는 자세가 필요하다.

원인을 찾는다

간 것을 밝혀 오는 것을 살피며,
드러나 있는 것을 미미하게 하고 그윽한 것을 밝힌다.

彰往而察來 而微顯闡幽
창 왕 이 찰 래 이 미 현 천 유

계사하전繫辭下傳

'왕往'은 지나가 버린 때를 말한다.

'미微'는 현재의 상황을 만들어 낸 미세한 요인을 뜻한다.

'현顯'은 현저히 나타나 있는 현재의 상황을 말한다.

'유幽'는 눈에 보이지 않는 사물의 근원이다.

과거를 밝혀서 현재를 파악하고 그것을 근거로 미래를 헤아려 안다. 지금 눈으로 보고 있는 현상도 미세한 원인으로부터 생겨난 것이다. 원인을 알게 되면 현상의 이면에 있는 근본이 보이게 되고 장래의 형편도 예측할 수 있게 된다.

1+1 하루를 두 배로 사는 인생 독본

선善의 정신에 대한 관계는 건강의 육체에 대한 관계와 유사하다. 그것은 눈에 잘 띄지 않으나 결국 모든 일에 성공을 가져다준다. 행복한 사람은 그 행복을 소중하게 생각한 나머지 타인에게도 나누어 주고 싶게 되는 법이다.

첫 번째 점괘는 고한다

첫 점괘는 고告한다. 다시 하게 되면 때가 묻게 되고
때가 묻으면 고할 수 없다. 바르게 하는 것이 이익이 된다.

初筮告 再三瀆 瀆則不告 利貞
초 서 고   재 삼 독   독 즉 불 고   이 정

──── 산수몽山水蒙 ────

산수몽은 계몽을 가르치는 괘로서 배우는 자세를 점괘에 비유하고 있다.

점을 쳐서 처음 나온 답이 마음에 들지 않는다 해서 두 번 세 번 점괘를 보면, 그 답에 때가 묻고 혼란해져서 옳게 고할 수가 없다. 배우는 것도 이와 같아서 자신의 마음에 드는 가르침만 받아들인다면 무엇 하나 제대로 배울 수가 없고 진보도 없다.

1+1 하루를 두 배로 사는 인생 독본

우리들은 자유롭지 못하다. 자신의 욕망 또는 타인에게 속박되어 있기 때문이다. 그것은 우리가 이지理智로부터 멀리 있을수록 더욱 심하다. 참된 자유는 오직 과오를 깨닫고 제거해 주는 '이지'에 의하여 완성된다.

만물이 도달하는 6단계

시작과 끝에 밝으면 육위六位가 때에 맞춰 이루어진다.

大明終始 六位時成
대 명 종 시 육 위 시 성

───── 건위천乾爲天 ─────

천도天道는 항상 시작과 끝을 명확히 한다. 아침에는 해가 떠오르고 저녁에는 저문다. 사계절은 봄에서 시작하고 겨울에 끝난다.

'육위'라 함은 처음부터 끝까지 거쳐 가는 6단계를 말한다. 사물의 수양 과정을 예로 들면 입지, 수양, 수업, 독창, 달성, 쇠퇴의 여섯 단계를 거치는 것이 된다. 『주역』64괘는 각각 시작과 끝의 과정을 이 여섯 단계로 나누어 그 각 시점에서 무엇을 해야 할 것인가를 설명하고 있다.

1+1 하루를 두 배로 사는 인생 독본

우리의 관습적인 사상은 특별한 지능적 장식을 꾸미고 사람들과 접촉한다. 이 같은 사상은 허위이다. 그것은 자연 속의 높은 진리를 변조하고 만다. 자기 내부나 혹은 타인의 내부에서 이룩한 생활의 기조를 바꾸기 위해서는 나타나는 사건들을 계기로 할 것이 아니라 그 사건을 야기한 사상과 싸우지 않으면 안 된다.

적당한 마디를 만든다

천지는 절기가 있어 사시가 이루어진다.

天地節而四時成
천 지 절 이 사 시 성

───── 수택절水澤節 ─────

'절節'은 대나무의 마디이다. 단단한 마디로 한 구간을 만들어 멈추고는 다음 마디에 달할 때까지 뻗어 올라간다. 대나무는 마디가 있기에 곧바로 뻗어 오르고 강한 바람에도 견디어 낼 수 있는 것이다.

4계절의 순환에도 적당한 마디가 있다. 입춘이라 하면 봄이 되는 것이지만 입하, 입추, 입동 역시 계절이 바뀌는 기점이나 고비에 해당한다. 4계절은 마디를 만들어서 순환하고 만물이 성장한다.

인간도 사물도 다 마디를 만듦으로써 성장한다. 적당한 고비를 만들어 내지 못하면 사람이건 사물이건 다 도중에 꺾여 버리고 만다.

1+1 하루를 두 배로 사는 인생 독본

사람들이 소란과 고뇌로써 행하는 것은 모두 탐욕스러운 일이다. 착한 일은 고요한 평화 속에서 이루어진다. 전에는 매우 심한 욕망을 느끼던 일이 지금은 반항까지는 아니더라도 멸시를 느끼게 된 경우를 생각해 보라. 그대가 지금 갈망하는 일이 미래에 가서는 또 그와 같을 것이다.

만물에는 음양이 있다

동動과 정靜에 변치 않는 법칙이 있어
성품의 굳셈과 부드러움으로 나누어진다.

動靜有常 剛柔斷矣
동 정 유 상 강 유 단 의

──────── 계사상전繫辭上傳 ────────

하늘에는 해와 달과 별이 움직이고, 땅은 정지하여 움직이지 않는다. 하늘이 햇볕을 내리 쪼이고 비를 내리게 하면 땅은 그것을 받아들여 만물을 육성한다.

'강'은 양, '유'는 음에 해당한다. 이와 같이 『주역』은 하늘과 땅의 성질을 근본으로 하여 만상을 음양으로 판별하는 것이다.

1+1 하루를 두 배로 사는 인생 독본

완성의 목적은 완성의 상태에 도달하는 데만 있는 것이 아니다. 거기에 도달하는 일은 불가능하다. 완성은 단순한 이상이며 하나의 도표에 불과하다. 완성에 이르려는 노력의 목적은 자기의 정신 상태를 악에서 선으로 전환시켜 가려는 데 있다.

변화 그대로를 지켜보라

굳셈과 부드러움이 서로 바뀌어 일정한 법칙을 삼지 못함이요,
오직 변하여 갈 뿐이다.

剛柔相易 不可爲典要 唯變所適
강 유 상 역 불 가 위 전 요 유 변 소 적

──── 계사하전繫辭下傳 ────

'강유'는 음양이며 '전요'는 변하지 않는 약속이나 규칙을 말한다. 음양은 항상 일정하지 않고 때에 따라 변한다. 어느 때는 좋게 보이던 것이 어떤 때는 나쁘게 여겨진다.

따라서 사물의 변화 동향을 바로 깨닫기 위해서는, 우선 좋고 나쁘다는 고정관념을 버리고 예측 불가능한 변화를 그대로 지켜보는 것이 중요하다.

1+1 하루를 두 배로 사는 인생 독본

끊임없이 자기 자신을 주의하라. 그리고 남의 악담을 하기 전에 자기 자신을 수양하도록 하라. 만일 남의 악담을 하고 싶거든 그대 자신에게 미치는 영혼의 폐해를 생각하고 그것이 신에게 배반되는 일임을 알라. 그때 그대의 마음은 평온하게 될 것이다.

방향성을 확인하라

방향에 따라 동류를 모으고 물건으로 무리를 나누니
길과 흉이 생겨난다.

方以類聚 物以羣分 吉凶生矣
방 이 유 취 물 이 군 분 길 흉 생 의

계사상전繫辭上傳

'방'은 방향성을 말한다. 사물에는 반드시 고유의 성질과 방향성
이 있다. 같은 방향으로 나아가는 것은 동류끼리 모이고 종류에 따
라 무리를 이룬다. 모든 사상은 방향과 무리로 나타나 그 모양에
따라 길흉도 생겨난다. 이것이 변화의 원리요 원칙이다.

예를 들어 좋은 제품을 만들고 싶어 하는 회사에는 같은 뜻을 가
진 사람과 좋은 제품을 만들기 위한 물건이 모여든다. 이렇듯 어떠
한 방향성을 가진 무리인가 하고 사상을 관찰한다면 길흉은 자명
해진다는 이치이다.

1+1 하루를 두 배로 사는 인생 독본

어린이가 웃는 모습을 보면 진실로 선량한 기쁨을 나타내고 있다. 정신이 부패하지 않은 사람
은 누구나 어린아이와 같다. 그러나 어떤 구성원들은 운명을 내세워 반목과 질시, 편견을 일삼
고, 지방색을 조장하여 국민 간에 반목하게 한다. 이런 폭압자들은 가장 저열하고 부패한 힘과
영광을 얻으려고 하는 범죄자나 다름없다.

새로 만들어 낼 때 겪는 고통

둔屯은 강유剛柔가 처음으로 교류하여 어려움이 생기며,
험한 가운데 움직인다.

屯剛柔始交而難生 動乎險中
둔 강 유 시 교 이 난 생 동 호 험 중

──── 수뢰둔水雷屯 ────

　새로운 일을 일으킬 때에는 반드시 위아래의 의견이 어긋나는
등 곤란이 생긴다. 그러나 이는 산통을 겪는 것으로, 이 같은 접촉
의 어려움이 생김으로 인하여 사물이 움직이게 되고 발전하며 성
취를 이루게 된다.

　큰 사업이나 프로젝트를 진행시킬 때 어려움이 생기는 것은 당
연한 일이다. 산통에 지쳐 주저앉지 말고 한층 더 분투해야 할 것
이다.

1+1 하루를 두 배로 사는 인생 독본

겸손은 인간을 확고한 지반 위에 올려놓는다. 그러한 지반 위에 서면 자기에게 주어진 숙명적
인 일을 성취할 수 있다. 사람이 거만하면 거만할수록 그의 처지는 약해진다. 자신의 힘을 알
려고 노력하며 그것이 과소평가될까 두려워 말라. 과장하여 생각될 것을 두려워하라.

다툼을 막는 기술

하늘과 물이 어긋나게 행하는 것이 송訟이다.

天與水違 行訟
천 여 수 위 행 송

───── 천수송天水訟 ─────

하늘은 위에 있고 물은 아래를 향해 흐름으로 그 향하는 방향이 서로 다르다. 사람과 사람 간의 관계에서도 그 뜻이 다르면 반드시 다툼이 일어난다.

'천天'은 굴강함을 '수水'는 험준함을 나타내나, 어느 한편이 굴강한 성격이고 다른 한편이 음험한 성격이라면 다툼이 일어나기 쉽다. 굴강한 상대에게는 강하게 부딪치지 말고 유연하게 대응하는 기술을 생각해야 한다.

인간관계에서 소송이 일어나는 경우의 대부분은 이 기술의 미숙함에서 비롯되는 것으로, 가능한 한 그 다툼을 막아야 한다고 『주역』은 가르치고 있다.

1+1 하루를 두 배로 사는 인생 독본

의무와 향락을 혼동한 인간이 죽음과 진배없는 고통을 겪고 나서야 자기 앞에 놓인 단 하나의 길을 발견한다. 그 길이란 지혜의 법칙에 따라 사랑 속에 나타난 인간의 생활을 말한다.

점차 앞으로 나아가면 공적이 있음이라

차츰차츰 나아감은 여자가 시집을 감에 길함이라.
나아가 자리를 얻으니 가서 공이 있음이다.

漸之進也 女歸吉也 進得位 往有功也
점 지 진 야 여 귀 길 야 진 득 위 왕 유 공 야

───── 풍산점風山漸 ─────

'점'은 단계를 밟아 순서를 지키며 점점 앞으로 나아가는 것이다. 결혼을 할 때는 이처럼 가는 것이 좋다. 제자리걸음을 하고 있는 듯이 보이나 쉬지 않고 서서히 착실하게 나아간다면 공적이 있을 것이라는 뜻이다.

풍산점이란 괘는 묘목이 큰 나무로 커나가듯 서서히 나아가는 방법을 권유하고 있다. 대지에 탄탄히 뿌리를 내리고, 결과를 서두르지 않으며 착실하게 한 가지 한 가지 생장해 나감으로써 거목이 된다. 이는 인간에게도 해당되는 말이다.

1+1 하루를 두 배로 사는 인생 독본

자기의 삶을 깊이 의식하면 할수록 죽음에 의한 파멸은 믿지 않을 것이다. 우리가 확신해야 할 일은 인생에는 영원히 꺼지지 않는 무엇이 있다는 점이다. 죽음에 대하여 한번도 절실하게 생각해 본 적이 없는 인간만이 불멸하는 그 무엇을 믿지 않는다.

쓸데없는 짓을 하지 않아도

무망无妄은 크게 형통하고 바르게 함이 이로우니,
그리 바르지 않으면 재앙이 있으리라.

无妄元亨利貞 其匪正
무 망 원 형 이 정   기 비 정

천뢰무망天雷无妄

  '무망'의 '무'는 없을 무無의 옛 글자이다. '망'은 무분별함을 나타내며 바람의 뜻도 있다. 결국 무망은 무분별하지 않고 또 바람이나 욕심도 없다는 의미가 된다. 그로부터 '무망'은 자연체, 무작위, 흐르는 대로라는 의미를 내포하게 되었다.

  인위적인 것은 모두 재앙이며 그것은 또 '무망의 정正'에 해당하지 않는다. '천뢰무망'의 괘가 가르치고 있는 핵심은 쓸데없는 짓을 하지 않아도 인간은 자연히 살아 나갈 수 있다는 것이다.

1+1 하루를 두 배로 사는 인생 독본

미래에 어떤 일이 발생할지 모를 때에 비로소 참된 삶이 시작된다. 오직 그때에만 인생을 창조하며 신의 뜻을 이루어 갈 수 있다. '신만이 모든 것을 알고 계신다'라고 하는 확신이 신앙을 증명하여 준다. 비로소 이 순간 우리에게 자유가 있으며 진정한 삶이 있다.

인간의 욕심을 쓸어내라

무망이 행하는 곳이 어디이겠는가.
천명이 돕지 아니함을 어찌 행할 것인가.

无妄之往何之矣 天命不祐行矣哉
무 망 지 왕 하 지 의 천 명 불 우 행 의 재

───── 천뢰무망天雷无妄 ─────

〈천명이 돕지 아니하는데 어찌 행할 것인가〉라는 말은 인간은 이미 무위의 자연에 의해 키워지고 있으므로 자연스러운 흐름(무망)을 벗어나 인간의 욕심대로만 달려간다 해도 하늘은 도와주지 않는다는 의미이다.

자연에 순응하여 산다는 것은 자신만의 바람을 좇는 것이 아니다. 인간은 뭔가를 하지 않으면 살아갈 수 없다고 생각하고 있으나, 오히려 어떤 바람이나 욕망을 없앰으로써 가장 소중한 것을 얻을 수 있다고 가르치고 있다.

1+1 하루를 두 배로 사는 인생 독본

인간 속에 신의 마음이 깃들어 있다. 사랑과 지혜는 같은 것의 다른 두 측면이다. 이 두 측면에 의하여 우리들은 신을 생각할 수 있다. 인간 속에 신이 계심을 명심하는 것은 그 무엇보다 강하게 인간을 악으로부터 멀어지게 하고 선을 행하게 도와준다.

한없이 받아들이며 이끌어 주다

군자가 가르치려는 마음 씀에는 다함이 없고,
백성을 포용하고 보살피는 것에도 한이 없어야 한다.

君子以敎思无窮 容保民无疆
군 자 이 교 사 무 궁 용 보 민 무 강

───────── 지택림地澤臨 ─────────

'교사무궁'이란 윗사람이 아랫사람을 양육하는 일이다. '교사'는 가르치고 이끌어 줌에 있어 깊이 마음 쓰는 것을 말하며 '무궁'은 한없이 받아들여 이끌어 주는 것이다.

사람을 양육함에 있어서는 이만큼만 가르치면 될 것이다, 이 정도 배려하면 될 것이다 하는 한계를 정하지 말고 도량껏 수용하고 되풀이해서 가르침을 높여 가야 함을 이르고 있다.

지택림의 '임臨'은 임하는 것, 즉 높은 곳에서 낮은 곳을 바라다보는 것이다.

1+1 하루를 두 배로 사는 인생 독본

자연 그대로의 단순성과 지혜가 깃든 단순성이 있다. 전자는 사랑을 불러오고 후자는 존경을 불러온다. 가장 위대한 진리는 가장 단순한 것이다.

죽을힘으로 때에 따르라

관직에서 떠날 때가 있으나 바름을 좇으면 길하다.

官有渝從正吉也
관 유 투 종 정 길 야

━━━━[**택뢰수澤雷隨**]━━━━

'관투官渝'는 윗자리에 있던 자가 밑으로 내려오게 되어 지위나 입장이 바뀌는 것을 말한다. 입장이 바뀌어야 할 때에는 거스르지 않고 스스로 밑으로 내려옴이 좋다.

택뢰수의 '수隨'에는 따른다, 순종한다는 의미가 있다. '순종한다' 함은 유연하게 몸을 굽히는 것으로 '죽음'과 같은 의미이기도 하다.

견실하게 자신을 지키면서 자기를 버린다. 지위나 입장, 공적 같은 지나간 것들을 다 버리고 일단 죽을 생각으로 힘을 억제한다. 그 정도로 변화에 대응하여 때에 따른다면 그 의미는 결코 적지 않은 것이다.

1+1 하루를 두 배로 사는 인생 독본

좋은 생활은 긴장된 정신과 끊임없는 노력에 의하여 이루어진다. 행복을 원한다면 신의 법칙을 완수하라. 완수란 오직 노력에 의하여서만 가능하다. 이 노력은 삶의 기쁨이 되어 자신에게 돌아오고 우리들이 신의 사업에 동참하고 있다는 의식을 주기도 한다.

수고에도 겸손하라

수고하고 공이 있음에도 겸손한 군자는
끝에 길함이 있을 것이다.

勞謙君子 有終吉
노 겸 군 자 유 종 길

───── 지산겸地山謙 ─────

'노겸'은 겸허하게 노력한다는 것이다. 공로가 있어도 뽐내거나 하지 않고 자기의 지위나 신분이 높더라도 끝까지 겸허함을 잃지 않음을 말한다.

사람들은 대부분 일단 만족을 이루면 방심하게 된다. 겸허함을 관철한다는 것은 좀처럼 쉬운 일이 아니다. 겸허하게 산다는 것은 이른바 자신과의 싸움이다. 이걸로 됐다고 만족하지 않고 계속해서 겸허함을 향상시켜 가는 자세가 필요하다.

1+1 하루를 두 배로 사는 인생 독본

평등이란 이 세상 모든 사람들이 행복을 갖는 데에 공통된 권리를 가지고, 모든 개인을 존중함에 공통된 권리를 가지는 것이다. 스스로 위대하고 고귀한 인간이라고 자처하는 자들에게 굴종하지 않고 또 스스로 비천하고 하찮은 인간이라고 생각하는 자들에게도 다른 사람에게 하듯이 존경을 보여 주는 데에서 평등은 얻어진다.

교감으로 만물이 형성된다

두 기운이 감응함으로써 서로 같이한다.

二氣感應 以相與
이 기 감 응 이 상 여

───── 택산함澤山咸 ─────

택산함의 '함咸'은 '느낌이 통하다' '감응하다'는 뜻을 가진 '감感'의 옛 글자이다. 축문을 넣어 둔 용기의 입구를 바늘로 꿰매어 봉하고 신의 감응을 기다린다는 것인데, 여기에서 감통, 감동, 감각, 감화, 감촉, 감화 등의 의미가 생겨났다.

'이기'란 음과 양의 기운이다. 이기가 교감하여 만물이 형성된다. 연애나 결혼도 이기의 교감이다. 본래 질이 다르고 서로 반발하는 이기라면 더욱 서로 감응하고 서로 주게 되는 것이다.

1+1 하루를 두 배로 사는 인생 독본

인간은 자기 부정을 가지면 가질수록 사람들에게 더욱 큰 영향을 줄 수 있다. 자아는 신을 가리고 있는 장막이다.

기세는 바르게 사용하라

대장大壯은 바르게 함이 이로운 것이다.
단彖에 이르기를 대장은 큰 것이 장한 것이라.

大壯利貞 彖曰 大壯大者壯也
대 장 이 정 단 왈 대 장 대 자 장 야

───── **뇌천대장雷天大壯** ─────

'대장'이란 매우 왕성한 시기이다. 적극적으로 어떤 일을 추진하려고 하는 양의 기운이 활동하는 시기를 말한다. 이러한 기세를 조정하는 것은 대단히 어렵다. 기세가 너무 지나치면 대부분의 사람들은 길을 어긋나 버리게 된다. 세계 버블 경제의 시기는 실로 이 '대장'의 때와 같다.

'바르게 함이 이롭다'는 것은 바르고 굳건하지 않으면 좋지 않다는 의미이다. 기세가 왕성한 때야말로 견고하게 정절을 지키라는 가르침이다.

1+1 하루를 두 배로 사는 인생 독본

일하지 않고도 살아갈 수 있다고 하는 것은 죄악이다. 자기 힘으로 할 수 있는 일에는 아무런 불안도 없다.

발 빠른 보수

큰 것이 지나치면 마룻대가 흔들린다.

大過棟橈
대 과 동 요

택풍대과澤風大過

큰 것이 지나치면 마룻대가 흔들린다는 것은, 건물의 내부가 너무나 무거운 데 비해 지붕이나 기둥이 빈약하기 때문에 건물이 흔들리고 마는 것을 말한다.

조직의 구조에 비유해 보면 중간층의 세력은 강력한데 그에 비해 상층과 하층의 힘이 취약하기 때문에 매사 움직이려고 하면 조직이 붕괴되기 쉬운 비상시국을 말한다.

흔들린 조직은 한번 부수어서 다시 세우는 것이 아니라 발 빠르게 개보수해야 한다. 그런 때는 집을 보수하듯이 세밀하고 서서히 보강하여 형세를 정비해야 한다는 가르침을 주고 있다.

1+1 하루를 두 배로 사는 인생 독본

진정한 진화는 종교적이다. 진화는 오랜 시간을 두고 사람을 통해 나타난다. 진화는 언제 어디서나 존재한다. 우리에게서 참다운 진화를 가로막아 버리는 질서의 변화를 진화인 줄 아는 데에 우리의 과오가 있다.

화하되 동하지 않는다

끌어들여 기뻐하다.

引兌
인 태

태위택兌爲澤

태위택의 괘가 나타내는 기뻐하다, 기쁘게 하다는 것에도 정正 과 부정不正이 있다고 한다.

'끌어들여 기뻐하다'란 말은 소인배가 부정하게 즐기는 방법이 다. 높은 지위에 있는 자가 추종 세력을 만들려고 교묘한 언사로 듣는 자들을 기쁘게 해 주려고 하거나, 젊은 사원들을 모아 자신의 옛 성공담을 이야기하며 자랑하는 것도 그 하나의 예이다.

그런 모습은 말하는 자가 품은 뜻이 낮은 차원에 머물러 있음을 그대로 보여 준다. 스스로 경계하고 조신해야 할 것이다.

1+1 하루를 두 배로 사는 인생 독본

가장 야만적인 미개인은 육식밖에 모른다. 채식 위주의 식사는 초보적이며 자연스런 교화의 결과이다. 문명인들도 마찬가지로 자기들이 먹고 있는 육체의 고통에 대해 무감각하지 않은가.

확실히 깨물어 부수듯이 벌해야 한다.

서합噬嗑은 형통하니 감옥을 씀이 이롭다.

噬嗑亨 利用獄
서 합 형 이 용 옥

─────── 화뢰서합火雷噬嗑 ───────

'서합'이란 깨물어 부수는 것이다. 방해가 되는 것을 턱으로 깨물어 부숨으로써 매사가 형통하게 된다는 의미이다. 형벌을 명확히 하고 법령을 갖추어서 감옥을 사용하는 신상필벌信賞必罰은 반드시 필요하다.

특히 지위가 있는 자가 범죄를 저지르면 그것을 은폐하고 도망치려는 경우가 적지 않다. 아무리 과거에 공적이 있다고 해도 나쁜 짓을 한다면 그를 못 본 체하지 말고, 엄정히 벌을 주지 않으면 안 된다. 감옥에 집어넣고 확실히 깨물어 부수듯이 벌함으로써 문제를 해결해야 할 것이다.

1+1 하루를 두 배로 사는 인생 독본

우리들은 신을 알지 못한다. 그러나 우리들이 이 세계에 대하여 많은 것을 알고 있는 까닭은 신을 알고 있기 때문이다. 그러므로 자기 자신을 알고 신에게 가까이 가면 갈수록 신에 대한 이해는 끊임없이 변한다.

유순함을 관철하라

안으로 문명文明하고 밖으로는 유순하여
크게 어려움을 무릅쓰니, 문왕文王이 그러하다.

內文明而外柔順 以蒙大難 文王以之
내 문 명 이 외 유 순 이 몽 대 난 문 왕 이 지

지화명이地火明夷

지화명이의 괘는 밝음을 감추는 때를 말함이다. 올바른 행동을 관철하려고 하면 박해를 당하게 되는 때이다.

　지화명이의 괘는 밝음을 감추는 때를 말함이다. 올바른 행동을 관철하려고 하면 박해를 당하게 되는 때이다.

　주周나라 문왕은 큰 덕을 갖추고 있었기 때문에 커다란 화를 입었다. 주지육림에 빠져 있던 은나라 주왕에 의해 유폐를 당하게 된 것이다. 그러나 문왕은 밝은 덕을 안으로 감추고 다투려 하지 않고, 어렵고 고생스러운 때를 거스르려 하지 않은 채 유순함을 관철했다. 그리하여 후에 간난을 벗어나 은나라를 무너뜨리게 된 것이다.

1+1 하루를 두 배로 사는 인생 독본

1+1 하루를 두 배로 사는 인생 독본

현존하는 조직은 사회적 양심에도 위배되고 사회적 이지理智에도 위배되는 것이다. 인간은 이성적인 동물임에도 왜 사회생활을 지적으로 하지 못하고 폭압으로 끌고 나가는 것인가?

소중한 것을 내던지지 않는다

우레가 백 리를 놀라게 하더라도 비창을 잃어버리지 않는다.

震驚百里 不喪匕鬯
진 경 백 리 불 상 비 창

진위뢰震爲畵

'진'은 번개처럼 갑자기 일어나는 돌발 사태를 의미한다. '비창'의 '비'는 신령에게 공물을 바치는 숟가락, '창'은 예식에 쓰는 향기 좋은 술을 말한다. 둘 모두 소중한 것들이다. 그러므로 비창이란 소중한 것을 의미한다.

천둥소리는 멀리에서 치더라도 번개가 울려 놀라게 하지만, 중차대한 제사 의식 중에 우레가 일더라도 군주는 제기와 술을 내던지고 도망가거나 하지 않는다.

돌발 사태가 일어나더라도 극심한 공포에 빠져 소중한 것을 내던지지 말고 상황을 잘 살펴보고 냉정하게 판단하라고 가르치는 말이다.

1+1 하루를 두 배로 사는 인생 독본

진실과 선善은 분리할 수 없다. 진실은 절대 의지로 말해지지 않는 것으로, 오직 자기 자신을 지키는 중심되는 사상만이 진리와 인생을 본질적으로 지킬 수 있다.

당당히 왕도를 걸으라

근심하지 않아도 해가 중천에 있으니 마땅히 천하를 비추리라.

勿憂宜日中 宜照天下也
물 우 의 일 중 의 조 천 하 야

━━━━ **뇌화풍雷火豐** ━━━━

　뇌화풍의 괘는 기세가 왕성한 때를 말한다. 풍요로울 때 쇠퇴할 시기를 미리 걱정해 두는 것은 밝은 지혜이다. 그러나 쓸데없이 걱정만 해서는 안 된다.

　'해가 중천에 있다' 함은 그늘에서 움직이거나 음모를 꾀하거나 하지 않고 대명천지에서 당당하게 행하는 것을 말한다. 천하의 모든 것을 밝게 비추는 일은 왕으로서 왕다운 왕만이 갈 수 있는 왕도이다.

　모든 것을 성취했음에도 자신의 지위가 쇠퇴하거나 모반이 있을 것을 우려하여 불민하게 행동함으로써 멸망해 버린 왕이 적지 않다. 뇌화풍의 괘에는 그렇게 되지 않도록 하라는 교훈이 담겨 있다.

1+1 하루를 두 배로 사는 인생 독본

습관적인 기도는 진실하지 못하며 티끌만큼의 공적도 이루지 못한다. 신께 올리는 기도는 자주 새롭게 바꾸는 것이 좋다. 인간은 끊임없이 성장하며 변해 가는 존재이기 때문이다. 따라서 신에 대한 관계도 변화할 수밖에 없으며 기도의 내용 또한 바뀌어야 한다.

바르고 철저히 따르라

빈마牝馬의 정함이 이롭다.
빈마는 본디 땅의 무리이니 땅을 감에 있어 그 경계가 없다.

利牝馬之貞 牝馬之類 行地无彊
이 빈 마 지 정 빈 마 지 류 행 지 무 강

───── 곤위지坤爲地 ─────

　음양의 덕을 상징하는 생물 중에 양은 하늘을 나는 용으로 대표된다. 그에 반해 땅 위를 달리는 빈마(암말)는 음의 덕인 '순종'의 상징이 된다. 빈마는 모마牡馬(수말)보다 훨씬 순종적이다.
　'정함이 이롭다'는 것은 따라야 할 때는 바르고 굳건하게 철저히 따르는 것이 좋다는 말이다. 그렇게 함으로써 무한한 힘이 발휘될 수 있다. 그저 잘 보이기 위한 면종복배나 강한 자에게 알랑거리는 것은 음덕 陰德이 아니다.

1+1 하루를 두 배로 사는 인생 독본

장시간 누구하고 이야기하고 난 뒤에 무슨 이야기를 했던가를 다시 생각해 보아라. 서로 주고받은 모든 이야기가 얼마나 보잘것없고 무익하며 얼마나 나쁜 것이었는가에 그대는 새삼 놀랄 것이다. 한마디 말도 못했던 것을 유감으로 생각한다면 잠자코 있지 않았음을 백번이라도 후회해야 한다.

황색 하의를 입으니 나라가 번영한다

황색 하의를 입음은 크게 길한 것이다. 상象전에 가로되
왕이 황색 하의를 입는 것은 문文이 가운데 있음이다.

黃裳元吉 象曰 黃裳元吉 文在中也
황 상 원 길 상 왈 황 상 원 길 문 재 중 야

───── 곤위지坤爲地 ─────

'황'은 고대 중국에서 왕위를 나타내는 색이며 '상'은 치마같이 아랫도리에 입는 옷을 말한다. 원래 왕은 황색의 옷을 윗도리로 입으나 그 황색 옷을 아랫도리에 입었음은 다른 사람의 윗자리에 서지 않는다는 것을 비유한 표현이다. 왕이 스스로 음덕을 발휘하여 민중을 주인 자리에 둔다면 그 나라는 번영한다.

'문'은 권위, 성실, 학식 등을 의미한다. 이러한 것을 갖춘 왕은 '문'을 사용하여 '중'을 행함으로써, 다시 말해 그때에 알맞은 행동을 하여 중용中庸의 덕을 얻는다는 의미이다.

071

1+1 하루를 두 배로 사는 인생 독본

자비는 오직 그것이 희생에서 나온 경우에만 진정하다. 돈 속에, 돈 자체 속에 그리고 돈을 소유한다는 그 일 속에 부도덕한 죄악의 싹이 깃들어 있다.

『주역』의 본뜻

'시중時中'이란 때에 들어맞는다는 것으로 시기를 적중함을 말한다. '중'은 중용의 중이다. 여기서 말하는 '시'란 단순히 시간만을 말하는 것이 아니고 공간이나 환경도 포함하는 의미이다. 봄에 씨를 뿌리듯이 그때에 가장 적절하고 당연한 행동이나 대처를 하는 것이 중요하다.

그렇다고는 하나 혼미해져 있을 때 무엇이 가장 적절한가를 판단하는 것은 지극히 어려운 일이다. 항상 변하고 있는 시간을 날카롭게 적중시킨다는 것은 쉬운 일이 아니기 때문이다. 허나 어떠한 때일지라도 반드시 '시중'이 있다. 그것을 끝까지 지켜보고 그 때를 향해 가는 것, 이러한 정신이 『주역』의 본뜻이다.

1+1 하루를 두 배로 사는 인생 독본

예술은 사람들을 결합시키는 수단의 하나이다. 부유한 계급을 위한 예술은 매춘부의 웃음과 다름없다. 예술에 관한 논쟁은 가장 공허한 논의이다. 예술을 제대로 이해하는 사람은 예술이 각각 특별한 표현을 갖고 있음을 잘 알고 있다. 예술에 관해 시끄럽게 떠들어 대는 자들은 예술을 제대로 이해하지 못하며 즐기지도 못하는 사람이다.

모든 사물은 연결되어 있다

'공시성共時性'이란 심리학자 칼 구스타프 융이 제창한 〈공시성 이론〉에서 말하는 공시성이다. 이는 마음으로 느끼고 생각한 것과 밖에서 일어난 사건이 마치 서로 인과관계에 있기나 한 듯이 공명해서 어떤 의미를 갖게 되는 것을 말한다. 융은 모든 사물은 심층부에서 연결되어 서로 연동하고 있는 것이라는 가설을 세웠다. 사실, 융은『주역』을 익히고 나서 이 같은 공시성 이론을 제창하였다.

공시성은 우연의 일치로서 신비주의적으로 여겨지는 면도 없지 않으나 융은 〈공시성은 우연성이 아니라 규칙성이다〉라고 주장하고 있다.

1+1 하루를 두 배로 사는 인생 독본

이상은 인간의 길잡이이다. 이상이 없으면 확실한 방향을 잡을 수 없다. 방향이 없으면 행동할 수도 생활할 수도 없다. 이상은 그대 자신에게 있다. 지금 그대를 둘러싼 환경이 그대의 이상을 실현하기에 가장 좋은 재료이다.

3

삼월

군자로서 일을
도모함에 있어서는
그 시발이
중요하다

성하고 쇠함은 뒤바뀐다

쉬우니 알기 쉽고 간단하니 따르기 쉽다.

易則易知 簡則易從
이 즉 이 지   간 즉 이 종

───── 계사상전繫辭上傳 ─────

'易'은 쉽다는 뜻의 '이' 음과 변화를 의미하는 '역'의 음을 갖는다. 『주역』의 사상은 음양설을 기본으로 하여 모든 사상事象은 춘하추동과 일월이 순환하는 자연의 섭리에 따라 변화한다고 한다. 이를 기본으로 하여 역사, 정치, 경제, 조직, 개인의 인생에 이르기까지 모든 사상에 통하는 영고성쇠의 변화하는 도리를 설명한다.

쉬우니 알기 쉽다. 간략한 원리 원칙이다. 누구나가 일상적으로 사용하고 따라 할 수 있는 가르침이다.

1+1 하루를 두 배로 사는 인생 독본

죽음을 두려워하는 것은 인생이 하나의 부분적인 유기체에 지나지 않는다는 그릇된 관념을 가지는 데서 출발한다. 만일 인생에 대하여 죽음에 대한 공포를 버리고 냉정하게 올바른 사고로 판단할 수 있다면 죽음이라고 부르는 육체적 변화는 모든 생명체 사이에서 끊임없이 일어나고 있다는 결론에 도달하지 않을 수 없으리라.

궁극에 이르면 변한다

역易은 궁극에 이르면 변하고 변하면
통할 것이며 통하면 오래가리라.

易 窮則變 變則通 通則久
역 궁 즉 변 변 즉 통 통 즉 구

계사하전繫辭下傳

음이 극에 달하면 양이 되고 양이 극에 달하면 음으로 변화한다. 겨울이 다하면 여름으로, 여름이 한껏 다하면 겨울로 향해 간다.

마찬가지로 매사는 막혀 버리는 일이 없다. 궁극에 이르면 반드시 변화한다. 변화하면 반드시 새로운 발전이 있다. 그것이 언제까지나 그대로 통하고 그것이 다시 생생하게 유전한다.

'통한다'는 것은 성장을 의미한다. 새로운 변화가 없으면 성장과 발전도 없다. 역易이 가장 중요시하는 것은 새로운 변화이다.

1+1 하루를 두 배로 사는 인생 독본

신의 뜻은 좁은 길이다. 우리들은 늪지에 놓인 다리처럼 쉽게 신의 뜻을 알 수 없다. 길을 잃는 것은 우리들이 무지하거나 악의 늪에 빠져 버리기 때문이다.

익숙한 환경을 끊어 내는 용기

서남에선 벗을 얻고 동북에선 벗을 잃는다.
서남은 벗을 얻는다 함은 동류와 함께 행함이요,
동북은 벗을 잃으나 마침내는 경사가 있음이라.

西南得朋 東北喪朋 西南得朋 乃與類行 東北喪朋 乃終有慶
서 남 득 붕 동 북 상 붕 서 남 득 명 내 여 류 행 동 북 상 붕 내 종 유 경

————— 곤위지坤爲地 —————

　서남쪽이란 따스하고 온화한 인간관계를 나타내며 음양에서의
'음'을 의미한다. 동북쪽은 '양'을 나타내며 엄격하고 긴장된 관계
를 의미한다.

　'동북에서는 벗을 잃는다'는 말은 자신이 친숙했던 환경과 인간
관계 등의 과거를 일단 없었던 것으로 돌려야 하는 경우로 이 경우
에는 완전히 새로운 기분으로 뛰어들지 않으면 결코 무언가를 배
울 수가 없다.

　또한 언제까지나 친한 사람들과 패거리를 이루고 있어선 안 된
다. 친숙해진 환경과 결별함은 쓰라린 일이나 계속 미지근한 물과
같은 환경에 머물러 있으면 인간은 성장하지 못한다. 그러한 환경
을 끊어 버림으로써 마침내 주위 사람도 자신도 모두 기쁨을 얻을
수 있으리라고 가르치고 있다.

1+1 하루를 두 배로 사는 인생 독본

젊을수록 물질적인 현실을 믿는 힘도 크다. 그러나 나이가 들고 지혜가 깊어 가면 갈수록 이
세계의 기초는 정신적인 것임을 인식하는 일이 많다. 우리들의 진실한 삶은 우리들 시야에 전
개되는 외면적이고 물질적인 생활에서가 아니라 우리들 정신의 내면적 삶이다.

인성과 천명을 바르게 하라

각기 성명性命을 바르게 하고 커다란 조화를 보합하여
이를 바르게 하면 이로우리라.

各正性命 保合大和 乃利貞
각 정 성 명 보 합 대 화 내 이 정

───── 건위천乾爲天 ─────

천도의 작용으로 길러져서 살아가는 일은 모두가 태어나면서 갖고 있는 것, 즉 인성과 하늘로부터 받은 하늘의 작용과 같은 힘이다. 천명을 살려서 매사를 성취함을 말한다.

'대화를 보합한다'함은 커다란 조화를 잃어버리지 않는 것이다. 각자가 남자로서든 어머니로서든 교사로서든지 간에 자기에게 주어진 천부天賦와 직분을 다하는 일이다. 이야말로 바르고 옳은 길로서 그것이 세상의 조화를 유지해 가는 일이다.

1+1 하루를 두 배로 사는 인생 독본

과식이나 폭식, 식사에서의 무절제는 가장 일반적인 죄악이다. 우리들이 그 죄악을 깨닫지 못하는 것은 모든 사람이 그 죄를 범하고 있기 때문이다. 입을 조심하라. 병은 입으로 들어간다. 그대가 식탁에서 일어날 때 조금만 더 먹었으면 하고 생각하는 순간이다.

일상의 적절한 행실

평상시 말을 신의 있게 하며 평상시 행동을 조신하게 하라.

庸言之信 庸行之謹
용 언 지 신 용 행 지 근

──── 문언전文言傳 ────

'용'은 중용의 용이며 '상常'의 의미이다. 일상적으로 하는 말에 거짓이나 보탬이 없이 성실하게 할 것이며, 일상의 행동은 그때그때에 적절한 행동인가 어떤가를 가려내어 한다.

'근'은 황송해하거나 움츠리는 것이 아니고 '해야 할 때 그에 맞는 일을 한다'는 의미로, 그렇게 가리고 확인하여 긴장감을 갖고 임한다는 의미이다.

간단한 것 같아도 좀체 하기 힘든 일이 아니겠는가. 이러한 태도로 일상생활을 보내는 것이 중요하다.

1+1 하루를 두 배로 사는 인생 독본

생활에 시달리면서 현세적인 목적 때문에 사는 자에게는 평안이 없다. 또 고독하게 정신적인 목적을 위하여 살고 있는 자에게도 평안은 없다. 인생에 의의가 있다면 그것은 바로 이 세계의 여기에서 인생을 인식하는 것이다.

나아감과 물러남 그리고 생사를 알고 행하라

진퇴와 존망을 알면서도 그를 그르치지 않고 행할 자는
오직 성인뿐인가.

其唯聖人乎 知進退存亡 而不失其正者 其唯聖人乎
기 유 성 인 호   지 진 퇴 존 망   이 불 실 기 정 자   기 유 성 인 호

문언전文言傳

　사람은 흔히 크게 융성하게 되면 반드시 교만해지고 길을 잘못 들게 된다. 영고성쇠를 거듭해 온 사실을 보더라도 끝까지 성실하게 지내는 사람은 많지 않고 대다수가 후회를 면치 못한다.

　앞으로 나아가면 반드시 물러나야 할 때가 있고, 생명 있는 것은 죽을 때가 있음을 바르게 분간할 수 있는 자는 성인뿐이던가. 진퇴와 존망을 아는 것의 어려움을 깨닫게 해 주는 말이다. 인간은 과거나 역사로부터 배워 나가야 한다.

1+1 하루를 두 배로 사는 인생 독본

신에 대한 사랑 없이 이웃을 만나는 일은 뿌리 없이 서 있는 나무와도 같다. 이 같은 사람은 그네들의 마음에 드는 자들만을 열성적으로 사랑하게 되고 또 한편 굴종적인 사랑을 구하게 된다.

처음에 어떤 조짐이 보이는가

군자가 일을 도모함에는 처음이 중요하다.

君子以 作事謀始
군 자 이 작 사 모 시

천수송天水訟

뭔가 일을 추진할 경우에 뛰어난 사람은 후에 말썽이 빚어지지 않도록 처음부터 잘 생각하고 나서 계획을 세운다.

매사에는 처음에 어떤 조짐이 있다. 후에 말썽이 생겨 다투게 될 경우에도 그 일이 시작된 시점에서 이미 말썽의 요인이 내포되어 있는 일이 많다.

천수송의 괘는 송사에서 이의를 제기하는 측에 섰을 때는, 설사 이겼다 하더라도 손해를 면할 수 없는 것이라고 이르고 있다.

1+1 하루를 두 배로 사는 인생 독본

전력을 다하여 일하는 것은 인생의 조건이다. 인간은 외부에서 요구당하는 일을 거부할 수도 있고 자기에게 필요한 것을 남에게 하도록 강요할 수도 있다. 그러나 일하는 데 대한 자기의 육체적 요구에 대해서 해방될 수는 없다. 충분히 자각하며 일하지 않는다면 그 사람은 불필요하고도 어리석게 일하게 될 것이다.

계획을 세워야 다스릴 수 있다

군자가 이로써 경륜經綸하리라.

君子以經綸
군 자 이 경 륜

───── 수뢰둔水雷屯 ─────

'경륜'은 국가의 질서를 바로잡고 다스리는 것을 말한다. '경'은 베틀로 옷감을 짤 때 상하로 짜는 날실(縱絲)을 말하며, 이에 대해 씨실(橫絲)을 위緯라 한다. '륜'은 베를 짤 때 맨 처음에 실을 팽팽하게 당겨 다듬어 놓는 일을 말한다.

국가 경영만이 아니고 기업으로 봐서도 처음 세워졌을 때에는 혼란을 겪는다. 이를 다스리고 정비하기 위해서는 우선 종사가 되는 대강의 틀을 정해 놓지 않으면 안 된다. 그러고 나서 횡사를 미세한 부분까지 짜 나가 정비해 간다. 이것이야말로 조직이나 제도 구축의 원점이 된다.

1+1 하루를 두 배로 사는 인생 독본

기도에 의하여 어떤 개성적인 신에게 호소하듯이 느껴지는 것은 신이 개성적이어서가 아니라 나 자신이 개성적인 존재이기 때문이다. 나는 신이 개성적일 수 없음을 잘 알고 있다. 개성이란 유한이지만 신은 무한이기 때문이다. 다시 말해 나의 눈에는 파란 유리알이 끼어 있는 것이다. 그렇기 때문에 모든 것이 파랗게 보일 수밖에 없다.

돌아보는 자, 얕보는 자

(상황을) 걱정하는 자는 평안해지도록 하고,
경시하는 자는 기울어지게 한다.

危者使平 易者使傾
위 자 사 평 이 자 사 경

───── 계사하전繫辭下傳 ─────

항시 걱정하고 무서워하며 자신을 돌아보는 자는 국가나 조직을 태평하게 유지할 수 있고, 매사를 쉽게 생각하고 깔보는 자는 오래 유지해 나가지 못한다.

주周나라의 문왕이 은나라의 폭군 주왕에 의해 뇌옥에 갇히게 되었을 때『주역』의 많은 부분을 가필했다고 한다. 영고성쇠의 정리를 경험하고 쓰라림을 맛본 문왕은 훈계와 무서움을 알리는 경고의 말을 많이 써 두었던 것이다. 이 말 역시 그러한 훈계의 하나이다.

1+1 하루를 두 배로 사는 인생 독본

자기가 하는 일이 자기의 뜻과는 전혀 다른, 불가항력적 현상이라고 단정해 버린 인간은 아무런 공포도 느끼지 못하고 맹목적으로 나아간다. 이 같은 사람은 우리가 잘 보살펴 치료해 주어야 한다.

소인이 힘을 발휘하는 때

군자의 도는 길게 뻗어 나고 소인의 도는 사라지리라.

君子道長 小人道消也
군 자 도 장   소 인 도 소 야

───── 지천태地天泰 ─────

　세상의 질서나 경제가 보다 좋게 유지되고 있을 때는 인덕을 겸비한 사람이 중요한 위치에 있으면서 힘을 발휘한다. 사리사욕을 탐하는 소인은 멀리하였기 때문에 사람들은 점점 덕을 몸에 익히며 감화되어 간다.

　이와 반대로 세상이 혼란해 있을 때는, 소인이 중요한 위치를 점하고 있게 된다.

　지천태의 괘는 천하태평의 때를 이야기하고 있다.

1+1 하루를 두 배로 사는 인생 독본

생명을 가진 모든 것들과 그대가 결합되는 것을 방해하는 모든 악을 자신 안에서 몰아내도록 하라. 사람은 행복을 오직 이웃에 대한 봉사에서만 찾을 수 있다. 그 때문에 사람은 이 세상의 기초와 합치될 수 있는 것이다.

입장을 분별하라

음이 양과 대등해지면 반드시 싸운다.

陰疑於陽 必戰
음 의 어 양 필 전

───── 문언전文言傳 ─────

신하가 강대한 세력을 갖고 마치 자신이 군주(양)라도 된 듯한 행위를 자행한다면 반드시 싸움이 일어난다. 밑에 있는 자가 윗자리 행세를 하는 것은 임금의 역린(노여움)을 건드리는 일과 같다. 종사자의 입장에 있는 자가 주인인 양 착각을 하면 다툼의 씨앗이 된다.

음과 양은 그 강함의 질이 다르다. 음이 양에게 이기는 길은, 괴로움이 가중되더라도 가볍게 여기며 참아 내고 철저하게 종사하며 자애로써 수용하는 정신이다. 항상 그 점을 잊지 말아야 한다.

1+1 하루를 두 배로 사는 인생 독본

두 영혼이 영원히 결합됨을 서로가 느끼는 순간은 참으로 위대하다. 모진 세상의 길에서 서로 의지하고 고뇌에서 서로 위로하며, 최후의 이별이라는 순간에도 헤어지지 않기 위하여 결합되기를 원할 때는 참으로 위대하다.

인물을 살펴 뜻하는 바를 이루다

군자는 이로써 동족을 가려내고 사물을 분별한다.

君子以類族辨物
군 자 이 류 족 변 물

천화동인天火同人

'족'은 일족을 뜻하는 말로 입장이나 신분, 능력은 각기 달라도 같은 뜻을 가진 동류를 일컫는다. 일치 협력해야 할 때는 뜻하는 바가 다르면 이룰 수가 없다.

천화동인은 다른 사람과 협동하여 같은 뜻을 달성하는 길을 일러 주는 괘이나, 그렇다고 여기서 말하는 '동인同人'이 뭐든지 하나같이 같다는 의미는 아니다. 인물을 잘 살펴 분별하고 동지를 모으는 일이 중요하다고 가르치고 있는 것이다.

1+1 하루를 두 배로 사는 인생 독본

현재는 과거 생활의 그림자이다. 이것을 인도에서는 '카르마'라고 부른다.

우주의 움직임을 세상에 적용하다

천지가 자리를 베풂에 성인이 능력을 이룬다.

天地設位 聖人成能
천 지 설 위   성 인 성 능

계사하전繫辭下傳

고사古事에 능한 사람은 천지의 움직임을 바로 알아 음양을 정하고 변화의 이치를 세상에 적용한다. 하늘의 운행에 따라 땅에 비나 햇볕을 내려 만물을 성장시키는 이러한 움직임을 일상적인 법칙으로 하여 매사의 판단 기준을 정한 것이 역易이다.

1+1 하루를 두 배로 사는 인생 독본

변하는 환경이 평화를 빼앗는 것이 아니라 만족할 줄 모르는 욕망이 우리의 평화를 빼앗는다.

멈춤 뒤에 새로운 길이 열린다

험함을 미리 살펴 잘 멈추니 지혜롭다.

見險而能止 知矣哉
견 험 이 능 지   지 의 재

수산건水山蹇

수산건의 괘는 『주역』 64괘 중에서도 4대 난괘難卦의 하나로서 험난함을 나타내고 있다. '건蹇'은 혹독한 추위에 발이 얼어 앞으로 나아가지 못하는 것을 뜻한다. 그에 더하여 험난한 설산이 앞을 가로막는다. 이미 괴로움의 와중에서 평정심을 잃고 있는 터에 설상가상으로 길이 막혀 있는 상황이다.

이 험난함을 꿰뚫어 보고 멈추는 것은 뛰어난 지혜로 인함이다. 괴로움 속에서 멈추는 것은 적잖이 각오를 하지 않으면 힘든 일이다. 그러나 일단 각오를 하고 나면 눈에 보이지 않았던 탈출구가 보이게 된다.

1+1 하루를 두 배로 사는 인생 독본

우리들 인간과 마찬가지로 먹이를 먹고 숨을 쉬고 물을 마시며 살아가는 생명 있는 짐승, 죽을 때는 처량한 울음을 내며 우리의 생활을 부럽게 생각하는 짐승, 또 아무런 해도 끼치지 않는 짐승에게 위해를 가할 권리가 우리에게는 없다.

나아가야 할 때 나아가기 위해

멈춰야 할 때는 즉시 멈추고 가야 할 때는 나아간다.
움직일 때와 멈출 때를 놓치지 않고 행하는 그 길에 광명이 있으리라.

時止則止 時行則行 動靜不失其時 其道光明
시 지 즉 지 시 행 즉 행 동 정 불 실 기 시 기 도 광 명

———— 간위산艮爲山 ————

멈춰야 할 때는 멈춘다. 가야 할 때라면 주저 없이 앞으로 나아
간다. 움직일 때와 멈출 때를 놓치지 않는다는 말은 움직이든 움
직이지 않든 간에 그 '때를 얻는다'는 뜻이다. 가는 그 길에 광명이
있으리라 하는 부분을 통해 길이 밝음을 가르치고 있다.

멈추는 것은 정체를 뜻함이 아니다. '멈춘다'는 행위, 행동이다.
나아가야 할 때 나아가기 위해 멈춰야 할 때 멈춘다. 그 결단이 대
단히 소중한 것이다.

1+1 하루를 두 배로 사는 인생 독본

진정한 사랑은 적에 대한 사랑이다. 자기에게 불쾌한 일을 행한 자, 원수를 사랑할 때 참된 사
랑을 맛볼 수 있다. 자기를 동정해 주는 자들을 사랑하는 일은 얼마나 쉬운가? 그러나 자기를
배반하고 자기를 해치는 자를 결코 비난하지 않기란 얼마나 어려운 일인가!

3

15

군자는 하루가 다하도록 기다리지 않는다

군자는 기미를 보고 일어나 행동하며 종일을 기다리지 아니함이라.

君子 見幾而作 不俟終日
군 자 견 기 이 작 불 사 종 일

───── 계사하전繫辭下傳 ─────

기미(조짐)가 어떠한 결과를 알려 주게 되는가를 아는 자는, 그것을 보고 바로 행동하여 하루빨리 처리할 수가 있다.

이대로는 위험하다고 느끼면서도 바로 행동하지 않고 그대로 지나쳐 버려 커다란 화를 입게 되는 사례가 적지 않다. 『주역』은 어떤 조짐을 감지했다면 바로 행동하라고 가르쳐 주고 있다.

1+1 하루를 두 배로 사는 인생 독본

이 세계는 무한하여 아무리 노력해도 모든 지혜를 알 수 없다. 많이 아는 데에 참된 지혜가 있는 것이 아니라 대질서를 아는 데 있다. 참된 지혜는 어떤 지식이 필요하고 어떤 지식이 중요하지 않는가를 아는 것에 있다. 인간에게 필요한 지식 중에 가장 중요한 지식은 '어떻게 살 것인가' 하는 것이다.

변화의 전에는 반드시 조짐이 있다

기미는 미미한 움직임이나 길함이 먼저 드러나는 것이다.

幾者 動之微 吉之先見者也
기 자 동 지 미 길 지 선 견 자 야

계사하전繫辭下傳

'기'는 매사가 변화하는 기미, 다시 말해 조짐이다. 조짐이란 매사가 움직이기 전의 기미이고, 현상에 앞서 길흉이 갈리는 고비가 나타나는 것을 말한다.

매사가 움직이거나 변화하기 전에는 반드시 그 움직임을 알려주는 조짐이 있다. 기미를 알게 되는 것은 초능력이 아니다. 그것은 노력하고 정진하여 연마된 통찰력과 직관력에 의한다.

1+1 하루를 두 배로 사는 인생 독본

오늘날 세상 속에서 구원을 얻는 방법은 오직 사람들에게 진정한 사랑을 전파하는 길밖에 없다. 좋은 사회란 그 속에서 위대한 진리가 실현될 수 있는 사회이다.

진퇴를 구분한다

갈 곳이 없으면 돌아와서 회복함이 길하다.

갈 바가 있거든 빨리하면 길하리라.

无所往 其來復吉 有攸往夙吉
무 소 왕 　기 래 복 길 　유 유 왕 숙 길

──── 뇌수해雷水解 ────

　아직 나아갈 방도가 확실히 정해지지 않았다면 무리하지 말고 시기를 기다릴 일이다. 그러나 문제를 해결하기 위해 할 수 있는 일이 있다면 서둘러 가서 처리하라. 때를 보아 방심하지 말고 진퇴를 구분하는 움직임이 요구되는 것이다.

　뇌수해의 '해解'는 해빙解氷, 즉 곤란함이 해결되는 것을 의미한다. 뭐 하나 해결할 방도가 없었던 문제가 겨우 해결되는 쪽으로 움직이기 시작하는 시기이다.

1+1 하루를 두 배로 사는 인생 독본

남을 판단하는 일은 항상 옳지 못하다. 결코 어느 누구도 타인의 마음속에 일어난 일, 그리고 일어날 일을 예견할 수 없기 때문이다. 가장 범하기 쉬운 과오는 사람들을 선한 사람, 악한 사람, 어리석은 사람, 똑똑한 사람이라고 구별해 버리는 것이다. 인간은 강물과 같이 흐르고 끊임없이 변하며 제각각의 길을 걸어간다.

견고하게 지켜 나아가는 절개

절개가 돌처럼 굳음이라. 그치는 날이 없으니 바르고 길하다.

介于石 不終日貞吉
개 우 석 부 종 일 정 길

'개介'는 한계의 계界이며, 경境으로서 지경이자 장소와 경계를 뜻한다. '절개가 돌처럼 굳다' 함은 매사에 매듭을 짓는 것을 말한다. 즐겨야 할 때는 즐기나 마냥 기뻐하며 즐기는 일에만 빠져 있지는 않는다. 사람과의 교제에 있어서도 밀통하여 한통속이 되지 않는다.

또한 나갈 곳과 진퇴 등에 있어서, 지금 해야 한다고 깨닫게 되면 종일토록 기다리지 아니하고 바로 행동한다. 올바른 길을 견고하게 지켜 나가는 자세가 길함을 가져다준다고 가르치고 있다. 중화민국 초대 총통인 장개석의 이름은 이 한 구절에서 따온 것이라고 전해진다.

1+1 하루를 두 배로 사는 인생 독본

무릇 재산이란 가난한 자들의 노고와 결핍이 있음으로 얻을 수 있는 것이다. 부자의 만족은 가난한 자의 눈물 속에서 얻어진다. 그러나 어떤 자는 노동에만 종사하고 그 집적은 다른 자가 얻고 있음이 보통이다. 정의로운 사람은 이것을 가리켜 부당한 분배라고 말한다.

과하면 본말이 전도된다

과수원을 꾸미라. 진상하는 비단 묶음이 적으니
인색해 보이나 마침내는 길하리라.

賁于丘園 束帛戔戔吝終吉
비 우 구 원 속 백 잔 잔 인 종 길

산화비山火賁

'과수원을 꾸미라'는 말은 글로 치장하는 시대에 검박하게 농경에 힘을 쓰는 것이며 '비단 꾸러미가 적다' 함은 진상품으로 보내는 비단을 적게 하여 검약하는 것이다. 그리하면 인색하다고 비난을 받기 쉬우나 실질을 중시한다면 본래의 풍부함을 잃지 않고 발전할 수가 있다.

산화비의 괘는 문장으로 치장함을 적당히 하고 그치라고 말하고 있다. 문명이나 문화는 인간 사회를 발전시키나 과분해지면 실질이 따라오지 못하고 본말이 전도되므로 주의하라는 가르침이다.

1+1 하루를 두 배로 사는 인생 독본

완전한 선은 이미 그 행위 속에 보답을 가지고 있다. 보답을 바라고 행한 선은 선 자체의 의미를 말살해 버리고 만다. 또한 우리들은 남이 베푼 친절을 쉽게 잊어버리나, 우리들이 베푼 봉사는 결코 그 흔적이 없어지지 않는다.

의지박약은 스스로의 죄이다

절제를 지키지 못한 탄식은 또한 누구를 허물하리오.

不節之嗟 又誰咎也
부 절 지 차 우 수 구 야

─── 수택절水澤節 ───

절제와 절약을 하지 못하고 절도를 잃어버려 실패한 일을 한탄하더라도 그것은 다른 누구의 탓이랄 수가 없다. 자업자득이라는 말이다.

'절도를 지키지 못한다' 함은 의지가 박약하고 절제하지 못하는 것이다. 그리하면 절도 없이 욕망에 빠지게 되어 몸을 지켜 내지 못하고 탄식하게 되는 결과가 되고 만다. 훈계와 다름없는 말이다.

1+1 하루를 두 배로 사는 인생 독본

인간은 자기가 자기의 몸을 들어 올릴 수 없듯이 스스로 자기를 높일 수 없다. 자기를 높이기 위해 수단을 쓰면 쓸수록 사람들 앞에 자신의 허물을 폭로하여 스스로의 가치를 떨어뜨리는 일이 된다.

지나치게 해도 좋은 것

군자가 이로써 행동은 지나치도록 공손하게,
문상은 지나치게 애도하며, 씀씀이는 지나치게 검약하게 한다.

君子以行過乎恭 喪過乎哀 用過乎儉
군 자 이 행 파 호 공   상 파 호 애   용 파 호 검

───── 뇌산소과雷山小過 ─────

공恭이란 공손하며 깊이 삼가는 것이다. 행동은 신중하고 공손
함이 지나칠 정도가 좋다. 상喪에 임했을 때는 의식보다도 애도함
을 중시하여 그 애도의 정이 조금 지나칠 정도가 좋다. 물건을 쓸
때는 자칫하면 사치로 흐르기 쉬우므로 조금 검약하는 듯함이 마
침 알맞다.

뇌산소과의 괘는 '조금 지나치게' 하는 것을 말하고 있는바, 일
상의 마음가짐으로서 조금 지나치게 해도 꼭 알맞은 것이 있다고
가르치고 있다.

1+1 하루를 두 배로 사는 인생 독본

만일 정의로 하여금 우리들의 생활을 감독케 하려면 있는 그대로의 생활을 숨기지 말고 인정
하라. 우리들의 생활은 변해 가지만 정의는 항상 변함없는 자세로 우리들의 생활을 지켜보며
악을 적발한다.

성현의 양성이 더 중하다

성인이 공물로써 상제께 제사를 드리고,
더 많은 공물로써 성현을 양성한다.

聖人亨 以享上帝 而大亨 以養聖賢
성 인 형 이 향 상 제 이 대 형 이 양 성 현

——— 화풍정火風鼎 ———

고대 중국에서는 나라를 찾아오는 현인들을 성에 맞아들여 호화로운 식사를 베풀고, 지금 식으로 말하면 학술 토론회를 열었다. 당시의 현인들은 정보의 보고였고, 그 현인과 이야기하는 것은 외부의 의견을 들을 수 있는 귀중한 기회이기도 했다. 그로 인해 천제에게 바치는 공물보다도 많은 것을 현인들의 향연에 제공하여 대우했다.

나라를 지키기 위해 현인들의 의견에 귀를 기울이는 일은 예나 지금이나 중요하다. 이 화풍정은 현인을 양성하는 때를 일컫는 괘이다.

1+1 하루를 두 배로 사는 인생 독본

마음이 심한 고통을 당할 때는, 신 이외의 누구에게도 그것을 털어놓거나 하소연해서는 안 된다. 그렇지 않으면 고뇌는 남에게 전염되어 그 사람을 괴롭힐 것이다. 침묵을 지키고 꾹 참아내며 자신 속에서 태워 버려야 한다. 고뇌 속에 조금씩이라도 완성으로 향해 가는 기회와 도인 導因이 있음을 알라.

성대하게 제사를 지내는 이유

커다란 공물을 씀이 길하다. 갈 바를 두는 것이 이로우리라.

用大牲吉 利有攸往
용 대 생 길 이 유 유 왕

───── 택지췌澤地萃 ─────

'대생'은 공물로 바치는 커다란 짐승이다. 국왕이 행하는 제사에는 성대한 공물을 바침이 좋다는 뜻이다. 제사는 인심을 모으고 진심을 바쳐서 행하는 것이어서 본래 공물의 대소와는 상관이 없으나 그 제사에는 가능한 한 좋은 것을 바치도록 한다.

사람도 물자도 풍부할 때는 공물도 성대하게 하고, 인심을 하나로 모으기 위해 나라 전체의 큰 잔치를 여는 것이 좋다는 가르침이다.

택지췌는 사람도 물자도 모여 왕성하고 풍부하게 융성하는 때를 나타내는 괘이다.

1+1 하루를 두 배로 사는 인생 독본

잠시 동안이라도 신의 존재를 의심한 일이 없는 그와 같은 신앙인은 하나도 없다. 그 같은 의혹은 해로운 것이 아니다. 도리어 그럼으로써 신에 대한 높은 이해에 도달케 한다. 신의 계시는 헤아릴 수 없이 무한하다.

인심을 모으다

바람이 물 위를 지나감이 환渙 괘이다.
상제께 제사를 올리며 묘당을 세운다.

風行水上渙 先王以 享于帝 立廟
풍 행 수 상 환   선 왕 이   향 우 제   입 묘

───── 풍수환風水渙 ─────

고대에는 사람들의 기가 흐트러지고 마음이 떠나는 것을 막기 위해 또한 침체되어 흐려진 기를 발산시켜 맑게 하기 위해 천제에게 제사를 지내고 묘당을 세웠다. 제사를 지냄으로써 흐트러지기 시작한 인심을 모으고 소중한 것이 무엇인가를 새삼 일깨웠던 것이다.

풍수환의 '환渙'은 발산하다, 풀리다, 흩어져 헤어진다는 의미이다. 또한 흩트려 놓고 다시 모은다, 기를 발산시켜 안정시킨다는 의미도 있다.

1+1 하루를 두 배로 사는 인생 독본

사람은 사람을 돕는다는 말이 있다. 타인의 도움이 없이는 살아갈 수 없기 때문이다. 우리들의 생활은 서로 밀접하게 관련되어 있기에 이때 그 도움은 서로 주고받는 것이어야 한다. 어떤 사람은 그저 타인의 도움을 받기만 하는데 이런 자들이 사회를 파괴한다.

가정 본연의 모습

말에는 근거가 있고 행동에는 항상성이 있게 하라.

言有物而行有恒
언 유 물 이 행 유 항

───── 풍화가인風火家人 ─────

　가정에서는 사실에 근거한 말을 쓰고 행동에는 일관성이 있어야 한다. 가족은 정에 빠지기 쉽고 마음을 열고 경계를 푸는 장소이나, 그런 만큼 타인에게는 하지 않을 폭언을 하는 경우도 있다.

　그러나 가정은 사회생활의 근본이라며 자성하고, 말과 행동을 삼갈 일이다. 자신을 속이는 것 같은 행동을 해서는 안 된다.

　풍화가인의 괘는 가정, 가족, 가도家道 본연의 모습을 말해 주고 있다.

1+1 하루를 두 배로 사는 인생 독본

인간의 삶에 변화가 생기는 것은 당연하다. 그러나 그 변화는 어디까지나 외적 조건의 소산이 아니라 영혼의 소산이 되도록 하지 않으면 안 된다. 참된 변화란 관점, 신념, 기대 등 사람의 내면에 있다. 영혼은 불변한다는 믿음은 마치 자기가 타고 있는 나룻배가 움직이지 않는다고 믿는 것과 같다.

고요한 마음에 진실이 보인다

함咸은 감感이다.

咸感也
함 감 야

'함'은 감응하는 것이다. 매사를 보고 감응하는 데는 마음이 필요하다. 또한 감응은 다른 마음이 없는 데서 이루어진다. 느끼는 방법이 바르지 않으면 감정이 흐트러지고 마음에 거품이 인다. 큰 파도가 일어나 동요하는 경우도 있다. 그렇게 되면 매사는 확실히 눈에 들어오지 않게 된다.

매사를 진실되게 마음으로 느끼고 받아들인 때에 그 마음은 실로 명경지수와 같이 맑고 고요한 상태가 된다. 일순간에 마음의 눈으로 매사의 진상을 확연히 들여다볼 수 있다.

1+1 하루를 두 배로 사는 인생 독본

만일 사람이 남을 두려워한다면 그는 신을 믿지 않는 것이다. 신을 두려워하는 자는 사람을 두려워하지 않는다. 세상 사람들이 비방하고 있는 사람들 속에서 착한 이를 발견하라.

사람을 성장시키는 것

신을 구구하여 조화함을 아는 것은 덕이 성대함이라.

窮神知化 德之盛也
궁 신 지 화　덕 지 성 야

계사하전繫辭下傳

진리를 탐구하여 변화의 이치를 아는 것은 사람이 도달할 수 있는 덕의 궁극이다.

그러나 현실은 아무리 진력을 다해도 사람이 알 수 있는 것에는 한계가 있다. 그래서 '그렇다면 진리에 가까운 곳까지 가보자'라는 마음으로 그 비슷하게라도 해 보려고 노력하는 마음이 중요한 것이다.

사람을 성장시키는 것은 인간의 생각이 미치지 않는 실재이다.

1+1 하루를 두 배로 사는 인생 독본

높은 지혜는 협화와의 일치 속에서 얻어진다. 서로 간의 협력과 화합에서 얻는 것이 많으며, 오직 남의 눈으로써만 그대의 결점을 볼 수 있는 것이다.

도처에 주인이 있다

하늘 아래 우레가 일어 사물마다 무망을 준다.
선왕이 때에 잘 대응하여 만물을 길러낸다.

天下雷行 物與无妄 先王以茂對時育萬物
천 하 뇌 행 물 여 무 망 선 왕 이 무 대 시 육 만 물

———— 천뢰무망天雷無妄 ————

자연은 인간에게 은총과 함께 지진, 홍수 같은 천재지변도 가져
다준다. '때에 대응하여 만물을 기른다' 함은 비일상적인 재난이
닥친 때일지라도 해야 할 일을 다하여 사회를 잘 유지해 가려 하
는 노력이다.

만일 사람이 자연체였다면 자연은 모든 것을 가르치고 주는 것
이므로 어떠한 상황 아래서도 사람이 그 때(시기)의 주인으로 있을
수가 있다. 천뢰天雷(자연의 소리)와 무망無妄(영생)의 가르침은 선어
禪語에도 있는 '도처에 주인이 있다'는 말과 상통하는 것이라 할 수
있겠다.

1+1 하루를 두 배로 사는 인생 독본

인간은 모든 욕망을 극복할 수 있음을 알고 있다. 설령 욕망이 그를 압도하였음을 느낄지라도
그것은 그의 실패를 증명하는 것이 아니다. 그것은 그저 욕망을 극복하지 못했음을 증명하는
데에 불과하다. 마부는 자기 말이 곧 멈추지 않는다고 고삐를 내동댕이치지 않는다.

멈춤 없이 오는 변화에 의해 성장한다

뇌정으로 고동케 하며, 비바람으로 윤택하게 하고,
일월이 운행하여 한번 춥고 한번 덥다.

鼓之以雷霆 潤之以風雨 日月運行 一寒一署
고 지 이 뇌 정　윤 지 이 풍 우　일 월 운 행　일 한 일 서

―――― 계사상전繫辭上傳 ――――

'뇌정'은 우레와 번개이다. 매사는 봄날의 우레가 울려 퍼지듯이
떨쳐 일어나고, 사람들을 고무하며 뜻을 일깨우고, 비바람이 땅을
윤택하게 하듯 사람을 성장시킨다.

역易은 변화를 중히 여긴다. 태양과 달은 한시도 멈추지 않고
한때는 추워졌다가 한때는 더워지고 춘하추동은 번갈아 찾아온다.
사람도 매사도 이와 같아서 격동, 윤택, 쇠퇴 등의 변화가 있고 그
에 따라 성장하는 것이다.

1+1 하루를 두 배로 사는 인생 독본

선은 미덕이고 기쁨이자 인간을 인간 이상으로 높여 줄 뿐만 아니라, 투쟁의 무기이기도 하다.
죄인, 거짓을 좋아하는 자, 특히 그대를 손상시킨 자에게 선을 베푸는 일은 너무도 어렵다. 그
러나 그러한 자에게 선을 베푸는 것은 그 사람을 위해 또한 그대 자신을 위해 필요한 일이다.

음陰으로 독선을 다스린다

음양의 '양'은 강하고 앞으로 나아가려는 성질을 말한다. 그러나 양의 힘만으로는 자신의 힘을 과시하여 독선적이 되고, 다른 사람의 의견에 귀를 기울이지 않게 되어 언젠가는 급격하게 실추하고 만다.

그렇게 되지 않기 위해서는 스스로 '음'의 힘이 생기도록 하여 제어할 필요가 있다. 음의 힘의 특징은 순종, 수용, 유화이다. 다른 사람을 따르고 다른 이의 의견에 귀를 기울이는 겸허함을 갖는다.

능력이 뛰어난 지도자라 할지라도 스스로 음의 힘을 창출할 수 없다면, 후계자를 길러 낼 수 없다. 언젠가는 주위 사람들이 떠나가고 조직을 유지할 수 없게 되어 버린다.

1+1 하루를 두 배로 사는 인생 독본

뉘우침은 자신의 죄악, 자신의 약점이 있는 모든 단계를 인정함이다. 뉘우침은 모든 악을 없애고 마음을 깨끗이 하는 것이며 그리하여 마음이 선을 향하여 나아갈 준비를 하는 것이다. 후회는 그 사람이 앞으로 그 후회한 일을 되풀이하지 않으려는 결심을 할 때에만 진실이다.

4

사월

하늘의 뜻에 따라

적기에 행한다

이로써 크게

형통하리라

만물이 이로써 비롯된다

위대하도다 건원이여,
만물이 이로써 비롯됨이니 이는 곧 하늘을 다스림이라.

大哉乾元 萬物資始 乃統天
대 재 건 원 만 물 자 시 내 통 천

———— 건위천乾爲天 ————

건원은 하늘이다. 건의 왕성한 힘은 크고 멋진 것이며 만물은 이에 의해 시작된다. 건은 '천天'이며, 순수한 양陽으로서 그 움직임과 성질을 말한다. 적극, 강건, 추진, 건강함, 피로를 모르는 건강한 힘이다.

천도는 만물의 비롯됨을 관장한다. 항상 멈추는 일 없이 활동하고 지상을 두루 비춰 주며 비를 내리게 하여 만물을 육성해 간다.

1+1 하루를 두 배로 사는 인생 독본

학문의 영역은 무한히 넓다. 그러므로 참된 지식을 얻고자 하거든 그 넓은 영역 속에서 무엇이 가장 중요하며 반대로 무엇이 중요치 아니한가를 알아야 한다. 무지함을 두려워 말며 도리어 허황된 지식을 가지고 있음을 두려워하라. 이 세상의 악이란 모두 여기에서 발생하는 것이다.

음양은 한 쌍으로 이루어진 도이다

건의 도는 남자를 만들고 곤의 도는 여자를 만든다.
건은 커다란 시작을 맡고 곤은 물건을 만들어 간다.

乾道成男 坤道成女 乾知大始 坤作成物
건 도 성 남 곤 도 성 녀 건 지 대 시 곤 작 성 물

계사상전繫辭上傳

하늘의 도인 '건도'는 적극 추진하는 '양'의 도로서 남성적인 성
격을 가지며, 대지의 도인 '곤도'는 소극적, 수용적이고 유순한 '음'
의 도로서 여성적인 성격을 가진다.

양은 시작을 관장하고, 음은 양을 받아들여 만물을 낳아 기르는
역할을 한다. 이를 남녀의 특성에 빗대어 생각하면 체제를 고려하
고 추진하는 것은 남성의 장점이며, 이를 받아들여 실용화하고 육
성해 가는 것은 여성의 특장점이다. 음양은 나누어서 생각할 것이
아니다. 한 쌍으로서 커다란 작용을 이루어가는 것이다.

1+1 하루를 두 배로 사는 인생 독본

도덕적 생활이란 끊임없는 노력이다. 정신적인 노력과 생활을 아는 기쁨은 마치 육체적 노력
과 휴식에서 오는 기쁨처럼 번갈아 오는 것이다. 육체의 노동 없이는 휴식의 기쁨이란 있을 수
없으며 도덕적인 노력 없이는 생활의 기쁨이 있을 수 없다.

시의가 가진 의의는 위대하다

천지가 순응하여 움직인다.
고로 일월이 지나치지 아니하며 사시四時가 지나치지 아니한다.

天地以順動 故日月不過 而四時不忒
천 지 이 순 동 고 일 월 부 과 이 사 시 부 특

─────**뇌지예雷地豫**─────

뇌지예의 예豫는 미리 태만하지 않으며 즐긴다는 의미이다. 미리 순서를 정하여 행함으로써 즐기고, 흔쾌한 때를 얻으라고 가르치고 있다. 천지는 순서에 따라 아침 점심 저녁, 춘하추동이 확연하게 구분되어 찾아온다.

그럼에도 인간사, 다시 말해 인간 사회의 많은 사건이 순서를 벗어난다든지 태만하게 되면 매사가 잘 진척되어 갈 리가 없다.

〈'예'의 시기가 가진 의의는 위대하다〉는 말이 있는바, 순서나 단계를 벗어나지 않고 확실히 밟아 가 그때에 적절한 행위를 하는 의의는 자못 큰 것이다.

1+1 하루를 두 배로 사는 인생 독본

죽음은 영원을 믿지 않는 자의 불행이나 고통을 없애 준다. 반면 죽음은 불멸을 믿고 새로운 생활을 기다리고 있는 자에게는 큰 기쁨이다. 그러므로 만일 죽음의 고통이 수반되지 않는다면 모든 인간은 죽음을 향하여 다투어 달려갈 것이다. 고통은 사람을 죽음으로 가지 않게 우리들에게 보내어진 선물이라 할 수 있다.

하늘의 뜻에 따라 적기에 행한다

하늘의 뜻에 따라 적기에 행한다. 이로써 크게 형통하리라.

應乎天而時行 是以元亨
응 호 천 이 시 행   시 이 원 형

───── 화천대유火天大有 ─────

'하늘의 뜻에 따라 적기에 행한다' 함은 그때그때 딱 들어맞는, 그 때에 적중하는 행위를 하는 것이다. 농사일에 있어서는 봄에 씨를 뿌리고 여름에 잡초를 뽑고 가을에 수확하고 겨울에 토양을 비옥하게 함이 때에 적중하는 일을 하는 것이다.

하늘의 운행에 따라 그때그때 해야 할 일을 해 나가면 매사는 형통하리라는 뜻이다.

1+1 하루를 두 배로 사는 인생 독본

한 사람의 불안한 정신은 자신을 끝없는 불행 속으로 몰아넣을 뿐 아니라 동시에 타인에게도 불행을 끼친다. 선량한 정신은 인생의 수레바퀴를 원활하게 회전시키는 윤활유와 같다.

끝이 없는 변화가 불변의 도이다

일월은 하늘의 뜻을 얻어 능히 오랫동안 비추고,
사시는 변화하여 능히 오랫동안 이루어지며
성인은 그 길에 오랫동안 정진하여 천하가 화하여 이루어진다.

日月得天而能久照 四時變化而能久成 聖人久於其道而天下化成
일 월 득 천 이 능 구 조　사 시 변 화 이 능 구 성　성 인 구 어 기 도 이 천 하 화 성

———— **뇌풍항雷風恒** ————

　　해와 달은 멈추는 일 없이 아침 점심 저녁으로 돌아가며, 사계
(사시)도 쉬지 않고 춘하추동으로 돌아가며 만물을 육성한다. 거기
에는 일정한 법칙이 있어서 변화와 불변을 잉태하고 있다.

　　각각으로 변화하여 끝이 없다. 그 끝이 없는 변화야말로 뇌풍항
의 괘가 말하는 불변의 도, 즉 불변의 '항恒'이다. 사람들도 그를 본
받아 자신의 길을 바꿈이 없이 변화에 순응하며 성장해 갈 일이다.

1+1 하루를 두 배로 사는 인생 독본

'일하지 않으면 안 된다'라는 법칙에서 도피할 수 있는 방법은 오직 죄를 범하는 것뿐이다. 또
는 부정함에 의지하거나 굴복하고 아첨함을 의미한다. 만일 일하기 싫다면 그대가 영락한 상
태에 있거나 아니면 폭력을 휘두르고 있거나 둘 중 하나이다.

때를 따르다

변통이란 때를 따르는 것이다.

變通者 趣時者也
변 통 자 취 시 자 야

────── 계시하전繫辭下傳 ──────

변화하여 통해 간다 함은 겨울이 가고 봄이 되어 씨를 뿌리고, 순조롭게 따뜻해지며 씨가 싹이 터서 성장하는 것이다. '때를 따르다' 함은 때에 거스르지 아니하고 그에 맞는 행위를 하는 것이다. 파종에 있어서는 봄을 기다려서 씨를 뿌리는 것을 말한다.

때를 따른다면 매사는 보다 좋은 모습으로 변화하여 목적을 달성할 수 있으리라.

1+1 하루를 두 배로 사는 인생 독본

사람들은 각기 다르고 또 자기에게 아주 중요한 일에 종사하고 있다. 그러나 자기의 영혼을 훌륭하게 하는 유일한 사업에는 종사하지 않고 있다.

눈에 보이지 않는 것을 본다

관觀은 군주가 천거할 만한 공물을 헌상하지 못한다 해도, 손을 정갈히 씻고 진심으로 엄숙하게 바친다면 천하 만민이 이를 보고 교화되리라는 것이다.

觀盥而不薦 有孚顒若 下觀而化也
관 관 이 부 천   유 부 옹 약   하 관 이 화 야

————— 풍지관風地觀 —————

풍지관은 통찰력을 역설하는 괘이다. '관觀'은 눈에 보이지 않는 것을 보는 것, 마음의 눈으로 보고 동화하는 것을 말한다. 또한 마음으로 '보여 준다'는 상대의 의미도 포함한다.

고대 중국에서 제사를 지낼 때 군주는 손을 깨끗이 씻고 공물을 바쳤는데 당시는 풍년이 아니어서 천거할 만한 공물이 없었다. 그래서 성심성의로 엄숙하게 공물을 바쳤다. 백성들은 그러한 군주의 모습에 나타난 진심을 보고 심복하고 동화되었다.

'아이는 아비의 뒷모습을 보고 자란다'는 말이 있듯이 '관'은 이치가 아니다. 마음의 자세를 보는 것만으로도 그에 동화하여 정신이 성장하는 법이다. 아무리 입으로 훌륭한 말을 해도 진심이 배어 있지 않으면 사람들은 감화되지 않는다.

우리들은 아무래도 눈에 보이는 것이나 물질에 사로잡히기 쉬우나, 물질적인 혜택을 받지 못했을 때야말로 매사의 본질이나 사람의 본심이 드러나 보이게 되어 있다.

117

1+1 하루를 두 배로 사는 인생 독본

악을 선으로 대하는 것은 악을 악으로 대하기보다 진실되며 쉽고 지혜로운 행동이다. 악에 대하여 선으로 그 대가를 지불한 기쁨을 단 한 번이라도 경험한 사람은 이 기쁨이 가져올 기회를 결코 놓치지 않을 것이다.

숙련으로 해답을 찾아내다

이를 데를 알아 이르니 더불어 기미를 알 수 있다.

知至至之 可與幾也
지 지 지 지   가 여 기 야

문언전文言傳

미미한 기미를 보고, 그것이 무엇을 의미하는지 전체상을 파악하고 어찌 대처할 것인가를 생각해서 대답을 찾아냄을 이르는 말이다.

예를 들어 자그마한 나사못이 빠진 데서부터 큰 사고의 전조를 감지하고 기기를 점검하여 사고를 미연에 방지하는 것 같은 경우를 말함이다.

매일 같은 일을 되풀이하여 숙련되면 평시와는 다른 무언가를 감지하는 능력이 길러진다. 이것이 기미를 감지하는 힘이며 전문가의 눈이다. 결코 요행으로 얻은 직감이 아니다.

1+1 하루를 두 배로 사는 인생 독본

오직 그대들의 부정만이 그대와 신과의 사이에 있는 장벽이다. 그대들의 죄악이 신의 얼굴을 돌리게 한다. 그러므로 그대의 기원이 신의 귀에 들리지 않는 것이다. 그대들의 손은 피에, 손가락은 부정에 더럽혀졌고, 입과 혀는 거짓을 말하고 있기 때문이다. 그리하여 정의와 진리는 우리에게서 멀다.

마칠 방법을 알아야 끝마칠 수 있다

마칠 데를 알아 마치니 더불어 의義를 보존할 수 있다.

知終終之 可與存義也
지 종 종 지　가 여 존 의 야

── 문언전文言傳 ──

앞을 내다보며 어찌하면 끝나고 어떻게 하면 끝이 나지 않는가를 파악하고, 마땅히 해야 할 대처를 해 나가야 한다. 그것은 '의'에도 관련되는 일이다.

'의'라 함은 의리, 정의이고 쓸데없는 것을 잘라내 버리는 각오와 냉엄함을 의미한다. 문제를 알아차리고 대처법을 안다 하더라도 행동하지 않으면 아무것도 이루어지지 않는다. 무서워해야 할 것은 문제가 일어나는 것보다 그에 대처할 방법이 없다는 데에 있다.

1+1 하루를 두 배로 사는 인생 독본

자기 자신의 존재를 자각하고 자신에게 충실하도록 노력하라. 그리고 완전한 인간의 본성에 숨어 있는 힘에 의지하라. 우리의 경험은 이 점을 보증해 준다. 죽음에는 두려워할 무엇도 없다. 죽음에서 두려워해야 할 것은 그 사람 스스로의 생활이 원인이 된다.

태평을 지탱해 주는 삼덕三德

거친 것을 감싸며, 걸어서 강을 건너는 용맹을 쓰며,
멀리 있는 것을 버리지 아니한다.

包荒 用馮河 不遐遺
포 황 용 풍 하 불 하 유

───── 지천태地天泰 ─────

'황'은 처참한 해골, 닳아빠진 더러운 것이다. 그렇듯 황폐해진 인심 등 싸안기 힘든 것까지 포옹해 줄 정도의 도량을 '인仁'이라고 한다. 그리고 위험한 강을 걸어서 건널 정도의 용기와 결단력을 '용勇'이라 한다. 또한 '멀리 있는 것을 버리지 아니한다' 함은 멀리에까지 마음 씀을 두는 것을 말한다. 즉 50년, 100년 앞의 장래를 깊이 생각한다. 이것이 '지知'이다.

태평 세대가 실현되기 위해서는 지·인·용의 3가지 덕이 필요하다.

1+1 하루를 두 배로 사는 인생 독본

현대에 있어서는 사람들이 서로 형제라는 공통된 신앙적 의식이 없어서는 안 된다. 참된 과학은 이 의식을 생활에 적용하는 여러 가지 방법을 보여 주는 것이라야 하며 예술은 이 의식을 감정에 호소하는 것이어야 한다.

게으름이 허물을 만든다

그 도道가 매우 커서 온갖 일을 손상시키지 않으나
두려움을 가지고 시종始終하면, 그 요결은 허물이 없을 것이다.

其道甚大 百物不廢 懼以終始 其要无咎
기 도 심 대 백 물 불 폐 구 이 종 시 기 요 무 구

계사하전繫辭下傳

태평 시기에 위기관리 의식을 게을리하지 않는 자는 태평을 유지하고, 그를 게을리하는 자는 태평을 위태롭게 한다는 가르침이다. 이 가르침은 국가나 사회조직 또는 가정이나 개인의 보신에까지 통하는 말이다.

이것을 처음부터 끝까지 관철함으로써 가지가지 매사를 손상이 가게 하지 아니하고 되돌리는 데 있어 허물이 없을 것이라고 말하고 있다.

121

1+1 하루를 두 배로 사는 인생 독본

모든 기만은 또 다른 기만을 이끌고 오며 모든 잔악함은 더 많은 잔악함을 따르게 한다. 악은 어떻게 하여 생겨났을까? 그 근본을 더듬어 보라. 악은 보기 흉하고 수치스런 모양을 하고 있다. 자세히 살펴보라. 그대는 악을 낳은 기만을 찾으리라.

때가 무르익기를 기다리는 자세

오르고 내림에 정해짐이 없다고 해서 다 간사함이 되지는 않는다.

上下无常 非爲邪也
상 하 무 상   비 위 사 야

문언전文言傳

자신의 지위나 입장에만 머무르지 않고, 정해짐이 없이 앞으로 나가거나 물러나거나 하는 것이 다 간사함으로 되지는 않는다. 이는 매사를 성취하기 전에 기미를 파악하고 때가 무르익기를 기다리는 자세이다.

예를 들면 육상의 출발 자세와 같이 굳이 불안정한 입장을 취하여 위태로운 균형에 자신의 몸을 맡기지는 않을 것이다.

움직여야 할 때 움직이기 위해서는 흔들리는 한가운데서 때가 무르익기를 기다려 행동을 취해야만 한다.

1+1 하루를 두 배로 사는 인생 독본

자기 자신의 내부를 어느 정도 깊이 파고 들어가면 신을 알게 된다. 이전에 내가 이 분명한 진리를 보지 못했던 것은 놀라운 일이다. 이 세계와 우리들의 생활 위에는 그 무엇인가 있다는 것, 우리들은 번져 가는 물거품처럼 그저 그 무엇 속에서 서로 경쟁하고 부서지고 사라져 버리는 존재임을 알지 못했다는 것은 놀라운 일이다.

따르는 것부터 시작한다

앞서 가면 헤매게 되고, 뒤따르면 이로움을 얻게 된다.

先迷後得 主利
선 미 후 득 　 주 리

───── 곤위지坤爲地 ─────

'잘 따르는' 능력이라 할 수 있는 숨은 덕행의 특징을 이야기하고 있다. 따라야 할 때 따르지 않고 앞장서 가면 반드시 길을 잃고 헤매게 될 것이며, 뒤따라가면 순조롭게 목적지에 도달하여 이로움을 얻게 된다는 말이다.

새로운 환경에 들어갈 때는, 앞장서서 자기 자신을 드러내서는 안 된다. 우선 그 환경에 익숙하게 된 연후에 따른다. 여태까지 해온 자기 나름의 행동 양식과 사고방식을 한번쯤은 버리는 것이 여기서 말하는 '따르는' 요령이다. 그렇게 함으로써 새로이 자신을 발견하고 나아갈 길이 환하게 열리게 된다.

장래에 선두에 나서기 위해서도 우선 따르는 일부터 시작하지 않으면 안 된다.

1+1 하루를 두 배로 사는 인생 독본

우리들은 자신의 생명의 정신적 기원과 신에게 속한 기원을, 한편으로는 이성에 의해 다른 면으로는 사랑에 의해 알 수 있다. 이성은 인간 세계와 신의 세계의 상호 관계를 밝혀 주는 신에 속하는 마음의 본성이다. 이성은 지식이 인간에게 주는 여러 가지 유혹으로부터 인간을 자유롭게 하는 것이다.

적기適期를 노린다

군자는 크게 쓸 물건을 몸에 갖추고 때를 기다려서 움직인다.

君子藏器於身 待時而動
군 자 장 기 어 신 대 시 이 동

────── 계사하전繫辭下傳 ──────

여기서 말하는 '기器'란 활과 화살과 같이 쓰기 좋은 이기利器를 의미한다. 세상을 살아가는 데 도움이 되는 힘과 재능, 문제를 해결하는 수단을 빗대어 말한 것이다.

이 문장은 부단한 수양을 통해 힘을 비축하여 몸에 익혀 두었다가, 때가 오기를 기다려 행동함이 좋다는 것을 가르쳐 주고 있다. 아무리 좋은 기량을 갖추고, 행동력이나 재능이 있다 해도 적기를 놓치면 아무 일도 성취해 낼 수가 없다.

1+1 하루를 두 배로 사는 인생 독본

권력자와 굴종자, 돈 많은 자와 돈이 없는 자로 분류되는 이 사회에서 좋은 제도를 세우기란 어려운 일이다. 굴욕적인 노예보다 압제자의 군주가 되는 것이 더욱 나쁘다.

군주의 임무는 재성과 보상이다

군주가 이로써 천지의 도를 재단하여 이루며,
천지의 마땅함에 힘을 보태고 도움으로써 백성을 좌우한다.

后以財成天地之道 補相天地之宜 以左右民
후 이 재 성 천 지 지 도   보 상 천 지 지 의   이 좌 우 민

───── 지천태地天泰 ─────

'재성財成'은 남아도는 것을 줄이는 것이고 '보상補相'은 모자란 것을 보충하는 일이다. '좌우한다' 함은 여분을 줄이고 부족을 메워 백성을 좌우 양측에서 도와주는 일이다.

고대에 왕의 주된 임무는 재성과 보상이었다. 훌륭한 왕은 천하의 경제와 물자 등을 조절하고 보충하여 백성을 돕고, 생활을 안정시키는 일에 마음을 썼다. 이를 바르게 행함으로써 태평 세대가 유지되었다. 현대에서도 역시 이는 정치의 근본이랄 수 있을 것이다.

1+1 하루를 두 배로 사는 인생 독본

부유한 자들을 존경할 것까지는 없다. 그들의 생활과는 관계없이 그 인간들을 가엾게 생각해 줄 필요도 없다. 부유한 양심가는 비겁한 영웅과도 같다. 그는 양심가로서의 자격을 상실한 것이다. 돈 있는 자는 자기 재산을 자랑할 수는 없다. 도리어 자신의 재산을 부끄러워해야 한다.

험난한 때에 반복해서 배우리니

습감^{習坎}은 믿음이 있어서 오직 마음이 형통하리니.
행하면 상서로움이 있으리라.

習坎 有孚維心亨 行有尚
습 감 유 부 유 심 형 행 유 상

───── 감위수坎爲水 ─────

감위수의 괘는 『주역』 64괘 중에서 4대 난괘의 하나로 매우 험난
한 때를 나타낸다.

'습감'의 '감坎'은 흙土이 모자라는欠 구멍을 뜻한다. '습習'은
배우다, 반복한다는 뜻이다. 즉 구멍 또는 구멍에 빠지는 셈으로
고통이 가일층 더해져서 반복됨을 일컫는다. 그 정도로 심한 고통
을 어찌해서 벗어나면 좋을 것인가.

'부孚'는 약속한 일, 믿는 마음, 신념, 성심성의, 진심 등의 의미
가 있다. '유부유심형'은 이 고통을 반드시 벗어날 때가 온다고 믿
는 것이다. 그렇게 고난과 정면으로 마주 서서 참고 견뎌 낸다면,
그 성심과 신념에 의해 어떠한 험한 지경도 넘어설 수가 있다는 말
이다.

이 감위수의 괘는 달리 '습감'이라고도 한다. 험난한 때에 반복
해서 배우는 것을 의미하는 이 말을 선인들은 외경하며 소중히 여
겨 왔다.

126

1+1 하루를 두 배로 사는 인생 독본

인생은 유한한 우리들이 영원하고 무한한 존재에 속해 있는 본질임을 인식하는 데 있다. 나는
안다. 죽지 않으면 안 된다는 것을. 그러나 모든 것들은 소멸하는 일이 없다. 죽음은 내게 변화
를 가져온다. 내 자신이 아주 소멸해 버리는 것이 아니라 다른 존재, 다시 말해 세계의 다른 부
분성 속으로 들어가는 것이다.

눈이 녹기 전의 움직임

천지가 풀림에 우레와 비가 일어나고, 그 뇌우로 인해
온갖 과일과 초목이 생겨나고 모든 껍질이 열려서 터지게 된다.

天地解而雷雨作 雷雨作而百果草木 皆甲柝
천 지 해 이 뇌 우 작   뇌 우 작 이 백 과 초 목   개 갑 탁

―――――― 뇌수해雷水解 ――――――

천지의 기가 교감하여 녹아 겨울이 봄으로 변해 간다. 춘뢰가 일
고 봄비가 내려 눈 녹는 때가 찾아든다. '껍질이 터진다' 함은 씨앗
의 딱딱한 껍질이 익어 터지는 것이다. 봄비에 땅이 젖고 백화 초
목이 싹을 틔우는 것을 나타내고 있다.

뇌수해는 곤란이 해결되는 때를 일컫는 괘이다. 매사가 해결되기
전에는 뇌우와 같은 움직임이 있다. 그를 잘 분별하여 문제를 해결
하기 위해 적절한 행동을 취해야 한다는 것을 가르쳐 주고 있다.

1+1 하루를 두 배로 사는 인생 독본

인간은 인생의 목적 그 자체에 도달할 수는 없다. 인간은 다만 인생의 목적을 향해 나아갈 뿐
이다. 침착하고 강한 자가 되고 싶거든 자기 자신 속에 신앙을 확립하라.

과오를 용서하는 아량

뇌우가 일어남은 풀어 주는 것이니
군자가 이로써 과오를 사하고 죄를 감해 준다.

雷雨作解 君子以赦過宥罪
뇌 우 작 해 군 자 이 사 파 유 죄

───── 뇌수해雷水解 ─────

뇌우가 일어나 눈이 녹게 되고 초목이 싹을 틔워 성장하듯이, 인간사의 대난이 해결되고 새로운 때를 맞이한다. 남의 윗자리에 서는 사람은 남의 과오를 용서해 주고 죄를 경감시켜 주는 것이 중요하다고 한다.

커다란 곤란에 직면하게 되면 거기서 벗어나려고 길을 잘못 드는 사람도 나오게 된다. 그러나 대난이 해결된 때에는 모두 같이 즐거워하고, 비상시에 겪었던 고난을 돌이켜 보며 관대하게 대처하여 속죄하기 쉽게 해 주는 것이 긴요하다.

1+1 하루를 두 배로 사는 인생 독본

우리는 아주 많은 것을 알고 있으면서도 가장 필요한 것을 알지 못하는 일이 잦다. 알지 못함은 손해도 수치도 아니다. 모든 것을 안다는 것은 그 누구도 불가능하다. 그러나 알지 못하는 것을 아는 척하는 일은 수치이자 큰 해독이다.

고난 속의 절제는 나갈 길을 막는다

절제는 형통하나 고절苦節은 바르지 못하다.

節亨 苦節不可貞
절 형 고 절 불 가 정

수택절水澤節

'고절십년苦節十年'이란 고난을 참고 견디며 뜻을 관철하는 것을 의미하는 말이다. 이를 미덕으로 여기지만 이 말은 '고절은 고난 속의 절제는 바르지 못하다'에서 나온 것이다.

'절'은 대나무의 마디로서 다음에 뻗어 나가기 위해 적당한 매듭을 두는 것을 말한다. 절도節度란 적절한 정도를 말하며, 절약은 쓸데없는 비용을 없애는 것, 절식은 적절한 식사량으로 줄이는 것이다. 너무 경직되고 혹독하게 절제하면 나갈 길이 막혀 버리고 만다는 가르침이다.

1+1 하루를 두 배로 사는 인생 독본

고뇌의 기쁨을 알지 못하는 자는 아직도 참된 예지, 즉 참된 인생을 시작할 수 없는 사람이다. 고뇌는 정신이 발달해 나가는 상태이다. 고뇌 없이는 성장도 불가능하고 인생의 향상도 불가능하다. 인간은 고뇌를 겪으면서 영원으로 가는 것이다.

나를 살리는 길

즐겨 절제함이라. 길하다. 그대로 가면 상서로움이 있으리라.

甘節 吉 旺有尙
감 절 길 왕 유 상

────── 수택절水澤節 ──────

'감'은 가운데, 부드럽다, 화합하다는 의미이다. '감절'에는 '고절苦節'에 반대되는 의미가 있다. 고절은 미덕으로 여겨지나 괴로우면 궁색해진다. 따라서 본래는 '고절'이 사람이나 매사를 생기 있게 나아가게 하는 것이고, 사람들에게 우러러 보이며 공적을 쌓는 '절제'의 길이다.

절약이란 참는 것이 아니고 변통하고 고안하는 것임과 마찬가지로 '감절'은 지금 절제함은 차후 자신을 살리기 위해서라고 자각하고 즐겨 절제를 감내하는 것을 말한다.

1+1 하루를 두 배로 사는 인생 독본

불이 초를 태워 버리듯이 선은 개인적 생활을 없앤다. 죽음은 육체를 없앤다. 마치 건물을 세우기 위해 숲을 없애듯이. 그리고 건물을 세우는 자는 숲이나 육체가 없어진 것을 기뻐한다.

밝음을 감추다

간난 속에서도 바르고 이로우려면 그 밝음을 감추어야 한다.

利艱貞 晦其明也
이 간 정 회 기 명 야

───── 지화명이 地火明夷 ─────

　지화명이는 태양이 가라앉아 숨어든 듯한 암흑의 시대를 살아가는 방법을 말해 준다.

　아래 있는 자들은 밝은 덕을 갖고 있으나, 윗자리에 있는 자는 매우 어리석다. 이를 『주역』에서는 은나라의 주왕이 권력을 휘두르던 시대에 비유하고 있다. 이러한 암흑의 시대에는 명석함이나 덕은 상처를 입고 가해를 받아 정도正道는 일체 통하지 않는다. 그로 인해 간난신고를 겪게 되지만, 아무리 괴로워도 먼 훗날을 위해 자신의 총명함을 굳게 감추고 참아 내라고 『주역』은 가르치고 있다.

131

1+1 하루를 두 배로 사는 인생 독본

인간의 참으로 가련한 상태, 이를테면 도덕이나 지혜나 착한 습관을 잃어버린 상태를 불쌍하게 여기기는 어렵다. 또 자기 스스로가 가련하다고 생각하는 상태 즉, 돈이나 아름다움, 건강 혹은 세속적인 행복을 잃은 상태를 가엾게 여기지 않는 것도 어렵다.

여행을 떠나다

여행은 조금 형통하다.

旅 少亨
여 소 형

───── 화산여火山旅 ─────

　'여'는 여행을 떠나는 것이나 현대의 여행과는 성질이 다르다. 고대에는 교통수단도 마땅한 것이 없고, 여행은 불안과 위험을 동반하는 괴로운 것이었다. 이를 현대 상황에서 생각해 본다면 하는 수 없이 다른 사람의 집에서 신세를 지게 된다든지 출장이나 타지에 부임하는 정도에 해당할 것이다.

　'조금 형통하다' 함은 커다란 성과를 바라고 여행에 나서는 것이 아니라면 무사하다는 의미이다. 행선지에서 많은 것을 바라지 않으며 평상시에는 당연한 것이라 할지라도 감사하게 생각하라는 말이다.

1+1 하루를 두 배로 사는 인생 독본

가장 위대한 지식은 자기 자신을 아는 일이다. 자신을 알고 있는 자는 신을 인식하는 것이다. 설사 그것이 진리를 아는 데 소용없다 하더라도 적어도 자신의 생활을 통제하는 데는 필요하다.

새로운 시대를 여는 길

쾌夬는 왕정에서 드날리는 것이다. 미덥게 외침으로써 위엄이 있다. 읍邑에서부터 고하는 것이니 군사로 나아감이 이롭지 아니하다. 갈 곳을 둠이 이롭다.

夫 揚于王廷 孚號有厲 告自邑 不利卽戎 利有攸往
쾌 양우왕정 부호유려 고자읍 불리즉융 이유유왕

───── 택천쾌澤天夬 ─────

'쾌'는 결단, 결정하는 것이다. 택천쾌의 괘는 통치력을 잃어버린 상위의 권력자를 배제하고 새로운 길을 열기 위한 행동을 말해주고 있다.

'왕정'은 공개 장소이다. 그러나 상대는 높은 자리를 차지하고 있어 힘이 있다. 성심성의로 호소해도 여전히 위험이 따른다.

그래서 '읍에서부터' 고하는 것이다. 우선 자기 신변을 깨끗이 하고, 가까운 자들의 결속을 다지고 폭넓게 민중의 의지를 확고하게 하여 풀뿌리의 힘을 기르는 것이다. 이때 '군사로 나아감이 이롭지 아니하다'고 하듯이 무력을 사용하지 않는다. 권력자를 배제시킬 때 무력이나 권위를 중시한다면 그저 혼란에 빠지고 길이 막힐 뿐이다. 이와 같이 행동한다면 앞으로 나아가 새로운 시대를 열 수 있을 것이라는 뜻이다.

1+1 하루를 두 배로 사는 인생 독본

참된 선은 언제나 소박하다. 소박함은 그렇게 매혹적이고 이로움에도 불구하고, 소박한 인간이 이다지도 적다는 것은 실로 놀랄 만한 일이다. 위대한 일은 뚜렷하게 눈에 띄지 않고 겸허하며 단순한 상태에서 서서히 이루어진다. 번개가 번쩍이고 폭우가 쏟아질 때에는 논밭을 갈거나 터를 쌓고 가축을 돌보는 일은 생각조차 할 수 없지 않은가?

사회에 폭넓은 도움이 되려면

대축大畜은 바르게 함이 이로우니, 집에서만 먹지 아니함이 길하다.

大畜利貞 不家食吉
대 축 이 정 불 가 식 길

───── 산천대축山天大畜 ─────

산천대축의 괘는 산에 하늘의 기를 비축할 정도로 큰 축적의 때를 말한다. '집에서만 먹지 아니하니 길하다'라 함은 가업만을 위해서가 아니고 사회에 널리 도움이 되기를 지향한다면 스스로를 큰 그릇으로 키워야 장래 대업을 성취할 수가 있다는 말이다.

'자신이 속한 경우에만'해야 한다고 생각하는 편협한 마음으로는 큰 발전을 기할 수 없다. 사람은 사회에 공헌하겠다는 뜻을 가짐으로써 비약적인 성장을 이룰 수 있는 것이다.

1+1 하루를 두 배로 사는 인생 독본

자신이 신과 연결되어 있음을 아는 자의 참된 인간다움은 투쟁 속에서 볼 수 있다. 어떠한 일이 일어나더라도 용기를 잃지 말라. 인간으로서 정당하다면 그대에게 나쁜 일, 부당한 일이 그대를 무너뜨리지 못한다.

올바른 곳에 가담하라

리離는 걸림이다. 일월은 하늘에 걸려 빛나고
백곡초목은 땅에 걸려 자란다.

離麗也 日月麗乎天 百穀草木麗乎土
리 여 아 일 월 여 호 천 백 곡 초 목 여 호 토

이위화離爲火

'리離'는 불을 나타낸다. 여기에는 떨어지다, 붙는다는 상반된 의미가 있다. '려麗'는 늘어선다, 들러붙는다는 의미이다.

일월은 하늘에 있어서 밝게 빛나고, 온갖 곡식이나 초목과 같은 식물은 땅에 붙어서 자란다. 이와 같이 인간도 올바른 곳에 가담하면 매사가 밝아지고 본래의 충실함을 얻을 수 있다. 불은 뭔가에 붙어 타오르나, 모든 물건도 올바른 곳에 붙음으로써 그 힘을 발휘하게 되는 것이라고 가르치고 있다.

1+1 하루를 두 배로 사는 인생 독본

신에 대한 사랑이란 무엇인가? 그것은 자신 안에 가장 높은 창조의 힘을 기르기 위한 참되고 올바른 노력을 가리킨다. 이 세상에서 가장 위대한 표현은 인간 속에 있다. 그 힘이 작용하기 위해서는 우선 스스로가 그 사실을 알아야만 한다. 자기 자신이 그 사실을 알지 못하기 때문에, 가장 악하고 가장 추한 것을 창조하고 마는 것이다.

휴식과 활동이라는 음양의 작용

한 번 닫고 한 번 여는 것을 변變이라 하고
왕래하되 다하지 않음을 통通이라 이른다.

一闔一闢謂之變 往來不窮謂之通
일 개 일 벽 위 지 변 왕 래 불 궁 위 지 통

───── 계사상전繫辭上傳 ─────

더없이 자유자재로 변화하고 적응하는 역易의 이치를 한 개의 문짝에 비유하고 있다.

어느 때는 닫고, 여는 때는 연다. 이를 '변'이라 한다. 끝없이 오고 가는 왕환이 계속되는 것을 나타내며, 이렇게 매사가 변화해 가는 것을 '통'이라 한다. 문을 닫고 충전해서 활동 에너지를 모으는 것이 음인 '곤'이고 문을 열고 밖을 향하여 적극적으로 활동하는 것이 양인 '건'이다.

열린 채로나 닫힌 채로만 있다면 매사는 통하지 않는다. 사람들의 생활도 이와 같다. 밤에는 집안 문을 닫고 쉬며 아침에는 문을 열고 외출한다. 아무것도 아닌 일상사이나, 그러한 휴식과 활동이라는 음양의 작용이 커다란 변화와 성장 에너지의 원천이 된다.

1+1 하루를 두 배로 사는 인생 독본

나의 내적 생활이란 양심을 말한다. 나는 자신의 양심을 충분히 의식한다. 양심은 과거나 미래를 가지고 있지 않으며 오직 현재만을 가지고 있다. 시간도 공간도 모든 개인적인 것도, 선도 악도 가지고 있지 않다. 양심이 나의 내부에 존재하는 한 나는 살아 있는 것이다.

말에는 본심이 나타난다

장차 배반하려는 자의 말은 부끄러운 기색이고,
중심이 의심스러운 자의 말은 산만하다.

將叛者其辭慙 中心疑者其辭枝
장 반 자 기 사 참 중 심 의 자 기 사 지

────── 계사하전繫辭下傳 ──────

올곧음에서 벗어나 모반하려는 자가 입에 담는 말에는 치욕이
섞여 있다. 심중에 의심을 품고 있는 자가 입에 올리는 말은 이것
저것 모순되어 있는 법이다.

마음속으로 무엇을 생각하고 있는가, 무엇을 꾀하고 있는가 하
는 것이 말의 표현 하나로 다 나타난다. 따라서 말을 할 때는 주의
해야 한다고 가르치고 있다.

1+1 하루를 두 배로 사는 인생 독본

사람을 심판하는 것은 사람이 사람에게 악을 행한다는 뜻이다. 그것은 매우 참혹하고 부정하
다. 그대가 이웃의 허물을 알고 있다 하더라도, 그 이웃의 어떤 행위는 그대의 모든 생활보다
훨씬 신에 가깝다는 사실은 알지 못한다. 그가 뉘우쳐 참회하고 있음을 보고 신은 이미 그를
용서하셨으나 그대는 여전히 책망만 하고 있는 것이다.

인물을 가려내다

장부丈夫에 얽매이고 소자小子를 잃는다.

係丈夫 失小子
계 장 부 실 소 자

택뢰수澤雷隨

신뢰할 수 있는 사람, 즉 '장부'를 따르면 소인과의 부정한 관계는 끊어 버릴 수 있다. 부정한 관계를 끊어 버릴 수만 있다면 자신의 몸을 보전할 수가 있다. 나쁜 동료나 인물과 얽혀 있으면 당연히 그 앞길에서 자신의 성장은 기대할 수 없다. 결국 파탄만이 기다릴 뿐이다. 따를 수 있을 만한 인물을 가려내는 것이 중요하다.

1+1 하루를 두 배로 사는 인생 독본

나태함이 행복이고 근로가 형벌이라는 생각은 기묘하고 위험한 착오이다. 두뇌의 게으름을 방지하고, 목적 없는 헛된 활동을 하지 않기 위해서라도 육체적인 노동은 필요하다. 행복을 얻기 위한 확실한 조건은 스스로 선택한 자유로운 노동이다.

우물의 덕

마을을 고치면서 우물을 고치지 않는다. 잃을 것도 얻을 것도 없다.

井改邑不改井 无喪无得
정 개 읍 불 개 정 무 상 무 득

───── 수풍정水風井 ─────

수풍정은 물로써 만인을 널리 윤택하게 하고 먹이는 때를 나타
내는 괘이다. 나라나 백성은 때에 따라 변화해 가지만, 우물은 움
직일 수 있는 것이 아니다. 또한 우물물은 퍼 올리고 퍼 올려도 항
상 일정한 수위를 유지하고 있다.

이는 만인을 먹여 살리기 위해서는 우물과 같은 성질이 필요하
다는 것을 가르쳐 주고 있다. 조직의 지도자는 손해 득실을 고려하
지 말고 태연자약하게 끝없이 베풀 수 있는 덕을 자신의 내면에 쌓
아 가야 할 것이다.

1+1 하루를 두 배로 사는 인생 독본

환자를 돌보고 있노라면 우리들은 다음과 같은 일을 잊어버리는 때가 종종 있다. 환자에게 중
요하고 필요한 것은 죽음에 가까이 감을 숨기는 것이 아니라 성장하고 있는 정신적인 면을 그
에게 강조하는 일이다. 신에게 속하는 본래의 의식으로 되돌아가는 것으로서, 그 본성은 병의
회복이나 죽음에 아무 관계도 없는 것임을 깨달아야 한다.

기량과 도량

기량器量이란 높은 지위에 걸맞은 대처 능력이고, 도량度量이란 자신에 대한 비판일지라도 들어야 할 것은 받아들이는 넓은 마음이다. 음양으로 나누어 말하면 기량은 양의 힘이고 도량은 음의 힘이다.

현대는 능력과 실적주의 사회가 되어 회사 조직의 지도자 중에는 기량이 두드러지는 유형이 많다고들 한다. 물론 기량은 중요하다. 그러나 지도자의 진가가 발휘되는 것은 기량 면에서가 아니고 부하들의 능력을 살리고 키워 가는 도량 면에서이다. 지도자는 도량이라는 음陰의 힘을 키워 가는 일을 잊지 말아야 한다.

1+1 하루를 두 배로 사는 인생 독본

사람은 무엇 때문에 살고 있는지 알 수는 없으나 사는 의미를 추구하지 않고 지낼 수는 없다. 어떤 노동자는 자기가 하고 있는 일의 전체적인 의미를 알지 못하지만, 훌륭한 노동자라면 자기가 하는 일이 얼마나 필요한가 하는 점을 알고 있다.

5

오월

선<u>善</u>을 쌓은 집에는

반드시 남은

경사가 있다

겹쳐 쌓아 가면 그 층이 두터워진다

선을 쌓은 집에는 반드시 남은 경사가 찾아 든다.
선하지 못한 일을 쌓은 집에는 반드시 남은 재앙이 깃든다.

積善之家 必有餘慶 積不善之家 必有餘殃
적 선 지 가 　필 유 여 경 　적 불 선 지 가 　필 유 여 앙

──── 문언전文言傳 ────

이 말은 선을 쌓은 집에는 자자손손 후대까지 기쁨이 있고, 불선
不善을 쌓은 집에는 후세까지 재앙이 있다고 하는 인과응보의 의
미로 쓰이고 있다. 본래는 매일매일 작은 선을 쌓아 가면 반드시
경사가 찾아오고, 매일 선하지 못한 일을 쌓으면 반드시 화禍에 가
닿게 된다는 의미이다.

무슨 일이든지 겹쳐 쌓아 가면 그 층이 두터워진다. 그렇기에 무
엇을 쌓아 가는가, 그 층이 두터워지기 전에 세심한 주의를 기울여
야 한다는 가르침이다.

1+1 하루를 두 배로 사는 인생 독본

높은 규범을 알고 그것을 이룩하기 위해 노력하는 자에게는 아무런 두려움이 없다. 자기가 저
지른 잘못에 대해 가차 없이 반성하더라도 절대 절망해서는 안 된다. 참 믿음은 자기 자신 안
에서 일어나는 것이다.

작은 선을 쌓으라

선이 쌓이지 않으면 명성을 이루는 데 부족하며,
악이 쌓이지 않으면 몸을 죽이는 데 이르지 않는다.

善不積 不足以成名 惡不積 不足以滅身
선부적 부족이성명 악부적 부족이멸신

계사하전繫辭下傳

선행을 조금 쌓은 것만으로는 명성을 얻을 수 없다. 작은 선을 매일 계속해서 쌓아 올린 결과 커다란 선행이 되고 명성을 얻게 되는 것이다.

악행이 몸을 망치기에 이르는 것도 마찬가지로, 작은 악이 계속 쌓인 결과가 대악이 된다.

1+1 하루를 두 배로 사는 인생 독본

사람이란 진리를 가르쳐 주더라도 그 방법이 마음에 들지 않는다면 결코 그 진리를 인정하려 하지 않는다. 말하는 상대가 어리석더라도 그대는 지혜로 깊이 들으라.

자기 자신을 길러 내다

이頤를 보고 스스로 기르는 것을 구한다.

觀頤 自求口實
관 이 자 구 구 실

──── 산뢰이山雷頤 ────

무엇으로써 입신할 것인가를 정하고 스스로 기르는 것을 찾는다.
산뢰이의 '이頤'는 입, 아래턱, 기르다 등의 뜻을 가진 말이다.
자신의 육체나 마음 혹은 사람을 기른다는 의미도 포함하고 있다.
'스스로 기르는 것을 구한다' 함은 우선, 자기 자신의 생활을 감당
해 가는 것이다. 또한 자신이 무엇을 수양해야 할 것인가를 자신이
찾아가는 일이다.
'기르다'는 것의 기본은 다른 사람을 기르는 일을 목표로 하지
않는다. 자기 자신을 기르지 않고 다른 사람을 기를 수는 없다.

1+1 하루를 두 배로 사는 인생 독본

우리의 사명과 행복이 어디에 있든 과학은 이 문제에 관한 연구이어야 하며, 예술은 그 연구의
표현이어야 한다. 인생에서 인간의 목적은 동일하다. 그것은 완전한 선에 도달하려는 이념이
다. 거기로 이끌어 주는 지식만이 우리에게 필요한 것이다.

흐름을 받아들여야 대해로 흐른다

산 아래 샘이 솟아나는 것이 몽蒙이다.
군자는 이로써 행함을 다하여 덕을 기름이라.

山下出泉蒙 君子以果行育德
산 하 출 천 몽   군 자 이 과 행 육 덕

───── 산수몽山水蒙 ─────

산수몽은 계몽을 이르는 괘이다. '행行'은 흐르며 앞으로 나아가
는 것이다. 산에서 바로 솟아난 물은 처음에는 물줄기가 가늘고 여
리나, 다른 많은 흐름들을 받아들여 합류하고 다시 흘러가 마침내
큰 강으로 불어나며 이윽고 활짝 열린 대해로 흘러든다.

이와 같이 조급하게 빨리 성숙하기를 바랄 것이 아니라 매사 모
두를 자신이 받아들이면서 배워 나간다면, 차츰 몽매함을 깨우치
고 덕을 쌓게 될 것이다.

1+1 하루를 두 배로 사는 인생 독본

말로 표현된 모든 사상은 영향력이 크다. 그 영향력은 무한하다. 위대한 자들의 사상을 섭취하
라. 그리하여 그대가 보다 나은 사상으로 보답할 수 없을지라도, 분명치 못하고 거짓된 사상을
유포하는 일은 삼가야 한다.

경거망동은 실패의 원인이 된다

사슴을 사냥함에 몰이꾼도 없이 그저 숲 가운데로 들어간다.

卽鹿無虞 惟入于林中
즉 록 무 우　유 입 우 림 중

——— 수뢰둔水雷屯 ———

사슴을 사냥한다면서 몰이꾼도 없이 경솔하게 숲으로 들어가면 길을 잃고 만다.

  사슴은 이익을 의미하며, 이익을 쫓아 헤매는 것을 비유한 말이다. 이익만을 쫓아 경솔하게 돈 버는 이야기에 솔깃하는 것은 수풀 가운데서 길을 잃고 헤매는 일과 같은 것으로 결코 이익을 얻을 수 없다. 자신이 모르는 분야에서는 이익을 얻으려고 해도 쉽게 얻을 수 있는 것이 아니라는 가르침이다.

1+1 하루를 두 배로 사는 인생 독본

정의는 어느 곳에나 있다. 그러나 특히 교육의 여하가 그 중대한 요건이 된다. 그대들이 믿고 있지도 않고 의심하고 있는 것을 아이들에게 성스럽고 거역할 수 없는 진리라고 말하지 말라. 그렇게 하는 것은 크나큰 죄악이다.

결속을 다지다

말미암아 즐거워함으로 크게 얻음이 있으리니,
의심치 아니하면 벗들이 모여들리라.

由豫 大有得 勿疑朋盍簪
유 예 대 유 득 물 의 봉 합 잠

━━━ **뇌지예**雷地豫 ━━━

'유예'는 이로 인해 즐기는 것, '붕'은 벗이나 동지, '합'은 불러 모아 합치는 것, '잠'은 관을 고정시키는 부속품인 비녀를 일컫는 말이다.

고대 중국의 남자들은 머리를 묶어 올려 비녀를 꽂아 고정시키고 나서 관을 쓰곤 했다. 또한 많은 벗들과 뜻을 같이 행할 때는 말단에서부터 머리를 한데 묶어 올리듯이 결속을 다지고 한 자루의 비녀로 뜻을 관철하듯이 매듭을 지었다. 이 단계를 밟음으로써 의념을 불식하고 같이 뜻을 이루어 즐길 수가 있었던 것이다.

1+1 하루를 두 배로 사는 인생 독본

나는 창밖을 지나가는 사람이 빨리 사라지거나 천천히 지나가거나 마찬가지임을 알고 있다. 그가 나의 눈앞에 보이고 있는 동안 그가 존재하고 있음을 알며, 나의 눈에서 사라진 뒤에도 여전히 그가 존재함을 안다. 그것은 추호도 의심할 수 없는 사실이다.

전쟁과 규율

군사가 출정함에 있어 규율이 있어야 한다.
그렇지 아니하면 착하더라도 흉하다.

師出以律 否臧凶
사 출 이 율 부 장 흉

────── 지수사地水師 ──────

'사'는 전쟁을 일컫는다. 출진하기 전에는 우선 내부를 확실하게 다지는 '율'이 서 있는 것이 중요하다. 이를 태만히 하면 승리를 얻는다 해도 반드시 화가 있다.

전쟁으로 혼란에 처하게 되면 규율을 잃어버리기 쉽다. 병사가 상부의 명령을 따르지 않는다면 처음부터 지고 들어가는 전쟁이 된다. 만일 승리한다 해도 그 후에 혼란이 일어나 통치가 어려워진다. 이는 전쟁에만 그치지 않고, 많은 사람을 써서 사업을 하는 경우에도 해당되는 교훈일 것이다.

149

1+1 하루를 두 배로 사는 인생 독본

현재의 생활이나 미래의 생활 어느 것이든 행복을 자기 바깥에서 찾는 자는 잘못이다. 자기 자신의 노력 이외의 무엇에서 구원과 행복을 찾겠다고 바라고 있는 때만큼 인간의 마음이 약해지는 순간은 없다. 인간은 어떤 운명에 마주치기 전에 자기 자신이 그 운명을 만들어 내는 존재이다.

정의의 전쟁이 아니면 안 된다

전쟁은 바르게 해야 한다.

師貞

사 정

─── 지수사地水師 ───

전쟁은 불길한 것으로서, 될 수 있으면 피하고 싶은 일이다. 때문에 올바른 전쟁이 아니면 안 된다고 『주역』은 주장하고 있다. 이쪽에서 도발한 것이 아니고 나라를 지키고 살아남기 위해 하는 수 없이 행하는 것으로, 백성들이 이 전쟁은 일어날 수밖에 없었다고 일치된 마음으로 행하는 전쟁을 말한다. 이익이나 명예를 얻기 위해 하는 전쟁은 결코 해서는 안 된다는 가르침이다.

1+1 하루를 두 배로 사는 인생 독본

공손함은 사랑을 불러온다. 선을 수반하는 공손은 이 세상에서 가장 사람의 마음을 끄는 것이다. 그러나 그것은 스스로의 힘으로 찾지 않으면 안 된다. 그것은 저절로 나타나지 않는다.

경망한 행동의 어리석음

그 꼬리를 적심이니 부끄러워해야 함이라. 상전에 이르기를
그 꼬리를 적신다 함은 또한 알지 못함이 지극한 것이다.

濡其尾吝 象曰 濡其尾 亦不知極也
유 기 미 인 상 왈 유 기 미 역 부 지 극 야

───── 화수미제火水未濟 ─────

여우가 강을 건널 때는 꼬리를 적심으로써 부담이 되지 않도록 꼬리를 높이 쳐들고 헤엄친다. 허나 미숙한 새끼 여우는 아직 자기의 주제를 잘 모르고 만용을 부리게 되어, 경망한 행동으로 강에 뛰어든 탓에 꼬리를 적시고 만다.

화수미제의 괘는 미숙한 때, 미완성의 때를 일러 주고 있다. '인吝'은 부끄러워해야 할 일이다. 과오는 바로잡지 않으면 안 된다.

1+1 하루를 두 배로 사는 인생 독본

인생은 육체의 힘이 약해지고 정신적 생활이 비중을 더해 가는 끊임없는 변화이다. 우리들 안에 깨달음의 빛이 비쳐 옴에 따라 우리는 생각하고 있던 것보다 자신이 훨씬 맹목적이고 옹졸한 존재임을 알고 수치를 느끼게 된다.

결단으로 위험에서 벗어나다

둔遯은 형통하다. 물러나니 형통하게 된다.

遯亨 遯而亨也
둔 형 둔 이 형 야

———— 천산둔天山遯 ————

'둔'은 달릴 주辵 변에 돼지 돈豚을 써서 도피 혹은 은둔의 뜻을 가진다. 범상치 않은 위험이 닥쳐오고 있는 때는 재빨리 도피해야 하고, 은둔해야 할 때는 지위나 재산을 버리고서라도 뒤로 물러나서 도래할 시기를 기다려야 한다.

군자의 진퇴에 대하여 '물러날 때는 의義로써 물러나야 한다'는 말이 있다. '의'는 칼로 자른다, 판가름한다는 뜻이다. 물러날 때는 스스로 자기의 몸을 자를 만한 결단을 필요로 하는 것이다.

천산둔의 괘는 물러나야 할 때는 자신의 의지나 욕심을 버리고 물러나라고 가르치고 있다.

1+1 하루를 두 배로 사는 인생 독본

모든 육체적인 것은 그저 겉으로 보일 따름이다. 우리들은 가장 명료한 것, 가장 이해하기 쉬운 것, 가장 실재적인 것은 모두 육체적인 것이며 우리의 감각으로 알 수 있는 것이라고 생각한다. 그러나 그러한 것은 가장 모순에 가득 찬 것, 그리고 가장 비실재적인 것이다.

지도자의 역할

대유大有는 부드러움이 존귀한 위位를 얻고 크게 중정中正의
효에 위치하여, 상하가 이에 잘 호응하니 이를 대유라 한다.

大有 柔得尊位大中 而上下應之曰 大有
대 유   유 득 존 위 대 중   이 상 하 응 지 왈   대 유

화천대유火天大有

화천대유의 괘는 크게 보전하는 때, 조직을 유지하는 능력을 말
해 주고 있다. '부드러움이 존귀한 위를 얻는다' 함은 존귀한 위치
에 있는 지도자에게 힘은 없으나, 자기 이외에 능력이 있는 사람들
을 거느리고 있는 상태를 말한다.

'중정의 효에 위치하여 상하가 이에 호응한다' 함은 양초의 심지
에 불이 타고 있는 상태를 말한다. 심지 부분은 어둡고 심지 자체
는 빛을 발하지 않으나, 한번 불이 붙으면 심지를 중심으로 그 주
변이 밝게 타오른다. 조직을 두고 말하면 초의 심지가 지도자의 역
할이다. 힘이 없는 지도자이기 때문에 더욱 많은 사람들의 능력을
발휘하게 할 수가 있다. 이는 중용의 묘를 마음으로 터득한 자를
말한다.

『주역』은 화천대유에서 말하는 지도자를 칭찬한다. 능력이 있어
도 그것을 덮어 감추고, 입장을 잘 변별하여 자신 안에 음陰을 창
출하여 후계를 키우기 때문이다.

153

1+1 하루를 두 배로 사는 인생 독본

신을 연구하는 체하지 말라. 인간이 할 수 있는 탐구는 인간 자신이다. 인간이 아무리 타락하
여도 그는 항상 자기가 도달할 수 있는 완전한 이상을 볼 수 있는 것이다.

물건과 마음이 모이는 자리

그 모이는 바를 보고 가히 천하 만물의 실정을 볼 수 있으리라.

觀其所聚 而天地萬物之情 可見矣
관 기 소 취 이 천 지 만 물 지 정 가 견 의

택지췌|澤地萃

천지 만물은 음양의 기가 모여서 이루어진 것이다. 비와 햇볕이 풍성히 내려 비옥한 대지에는 동식물이 모이고, 추진력 있는 우수한 지도자 곁에는 기꺼이 따르는 사람들이 모인다.

물건이나 인심이 모이는 때와 장소, 내용을 보고 '이 정도의 것들이 모이는 이유는 무언가' 하고 잘 살펴보면, 그 매사의 진정한 정태를 알 수 있게 된다고 『주역』은 가르치고 있다.

1+1 하루를 두 배로 사는 인생 독본

인생에서 가장 해로운 착오는 육체적 생활에 취해 점점 죽음에 가까워지고 있음을 많은 사람이 잊고 있다는 사실이다. 젊으면 젊을수록 이 착오의 힘은 크다. 우리는 이 세상에 영원히 사는 것이 아니라, 이 세상을 스쳐 지나가고 있을 뿐이라는 점을 명심하라.

고루 가닿는 바람에 따르다

따르는 바람은 손巽이니,
군자는 이로써 명을 내려서 일을 행함이라.

隨風巽 君子以申命行事
수 풍 손   군 자 이 신 명 행 사

———— 손위풍巽爲風 ————

　손위풍은 따르는 때를 일컫는 괘이다. 또한 바람은 좁은 틈이 있으면 그리로 불어 들어가 고루 미치게 된다는 점에서 홍보나 명령의 의미가 있다.

　사람들은 무책임하거나 오만한 명령에는 반발심을 갖게 된다. 지도자는 명령을 내릴 때 잘 알아들을 수 있는 말로 공손하게 몇 번이고 반복해서 말하여, 사람들에게 고루 가닿을 수 있게 해야 한다.

　공자는 『논어』에서 '수풍'에 대해 기술하기를 〈군자의 덕은 바람이다〉라고 하였다. 풀은 바람을 받으면 반드시 엎드린다는 말은 백성은 군자의 명을 받으면 반드시 수긍하고 복종한다는 뜻이다.

155

1+1 하루를 두 배로 사는 인생 독본

인간은 누구나 삶과 죽음의 의의에 관한 자신의 의문을 결정함이 가장 필요하다. 비록 삶과 죽음에 대한 문제의 해답을 자기보다 앞서 살던 현인들로부터 받아들인다 하더라도 해답의 선택과 의지는 본인에게 달려 있다.

현인에게 가르침을 빈다

훨훨 날갯짓하듯 부富를 내려놓으면,
그 이웃으로 하여금 경계하지 않고 미덥게 한다.

翩翩 不富以其隣 不戒以孚
편 편 불 부 이 기 린 불 계 이 부

───── 지천태地天泰 ─────

'편편'은 새가 훨훨 내려앉는 모양을 말한다. 태평 세대가 문란해질 기미를 감지하고 윗자리에 있는 자가 자신은 능력이 모자란다며 마음을 비우고 아랫사람 중의 현인에게 가르침을 구하는 것이다.

안정된 세상이 쇠락의 조짐을 보일 때 실력이 없는 자가 윗자리에 눌러 앉아 손을 놓고 있으면 세상은 급격히 기울어지기 시작하여 손을 쓸 수가 없게 된다. 이러할 때 개인의 자존심을 버리고 성심성의를 다하여 낮은 지위에 있는 현자의 도움을 구해야 한다.

1+1 하루를 두 배로 사는 인생 독본

그 누구도 그 무엇도 두려워 말라. 그대 안에 있는 가장 귀중한 것은 누구 때문에 또 무엇에 의해서도 고통을 받지 않는다. 진정한 자주를 확립하는 일은 이 세상 어떤 불의에 대하여도 공포를 품는 일이 없도록 하는 것이다.

소인은 사람답지 못함을 부끄러워하지 않는다

소인은 어질지 못함을 부끄러워하지 않고, 의롭지 아니한 것을
두려워하지 않으며, 이익이 없으면 권하려 하지 않고,
위엄으로 하지 않으면 잘못을 뉘우치지 않는다.

小人 不恥不仁 不畏不義 不見利不勸 不威不懲
소 인   불 치 불 인   불 외 불 의   불 견 리 불 권   불 위 부 징

—————— 계사하전繫辭下傳 ——————

소인은 남을 배려하는 마음이나 자애를 갖고 있지 않아도 이를
부끄러워하지 않으며, 두려워하지 않고 죄업을 쌓으며, 자신에게
이익이 없으면 나아가 행동하지 않고, 형벌을 받지 않으면 뉘우치
지 않는다. 또한 소인은 자신에게 이익이 있으면 아첨하고 거짓된
마음 씀을 내보이곤 한다. 나쁜 짓을 저질러도 무서운 결과가 되는
것을 생각조차 않는다.

그때 상황에 따라 누구라도 소인이 될 가능성을 갖고 있다. 명심
해야 할 문구이다.

1+1 하루를 두 배로 사는 인생 독본

진리에 배반되는 모든 의견은 다만 진리를 어둡게 할 따름이다. 그러나 그것은 진리와 충돌하
면 거품과 같이 스러진다. 착오로 인도하는 길은 몇천 갈래 있지만 진리로 인도하는 길은 단
하나이다.

빛은 반드시 새어 나온다

강건하고 독실하며 빛나서 날로 그 덕을 새롭게 하리니.

剛健篤實輝光 日新其德
강 건 독 실 휘 광   일 신 기 덕

산천대축山天大畜

'강건독실'은 어떤 장애가 있더라도 끈질기게 나날이 앞으로 나아가며, 어떤 일이라도 진중하게 몰두하여 내용과 실질을 쌓아 나가는 것이다.

'휘광'이란 강한 빛이다. 노력을 거듭하여 매일같이 새롭게 성장해 간다면, 어떠한 압력이나 장해가 있어도 그 빛은 반드시 빛을 발하여 밖으로까지 새어 나오게 된다고 가르치고 있다.

산천대축은 산이 하늘의 양분을 받아들여 쌓는 시기이다. 산기슭 들판 넓은 곳에 높이 쌓아 올리는 '커다란 축적'을 말하는 괘이다. 빛과 양분 모두 덕을 일컫는다.

1+1 하루를 두 배로 사는 인생 독본

어떤 일부의 인간들만을 보고 종교가 인류에 대하여 그 힘을 상실했다고 말하는 사람을 종종 본다. 그러나 그러한 일은 결코 없다. 오늘날 오직 일부 계급의 사람들이 종교적 감정을 잃고 있다는 것을 증명하는 데 불과하다. 만일 누군가 불행하거든 그 원인은 언제나 하나, 신앙의 결핍에 있다.

진심으로 원하면 감통한다

학이 그늘에서 울면 그 새끼가 화답하도다.

鳴鶴在陰 其子和之
명 학 재 음 기 자 화 지

───── 풍택중부風澤中孚 ─────

어미 학이 그늘에서 울면 보이지 않는 곳에 있는 새끼가 그에 소리 맞춰 운다. 어미가 새끼를 생각하고 새끼가 어미에 응하는 것 같은 진심은, 모습이 보이지 않는 먼 곳에 있어도 서로 통한다는 뜻이다.

풍택중부의 '중부中孚'는 마음의 중심에 있는 진심, 성심을 말한다. 마음에서 진심으로 원하는 것은 반드시 감통하게 된다.

1+1 하루를 두 배로 사는 인생 독본

성 프랜시스의 말에 의하면 완전한 기쁨이란 이치에 닿지 않는 비난을 참고 견디는 것, 그로 인하여 생기는 육체적 고통을 참고 견디는 것, 그리고 비방과 고통의 원인에 대하여 적대하지 않는 것에 있다. 사람들과 대화할 때 비난이나 멸시나 그대에게 관계된 싫은 의견을 견딜 수 있도록 자신을 훈련하라.

상승의 조건

유柔가 때맞춰 올라가서 겸손하여 순하고 굳건함을 얻어
이에 응하니, 이로써 크게 형통하리라.

柔以時升 巽而順 剛中而應 是以大亨
유 이 시 승 손 이 순 강 중 이 응 시 이 대 형

───── 지풍승地風升 ─────

　지풍승의 괘는 승진과 상승의 때를 말한다. 단, 승진하기 위해서
는 조건이 있다. 우선 '시기'를 기다려 나아가야 한다. 초목이 봄에
서 여름에 걸쳐 자라나듯이 매사도 시기, 환경, 장소가 모두 갖춰
졌을 때 승진할 수 있다.

　그리고 '손이순' 즉, 겸손하여 순함으로 환경이나 사람에게 거스
르지 않아야 한다. 그 위에 굳건함을 얻어 이에 응하다는 뜻의 '강
중이응'을 현자에게 배워 그를 따르고 응원을 얻는 것을 게을리해
선 안 된다.

1+1 하루를 두 배로 사는 인생 독본

자기의 정신이 신에게 속해 있음을 의식하고 그 의식 안에 살고 있는 자는 자기의 행복을 위
해 바랄 수 있는 모든 것을 가지고 있는 자이다. 정신이 신에게 속하는 본질임을 인식하고 사
는 사람은 원하는 것을 다 이룰 수 있다.

듬직하게 채비를 갖추고 서서히 나아가다

멈추어서 겸손하니 움직여도 궁하지 않으리라.

止而巽 動不窮也
지 이 손 동 불 궁 야

───── 풍산점風山漸 ─────

　저 혼자 무작정 앞으로 나아가는 것이 아니라, 침착하고 듬직하게 채비를 갖추고 환경이나 상황을 잘 파악한 후 그에 맞춰 무리하지 않고 나아간다면 궁지에 몰리게 될 일은 없을 것이다.

　풍산점의 괘는 천천히 시간을 들여 나아가야 할 때를 일컫는다. 나무가 대목大木으로 크기 위해서는 오랜 시간이 걸린다. 그것을 본받아 서서히 나아가는 일이 중요하다는 가르침을 주고 있다.

1+1 하루를 두 배로 사는 인생 독본

인간이 지켜야 할 섭리는 의심할 수 없이 현현顯現하는 하나의 선의 법칙이다. 그것은 이 세계에 존재하는 것이며 인간이 자기 자신 속에서 느끼는 것이다. 선의 법칙을 의식함으로써 인간은 다른 사람들과 의식적 혹은 무의식적으로 결합된다.

뉘우치고 나서야 길한 방향으로 흐름을 바꾼다

후회하고 인색함을 걱정하게 되는 것은 작은 것 속에 있고,
무서워하며 움직여서 허물이 없게 함은 뉘우침 속에 있다.

憂悔吝者 存乎介 震无咎者 存乎悔
우 회 린 자 존 호 개 진 무 구 자 존 호 회

계사상전繫辭上傳

‘길흉회인’의 길吉은 얻는 것, 흉凶은 잃는 것, 회悔는 후회하는
것, 인吝은 인색하고 주저하는 것으로 사람의 마음과 행동의 운명
적인 순환을 일컫는다. 사람은 과오를 뉘우쳐서 길해지고, 좋아지
면 부주의하게 되어 사치와 자만심이 일어나 인색하게 되며, 잘못
을 고치는 것을 투덜거리며 싫어하여 흉이 된다. 흉이 찾아오면 또
다시 후회하게 된다.

길흉이 갈리게 되는 분기점은 ‘회’와 ‘인’에 있다. 무서워하며 움
직임으로써 허물이 없도록 하는 것이 ‘회’이고 흉이 되는 조짐이
‘인’이며 흉이 길로 바뀌는 조짐이 ‘회’이다. ‘진震’이란 ‘흉’한 사실
과 그에 이르게 된 뻔뻔스러운 인색함을 무서워하며 떠는 것으로
감정의 회복이다. 무서워하며 벌벌 떨지 않으면, 후회하는 마음은
일지 않는다. 곤란의 원인을 통찰하는 자는 무서워 떨 정도로 뉘우
치고 나서야 그 흐름을 예전대로 바꿀 수가 있는 것이다.

162

1+1 하루를 두 배로 사는 인생 독본

동물적인 존재로서의 인간에게는 '자유'라는 말이 있을 수 없다. 그의 생활 전체는 그저 인과
관계의 고리 속에 조건 지어져 있다. 그러나 정신적 실재로서 자신의 존재를 알고 있는 사람에
게는 '부자유'라는 말이 있을 수 없다. 부자유라는 말을 이해하는 것은 사랑이나 양심으로써는
불가능한 일이다.

스스로의 움직임에서 비롯된다

길흉회린은 동함에서 생기는 것이다.

吉凶悔吝者 生乎動者也
길 흉 회 린 자 생 호 동 자 야

계사하전繫辭下傳

    화나 행복 같은 길흉은 하늘에서 내려오는 것이라고 착각하는 사람이 있을지 모르나, 결코 그렇지 않다.

    지위를 얻어吉 교만하여 간언을 싫어하게吝 되고 지위를 잃고凶 나서야 겨우 후회悔하는 것이다. 길흉회린은 스스로의 행동에서 비롯된다.

1+1 하루를 두 배로 사는 인생 독본

선을 믿기 위해서는 선을 행하지 않으면 안 된다. 지나가는 하루하루를 선한 행위로 채우라.

정점에서 유지책이 필요하다

환난을 예측하고 미리 이를 방지한다.

思患而豫防之
사 환 이 예 방 지

수화기제水火旣濟

수화기제의 괘는 일을 이미 이룬 완성이나 달성했을 때를 일컫는다. 완성은 매사의 극점이다. 만월이 기울듯이 완성은 반드시 기울어져 흐트러지는 방향으로 향한다.

이제부터는 점차 힘이 쇠하여 갈 것을 인식하지 못하고 가일층 성장만을 이루려고 한다면, 제정신을 차린 때에는 급격히 힘이 떨어져 버린다.

'환'은 고뇌, 걱정, 병 등의 환난이다. 정점을 지나서도 여전히 지속하고 보지保持하려 한다면 그에 앞서 세세한 유지 관리 대책이 필요하게 된다.

1+1 하루를 두 배로 사는 인생 독본

자연의 가장 큰 변화는 눈에 보이지 않게 이루어진다. 끊임없이 서서히 성장되어 가는 것이며 일시에 돌발적으로 일어나는 것이 아니다. 정신생활도 그와 마찬가지이다. 자연의 비밀 속에서 가장 깊은 비밀을 간직하고 있는 인간의 성장은 끊임없는 기적이다.

스스로 화를 불러들이지 말라

보관을 허술하게 하는 것이 도적을 가르치는 일이 되며,
치장을 하는 것이 간음을 가르침이다.

慢藏誨盜 治容誨淫
만 장 회 도   야 용 회 음

계사상전繫辭上傳

부유한 자가 재산 관리를 어리석게 하면 어서 내 것을 훔쳐 가라
고 하는 말과 같은 것이며, 여인이 요염한 모습으로 꾸미고 있으면
나를 범해 달라고 도발하는 꼴이 된다.
  '만'이란 기가 느슨하게 풀려 있어 태만해지는 것이다. 스스로
화를 불러들여서는 안 될 일이라고 경고하고 있다.

1+1 하루를 두 배로 사는 인생 독본

궁핍이 습관이 되면 될수록 빼앗기리라는 두려움은 없어진다. 인간이 자신의 요구를 제한하면
할수록 그에게 있는 인간의 존엄성의 의식은 더욱 증대한다. 이로써 더 자유롭게 되니 절제란
열정을 질식시킨다거나 그 발달을 방해함을 의미하는 것이 아니다.

의심하여 도망치니 외롭다

의심하여 도망치니 외롭다. 상대가 등에 진흙을 잔뜩 칠한 돼지처럼
보이고, 수레 한가득 귀신이 타고 있는 듯 보인다. 처음에는 자신이
활시위를 당겨 싸우려 하나 나중에는 의혹이 풀려 활시위를 내린다.

暌孤 見豕負塗 載鬼一車 先張之弧 後說之弧
규고 견시부도 재귀일거 선장지호 후탈지호

화택규火澤暌

화택규는 등지고 의심하는 때를 일컫는다. '규고'는 의심하여 등
지고 도망쳐서 고립되는 것이다. '시부도'는 진흙투성이의 추악한
돼지, '재귀일거'는 귀신이 수레 한가득 타고 있는 모양을 말한다.

화살을 쏘려 하였으나 잘 살펴보니 착각이었다는 것을 알아채고
의심이 풀려 활을 버린다. 시기하고 의심하는 마음으로 피해망상
에 빠져 두려워할 정도로 미워하고 기피한다. 실로 의심암귀疑心暗
鬼의 구조라 하겠다.

1+1 하루를 두 배로 사는 인생 독본

사랑은 법칙의 성취가 아니라 자기 인생의 의의를 인식하는 일이다. 만일 그대에게 무엇인가
성취할 수 있는 힘이 있다면 그것이 사랑으로 나타나게 하라. 만일 그대에게 힘이 없고 약하다
면 그 약함이 사랑으로 되게 하라.

공연히 흉을 기피하거나 두려워하지 않는다

길흉이란 그 득실을 말함이니.

吉凶者 言乎其失得也
길 흉 자 언 호 기 실 득 야

━━━━━ 계사상전繫辭上傳 ━━━━━

'길'은 좋은 일이 생기고 '흉'은 나쁜 일이 생긴다는 것이 일반적인 해석이지만, 길흉을 수동적으로만 받아들이면 때의 변화에 휘둘리게 된다.

길이란 올바른 길을 얻는 것이고 흉은 올바른 길을 잃는 것이다. 봄에 씨를 뿌리면 열매를 얻고 겨울에 씨를 뿌리면 열매를 얻지 못하게 된다는 뜻이다. 결과를 얻느냐 잃느냐 하는 능동적인 관점에서 대처 방법을 탐구하고 노력하고 매진한다면 '전화위복'의 길도 보이게 된다.

『주역』을 배운 사람들은 '공연히 흉을 기피하거나 두려워하지 않게 된다'고 한다.

167

1+1 하루를 두 배로 사는 인생 독본

인간의 덕성은 그 사람의 언사에서 볼 수 있다. 우리들은 가끔 남을 비판하여 상대를 상처 입히고 곤경에 빠뜨린다. 남의 결점이 눈에 보이는 것은 자기 자신을 잊고 있는 데서 오는 현상이다.

중용의 정신으로 해결하라

밭을 망치는 세 마리의 여우를 잡아 황시黃矢를 얻는다.
올바르게 행하면 길하다.

田獲三狐 得黃矢 貞吉
전 획 삼 호 득 황 시 정 길

──── 뇌수해雷水解 ────

'전'은 일상생활에 필요한 물건을 만들어 내는 장소를 말한다. 회사에서는 이익을 창출하는 현장에 해당한다.

그 밭을 망가뜨리는 나쁜 여우 세 마리를 잡았으나, 활을 잘 쏘았기 때문에 화살이 다시 손에 돌아오게 되었다. 황색은 중앙색이다. 따라서 '황시'란 '황색의 화살'로 중용의 덕을 의미한다. 이는 악인을 잡는 데 있어 중용의 정신으로 행했다는 의미이다.

여우는 문제의 근원인 악인을 가리키나, 이 악인을 붙잡아 문제를 해결하는 데 있어서는 〈죄는 미우나 사람을 미워하지 말라〉는 정신으로 행할 것이라는 가르침을 주고 있다.

1+1 하루를 두 배로 사는 인생 독본

죽음의 준비를 미리 하지 않으면 안 된다. 이 준비는 유언이나 장례 절차, 제사 의식 등을 말하는 것이 아니다. 죽음의 순간은 누구에게나 엄숙하다. 죽어 가는 자의 말과 행위는 살아 있는 사람들에게 말할 수 없이 크나큰 영향을 미치기 때문이다.

인심의 움직임을 보라

천지가 감응하여 만물이 생겨나고
성인이 인심을 감지하여 천하가 화평해진다.
그 느끼는 바를 보고 천지 만물의 정情을 볼 수 있으리라.

天地感而 萬物化生 聖人感人心 而天下和平 觀其所感 而天地萬物之情可見矣
천 지 감 이　만 물 화 생　성 인 감 인 심　이 천 하 화 평　관 기 소 감　이 천 지 만 물 지 정 가 견 의

———— 택산함澤山咸 ————

　　천지는 서로 교감하여 만물을 육성하고, 성인은 사람을 감동시켜서 천하의 화평을 도모한다. 예를 들어 한 사람이 어떤 사람이나 사물에 감응하여 무엇에 감동하게 되었는가를 알게 된다면 그 사람의 심정을 파악할 수가 있다. 매사도 이와 같아서 사람이나 물건을 볼 때의 하나의 요령이다.

　　택산함의 '함咸'은 감응, 감동, 교감을 의미하며 인심을 움직이는 것을 말한다.

169

1+1 하루를 두 배로 사는 인생 독본

재판은 자주 죄악의 노예가 된다. 죄를 다스리고자 하다가 오히려 죄로 이끌어 가는 것이다. 가끔 인간이 어떻게 하면 이러한 기묘하고 어리석은 상태를 지키려고 하는가라고 놀라는 일이 있다. 잘 고찰하면 그것이 사람들이 자기의 상태를 지키려고 하는 데서 비롯되는 것임을 알 수 있다.

다가올 날을 위하여

마침 제때에 쓰이기 위함이라.

欲及時也
욕 급 시 야

문언전文言傳

　기미가 무르익어 시기가 이르렀을 때에 그에 상응한 실력을 과부족 없이 몸에 익히고 있기를 바라며 매일같이 정진한다. 하루하루 쌓아 올리는 일이 다가올 날에 있어서의 성공을 약속하는 것이다.

1+1 하루를 두 배로 사는 인생 독본

행위의 결과는 결코 우리들이 도달할 수 있는 것이 아니다. 행위의 결과는 끝없는 세계에서 끝없는 것으로서 우리들에게 나타나는 것이기 때문이다. 만일 그대가 자기가 하는 일의 결과를 볼 수 있다면 그 과업은 도리어 아무 의의도 갖지 못할 것임을 알아야 한다.

생명력은 하늘에 의한다

먼저 생긴 온갖 물건과 세상 모든 나라에
음양이 교감하니 탈이 없다.

首出庶物 萬國咸寧
수 출 서 물 만 국 함 녕

———— 건위천乾爲天 ————

태어나 성장해 가는 힘은 인간의 어떠한 능력 중에도 특출하게 뛰어난 것이다. 이 힘에 의해 개개의 인간과 동식물은 살고 살리고 영위하며 탈 없이 성장할 수 있다.

그 힘은 하늘의 작용에 의해 야기되는 것으로, 지상의 생기로서 생물의 근원이 되고 있다. 우리들 한 사람 한 사람에게도 생명력으로 주어져 몸 안에 잠재해 있는 힘이다.

1+1 하루를 두 배로 사는 인생 독본

가장 사소한 일이 인간의 성격을 고양하는 데 큰 영향을 가지고 있다. 사소한 일이니 아무렇게나 해도 좋다고 말하지 말라. 진실하고 도덕적인 사람만이 모든 사소한 일의 의의를 알고 있다.

중용의 참뜻

'중용·中庸'은 '얽매이지 않고 그때에 적절한'이란 의미이다.

행동해야 할 때는 움직인다. 기다려야 할 때는 참는다. 자신의 지위나 입장이 위험해지려고 해도 나아가야 할 때는 나아가고 물러나야 할 때는 물러난다. 때로는 탄식하고 슬퍼하며, 때로는 즐거워하고, 때로는 열화와 같이 화를 낸다.

알력을 피하고 풍파를 일으키지 않기 위해 항상 적당한 정도를 유지하려고 하는 것이 중용인가 하면 그렇지 않다.

1+1 하루를 두 배로 사는 인생 독본

육체는 매매의 대상이 될 수 없다. 더욱이 그들의 영혼을 매매할 수는 없다. 마찬가지로 토지·물·공기는 매매되는 것이 아니다. 육체와 영혼의 유지에 불가결한 이 물질들은 매매의 대상이 아니다. 토지를 매매하는 것은 보이지 않는 개성을 매매함과 같다.

혼돈에게 이목구비를 뚫는다

『주역』에서는 이 세상의 근원을 '태극太極'이라고 정의한다. 태극은 아직 음이나 양으로 나누어지지 않은 상태에 있는 것으로 이 세상의 근원이자 혼돈으로 있는 에너지이다.

이 태극이 혼연일체된 세계를 편의적으로 음과 양으로 나누는 데서부터 『주역』은 발달되어 왔다. 혼돈 상태인 태극은 무엇이라고 한마디로 논할 수는 없으나, 장자는 그 혼돈에 대하여 「응제왕應帝王」편에서 독특한 표현으로 기술하고 있다.

남해의 제왕을 숙儵이라 하고, 북해의 제왕을 홀忽이라 하고, 중앙의 제왕을 혼돈混沌이라고 했다. 어느 날 숙과 홀이 지상에서 혼돈을 만나게 되니, 혼돈은 그들을 후하게 대접하였다. 혼돈에게는 눈도 코도 입도 없었기에 숙과 홀은 대접을 받은 답례로 혼돈에게 이목구비의 칠공七孔을 하루에 하나씩 뚫어 주었다. 그런데 7일째 되는 날 혼돈은 그만 죽고 말았다.

여기에서 매사에 무리하게 도리를 통하려고 하는 것을 '혼돈에게 이목구비를 뚫는다'고 말하게 되었다. 즉 혼돈이란 아직 도리가 통하지 않는 상태와 그런 세상을 말한다.

173

1+1 하루를 두 배로 사는 인생 독본

이런 인간을 종종 본다. 사치할 줄 모르는 자가 남에게 보이려고 사치하며, 항상 사치만 하기 때문에 웬만한 사치에는 눈도 깜짝 아니하고 다른 사람의 사치를 멸시하는 인간이다. 이와 똑같이 어리석은 인간이 있다. 인생의 기쁨을 경멸하는 것이 심오한 인생관인 줄 알고, 인생은 하찮은 것으로 자기는 더 나은 것을 가지고 있다는 듯이 꾸미는 인간이다.

유월

천리를 즐기고

천명을 알기에

근심이 없다

어떠한 운명이라도 받아들인다

천리를 즐기고 천명을 알기에 근심하지 않는다.

樂天知命 故不憂
낙 천 지 명 고 불 우

계사상전繫辭上傳

하늘의 이치를 즐기고 자신의 운명과 살아 있는 기쁨을 안다면, 근심이 있을 리 없다. '낙천'과 '지명'은 같은 정신이다. 어떠한 운명이라도 받아들이고, 즐기고 감사하며 살아간다. 이는 하늘의 작용과 정리情理를 즐기는 정신이다.

여기에서 낙천가, 낙천주의라는 말이 나왔다. 『주역』은 하늘의 이치를 배우는 서책이다. 이를 잘 익힌다면 진정한 낙천가가 될 수 있을 것이다.

1+1 하루를 두 배로 사는 인생 독본

결국 죽어야 한다는 의식은 목전의 할 일 중에서 항상 신의 뜻에 맞는 일을 선택하게 한다. 매일의 생활을 바르고 결백한 것이 되도록 힘쓰라. 그리고 최후의 날을 맞을 마음의 준비를 해 두어라. 마음의 준비를 해 둔다는 것은 본질적인 의미에서의 죽음을 깨닫고 있다는 뜻이다.

아무것도 하지 않는 노력

경작하지 않아도 거둔다. 밭을 일구지 아니해도 새 밭이니
곧 갈 곳이 있음이 이롭다.

不耕穫 不菑畬 則利有攸往
불 경 확　불 치 여　즉 리 유 유 왕

천뢰무망天雷无妄

　　밭을 갈지 않아도 수확이 있다. 또 '밭을 일구지 않아도 새 밭이다.' 개간을 하지 않아도 밭이 생긴다. 외곬으로 생각하는 것을 버리고 통찰력을 갖고 자연에 따라 살아간다면, 본래 경작이나 개간하는 일조차 필요 없다는 의미이다.

　　천뢰무망의 괘는 작위적으로 하지 말고 자연의 법칙에 따라 맡긴다면 하늘은 만물을 키워 준다고 말하고 있다. 우리들은 때로는 '아무것도 하지 않는 노력'을 알아 두어야 한다.

1+1 하루를 두 배로 사는 인생 독본

세상의 여인들이여! 결혼하지 않은 동안은, 세상의 무슨 일이든 자유로이 다 해 보아도 좋다. 그러나 그대들이 아니고는 그 누구도 대신하여 할 수 없는 일이 있음을 알라. 그것은 곧 아이를 낳고 기르는 일이다.

만물이 각각의 형상을 갖고 살아가다

구름이 흘러 비를 내리게 하고
모든 사물에 전해져 형태로 나타난다.

雲行雨施 品物流形
운 행 우 시 품 물 유 형

———— 건위천乾爲天 ————

'품물'은 '만물'과 같은 뜻이나, 태어나 살아가는 하나하나를 말하기도 한다. 인간으로 치면 개개인을 일컫는다.

하늘에 구름이 오가고 은혜로운 비를 내리게 하여 지상을 윤택하게 하고 모든 것을 키운다. 그 하늘의 작용에 의해 만물이 '유형' 즉, 각각이 그것다운 형상을 갖추고 활동하기 시작한다. 이는 개개의 성질, 지닌 맛, 특성을 살려 힘을 발휘하게 하는 것이다. 이 하늘의 작용은 두루 유포된다.

1+1 하루를 두 배로 사는 인생 독본

죽음이 다가오는 것을 알면서도 살아가는 일이 필요하다. 그때 인생의 모든 것이 존엄하고 의의가 있게 되고 참으로 기쁜 것이 되고 열매를 맺는 것이 될 것이다. 죽음이 다가옴을 알 때에는 모든 생명들이 신에게 필요한 일을 하지 않을 수 없다. 죽음에 대한 하찮은 공포는 생활이 선해짐에 따라서 없어져 간다.

지극한 대지가 만물을 기르다

고루 미치는구나.
곤坤의 큼이여, 만물이 그에 근거하여 생겨나도다.

至哉坤元 萬物資生
지 재 곤 원 만 물 자 생

───곤위지坤爲地───

'곤'은 천지의 '지地', 음양으로는 '음'을 나타낸다. '천기天氣'인 태양의 빛과 비가 지상 도처에 내리퍼부으니 대지는 그것을 받아들여 형태가 있는 모든 것, 만물을 육성한다.

음덕은 한없는 수용과 포용력이다. 따르고 받아들여 육성하는 여성, 어머니, 아내, 신하의 덕은 음덕이다. 이와 관련하여 화장품 브랜드 시세이도資生堂가 이 '자생'에서 회사 이름을 만들었다.

1+1 하루를 두 배로 사는 인생 독본

그릇된 신앙, 기독교도들의 기만적인 신앙 때문에 우리의 인생은 이교도의 생활보다 못한 것이 되어 버렸다. 이 세상의 악습을 바로 잡기 위해서는 허위의 종교를 폭로하고 개인의 마음속에 참된 종교를 심도록 노력하는 이외에는 도리가 없다.

태양이 떠오르듯 자신을 밝게 하다

스스로 밝은 덕을 밝히다.

自昭明德
자 소 명 덕

──── 화지진火地晉 ────

태양이 스스로 지상으로 떠오르듯이 스스로 밝은 덕을 밝힌다. '스스로'라 함은 자신의 마음을 밝게 유지하는 것은 자기 자신이지 다른 사람에게 의지하는 것은 아니라는 의미이다.

밝은 덕은 사욕에 사로잡혀 있으면, 흐려져 버리고 만다. 그러므로 마음의 거울이 흐려지지 않도록 매일같이 의식적으로 그 거울을 닦아야 한다.

화지진의 괘는 태양이 떠오르듯이 전진하고 밝은 덕이 뚜렷해지는 때를 일컫는다.

1+1 하루를 두 배로 사는 인생 독본

외부 세계의 모든 사물은 그저 우리 눈에 보이는 그대로의 형태로 우리에게 존재하고 있는 것이다. 즉 이 세상은 우리들이 보고 있는 형태로 실재하는 것으로, 우리들의 외부적 감각에 의해 존재하고 있다. 이 외적 세계는 그 본질에 있어서 우리들이 의식하고 있는 것과 같은 것이 아니다. 그러므로 이 세상에서의 물질적인 것은 모두 중요한 것이 아니다.

하늘의 순환과 지상의 이치로
유명의 일을 알다

위를 우러러 천문을 보고 내려다보아 지리를 살핀다.
이런 까닭으로 어둠과 밝음의 원인을 안다.

仰以觀於天文 俯以察於地理 是故知幽明知故
앙 이 관 어 천 문 부 이 찰 어 지 리 시 고 지 유 명 지 고

──────── 계사상전繫辭上傳 ────────

'유명'의 '유幽'는 무형으로 눈에 보이지 않는 것, '명明'은 유형의 것이어서 눈에 보이는 것이다. 예를 들면 신체는 명이고 정신은 유이며, 현재는 명이고 과거는 유이다.

하늘의 순환을 우러러 올려다보고 지상의 이치를 내려다보고 관찰한다고 하는 것은, 매사의 상태를 확실히 보고 그 진상을 알게 된다면 반드시 눈에 보이지 않는 이면의 상태도 보이게 된다는 뜻이다.

1+1 하루를 두 배로 사는 인생 독본

한 인간에 의해 일어난 악은 그 인간의 마음을 손상시키고 그에게서 참된 행복을 빼앗는 것으로만 그치지 않는다. 예외 없이 악은 그것을 저지른 자에게 되돌아간다.

때와 상황은 항상 변한다

위태로운 것은 그 자리에 안주하는 것이요,
망하게 되는 것은 그 생존을 유지하려 함에서 비롯되는 것이며,
혼란해지는 것은 그 다스림을 그대로 두게 함이다.

危者 安其位者也 亡者 保其存者也 亂者 有其治者也
위 자 안 기 위 자 야　망 자 보 기 존 자 야　난 자 유 기 치 자 야

계사하전繫辭下傳

　반석 같다고 푹 마음을 놓고 있으면 지위가 위태로워진다. 언제까지나 존속하리라고 생각하고 있으면 망한다. 잘 다스리고 있다고 정신을 놓으면 혼란해진다.

　때는 항상 변화하고 상황도 변한다. 반석 같은 안정과 태평 같은 것은 있을 수 없다. 문란해질 조짐은 반드시 방심하고 있는 안정기에 일어난다. 스스로 경계를 게을리하지 말고 대처법을 준비해야 할 일이다.

1+1 하루를 두 배로 사는 인생 독본

자기의 모든 것을 희생할 준비를 갖추고 있는 자에게는 진정한 평화가 있다. 평화에 대한 가장 큰 장애물은 오만함이다. 겸손함으로 인하여 당하는 멸시를 두려워 말라. 겸손의 뒤에는 참된 정신적 행복을 감추고 있는 것이다. 우리는 겸손에 의해 행복을 얻는다.

위기의식

군자는 평안해도 위태로움을 잊지 않고,
보존되어도 망함을 잊지 않으며, 다스려도 혼란해짐을 잊지 않는다.

君子 安而不忘危 存而不忘亡 治而不忘亂
군 자 안 이 불 망 위 존 이 불 망 망 치 이 불 망 란

------ 계사하전繫辭下傳 ------

안정되고 태평할 때 위기관리를 게을리하지 않고, 순조로울 때도 망할 수 있다는 것을 잊지 말고 태평 세상에서도 평화가 어지럽혀지는 것을 잊지 않는다.

사람은 평화롭고 안정되며 태평한 때에는 나태해져서 둔감하게 되기 쉽다. 혼란은 거기로부터 생긴다. 나라나 조직, 가정 또는 자신을 지키고 유지하는 것은 위기의식이다.

1+1 하루를 두 배로 사는 인생 독본

정의가 없는 곳에 선이란 있을 수 없다. 선이 없이는 진리를 얻지 못한다. 선을 가장하는 것보다 더한 악은 없다. 선을 가장하는 것은 노골적인 악보다 더 증오해야 할 일이다.

재앙은 하루아침에 벌어지지 않는다

신하가 임금을 시해하고 자식이 그 아비를 살해하는 것은
일조일석에 이루어진 것이 아니다.

臣弑其君 子弑其父 非一朝一夕之故
신 시 기 군 자 시 기 부 비 일 조 일 석 지 고

───── 문언전文言傳 ─────

　　신하가 임금을 시해하고 자식이 아비를 죽이는 것 같은 일은, 어느 날 갑자기 일어나지 아니한다. 그 요인은 오랜 세월에 걸쳐 서서히 자라나 어느 때 커다란 재앙으로 나타난다.

　　왜 이 같은 재앙이 닥치는가? 매사에 있어 도리에 벗어난 기미를 조기에 알아차리고 바로잡지 않았기 때문이다. 사람에 관한 화의 대부분은 오랫동안 보고도 간과해 온 결과이다.

185

1+1 하루를 두 배로 사는 인생 독본

인간이 만든 제도에는 불합리하고 어리석기 짝이 없는 것이 많다. 사회의 변천은 현존하는 제도에 대한 우리들의 불만과 반대에 의해 완성될 수 있다. 사회가 진보하면 할수록 선량한 사람을 위협함이 없고 예속함이 없는 상태를 지향하여야 한다.

빛을 감추고 온화하게 드러내다

그 성실한 마음으로 교류하니 위엄이 있어 길하다.

厥孚交如 威如吉
궐 부 교 여 위 여 길

———— 화천대유火天大有 ————

사심 없이 다른 사람에게 경계심을 주지 않고 마음으로 교류하니, 온화한 가운데 위엄이 있다. 지도자의 덕을 나타내는 말이다.

'교여'는 '믿음을 갖고 뜻을 펴는 것'이고, 말하고 싶은 것을 서로 말할 수 있는 신뢰 관계를 일컫는 말이다. '위여'는 '쉽게 갖출 수 있는 것이 아니다'고 하여 맹위를 떨치는 것을 말함이 아니라, 그 행동에서부터 자연히 우러나오는 위엄을 말한다.

'교여위여'를 보면 머리에 떠오르는 말로 빛을 감추고 속진에 섞인다는 '화광동진和光同塵'이 있다. 뛰어난 재덕을 과시하지 않고 세속을 따른다는 뜻이다.

1+1 하루를 두 배로 사는 인생 독본

동물에 대한 우리들의 동정심은 선량한 사람이라면 극히 자연스러운 감정이다. 동물의 고통에 냉담한 사람은 인간에 대해서도 잔인하다. 동물에 대한 연민이나 동정은 인간에게 기쁨을 준다. 그 기쁨은 인간이 사냥이나 육식을 중단함으로써 빼앗기는 만족을 백 갑절로 보상하여 줄 것이다.

기미를 살펴 통찰하다

선왕이 이를 본받아 사방을 살피고,
백성을 관찰하여 가르치는 것이다.

先王 以省方觀民 設教
선 왕 이 성 방 관 민 설 교

─────── 풍지관風地觀 ───────

　　고대의 왕은 사방에 있는 제국을 돌아보고 거기 사는 백성의 모습을 관찰했다. 그리고 지금 무엇이 필요한가를 살펴 법률이나 규칙, 관습을 정해 가르쳤다.

　　가정이나 회사조직에 있어서도 지도자는 다른 사람의 표정이나 일하는 모습, 생활상의 미미한 기미를 살펴보고 황폐해지거나 문란해질 조짐이 없는지 통찰하는 것이 중요하다.

1+1 하루를 두 배로 사는 인생 독본

우리들의 외면적인 생활의 변화는 우리들의 심혼 속에 이루어지는 변화에 비한다면 참으로 보잘것없다. 한 개인으로서의 생활 또는 인류로서의 생활의 모든 위대한 변화는 오직 심혼 속에서만 시작되고 이루어진다. 이를 위해서 인간은 우선 정신적 본성과 욕구에 대한 자각에 주의를 돌려야 한다.

지혜로워야 감출 수 있다

무리와 임할 때는 어두움을 씀으로써 밝음을 지향한다.

莅衆 用晦而明
이 중 용 회 이 명

지화명이 地火明夷

　'용회'라 함은 '어두움을 쓴다'는 말로 자신의 재능이나 지위를 숨겨 다른 사람의 눈을 속이는 일이다. 이를 '도회韜晦'라고 한다. 관대하게 알고도 모른 척 넘어가는 것이다.

　지도자가 너무 명찰하고 총명하여 세세한 것까지 시끄럽게 참견하면, 부하들은 각자의 능력을 발휘할 수 없게 된다. '도회'는 때에 따라 다른 사람의 능력을 신장시키기 위한 명정한 지혜가 된다. 결국 사람들을 상대함에 있어 때에 따라서는 무딘 시늉을 하라는 가르침이다.

1+1 하루를 두 배로 사는 인생 독본

토지의 사유화는 신으로부터 부여받은 자연의 상속권을 빼앗아 가는 포학이다. 자기와 가족이 사는 데 필요한 이상의 토지를 사유하고 있는 자는 인류의 대다수가 그것으로 말미암아 고통, 궁핍, 불행을 당하는 것을 외면하는 사악의 무리이다.

소인은 나라를 어지럽힌다

대군이 명을 둠이니, 나라를 세우고 제후를 봉하고
경대부를 삼을 적에는 소인을 쓰지 말아야 한다.

大君有命 開國承家 小人勿用
대 군 유 명   개 국 승 가   소 인 물 용

──── 지수사地水師 ────

전쟁이 끝나면 공적이 있는 사람을 제후에 봉하고 관직을 명한다. 그러나 그때 공적이 있다 하더라도 소인을 중용해서는 아니 된다.

이는 인재 등용의 철칙으로 쓰이고 있는 말이다. 오래된 것으로는 『서경』에도 이와 같은 말이 있다. 공적을 쌓더라도 자신의 이익만을 생각하고 다른 사람들로부터 신뢰를 얻지 못하는 소인은 반드시 나라를 어지럽힌다. 따라서 그 같은 소인들에게는 금전으로 보상하는 것에 그치고, 대임을 맡겨서는 안 된다.

1+1 하루를 두 배로 사는 인생 독본

이성은 모든 사람에게 동일하고 공통되는 재산이다. 이성적인 것과 도덕적인 것은 항상 일치한다. 이성은 우리들의 생활을 이끌어 갈 만한 것이 못된다고 말하는 자들은 자신의 이성이 사도邪道에 빠지고 시궁창에 빠져 있음을 스스로 잘 알고 있는 자임에 틀림없다.

마음을 얼굴에 나타내지 마라

광대뼈가 너무 강하니 흉함이 있다. 군자는 결단할 일은 결단한다.

壯于頄 有凶 君子夬夬
장 우 규 유 흉 군 자 쾌 쾌

택천쾌澤天夬

택천쾌의 괘는 소인을 배제하는 때를 말하나, 거기에는 주의해야 할 점이 있다.

'규'란 광대뼈이다. 배제해야 할 소인에 대한 공격심이 얼굴에 나타나 버리면, 소인이 그 눈치를 채게 되어 큰 실패를 겪을 것임을 경고해 주고 있다. 소인은 민감하게 기미를 감지한다. 따라서 결심은 굳더라도 은인자중하여 그 마음이 얼굴에 나타나지 않도록 해야 한다. 상대는 물론 같은 편일지라도 속여 넘길 수 있도록 하고 때를 잘 살펴 배제해야 할 시기를 보고 배제시키지 않으면 안 된다.

1+1 하루를 두 배로 사는 인생 독본

어떤 노인이 꿈속에서, 삶에 시달리다 지쳐 죽게 된 수도사가 낙원의 가장 좋은 곳에 있는 것을 보았다. 그는 의문을 품었다. '아무런 가치도 없이 보잘것없어 보이는 수도사가 어째서 이처럼 큰 행복을 누리는 것일까?' 그런즉 이와 같은 대답이 들려왔다. "이 수도사는 생전에 그 어느 한 사람도 비방하지 않았던 까닭이다."

두레박은 관리가 필요하다

거의 이르렀어도 아직 우물에 닿지 못했음이니 그 두레박을 깨면 흉하다.

汔至亦未繘井 羸其瓶凶
흘 지 역 미 율 정   리 기 병 흉

───── 수풍정水風井 ─────

수풍정은 우물의 성질, 그 사용법을 설명하는 괘이다. 이로부터 조직의 인사나 관리에 대한 가르침을 얻을 수 있다. 우물은 사람의 손으로 만들어진 것으로 물을 푸는 데는 관리가 필요하다. 우물 정 井 자는 옛날 글씨로는 '井' 자 안에 점을 하나 찍어서 썼다. 가운데에 있는 '·'은 우물의 두레박이다. 훌륭한 우물이 있어도 두레박이 수면까지 닿지 않는다거나, 두레박줄이 중간에서 끊어진다거나, 두레박이 깨진다거나 하면 우물은 아무짝에도 쓸모없게 되고 사활의 문제가 된다. 우물의 구조를 효용 면에 비유하여 회사 조직을 생각해 보면 우물 밑바닥은 신선한 물이 솟아오르는 현장이고, 우물 내벽은 중간 관리직이나 임원에 해당한다. 경영자의 역할은 전체를 파악하는 것이다. 사람들에게 먹이는 물은 맑은지, 뛰어난 인재가 등용되어 있는지, 두레박이 가닿지 않는 것 같은 태만함이나 두레박이 깨져 나가는 것 같은 부정함은 없는지 항시 깊은 데까지 눈이 가닿는 조직 관리를 해야 한다.

1+1 하루를 두 배로 사는 인생 독본

사람은 불완전하므로 서로 사랑하는 것이다. 사람이 완전하지 못하다는 것은 이미 하늘이 정한 일이며, 그러므로 인간 생활의 공통된 원칙은 완전에 가까워지기 위해 노력하는 일이다. 완전이라는 것은 오로지 신만이 가지고 있으며 사람은 그에 가까이 갈 수 있을 뿐이다.

토대를 구축해야 유지된다

위에서 이를 본받아 아래를 두텁게 하여 집을 안정시킨다.

上以厚下安宅
상 이 후 하 안 택

산지박山地剝

산지박의 괘는 높은 산이 밑에서부터 무너지는 것을 나타내고 있다. 이로부터 높은 지위에 있는 자가 부하에게 밀려 실각하는 때를 일컫는 상황을 생각할 수 있다.

'택'은 자신이 있어야 할 장소이다. 지도자 같이 상위직에 있는 사람이 해야 할 일을 함에 있어서는 아랫사람이 자신을 깊이 신뢰하게끔 해 둘 필요가 있다. 그렇게 하면 자신의 부하나, 국가로 치면 백성을 확고하게 안정시킬 수가 있다. 기반이 안정되어 있지 않으면 지위는 유지할 수 없고 조직은 반드시 붕괴되어 버린다.

1+1 하루를 두 배로 사는 인생 독본

세상의 제도를 개선하는 것은 오직 사람들의 도덕적 완성에 의해서만 가능하다. 우리들이 현대와 같은 제도를 계속하는 한 우리들을 인도하는 자가 어찌 참된 영웅일 수 있으랴! 결국 우리를 지배하는 것은 이름만의 사이비 영웅이고 그 이름은 부귀영화라고 불리는 것이다.

서로 마음을 통하여 함께 임하다

느껴서 임한다. 바르게 해야 길하다는 것은
뜻을 올바르게 시행함이다.

咸臨貞吉 志行正也
함 림 정 길　지 행 정 야

───── 지택림地澤臨 ─────

'함림'은 윗자리에 있는 자와 하위자, 임금과 신하가 서로 마음을 통하여 일치협력해서 일에 임하는 것이다. 각자 모두가 기꺼이 서로 응하여 바른 길을 가면서 뜻을 실천한다. 그로 인해 길하게 된다.

1+1 하루를 두 배로 사는 인생 독본

인류의 여러 가지 행위 중에서 전쟁만큼 외부로부터 선동의 힘이 뚜렷하게 나타나는 것은 없다. 몇백만이라는 인간이 감격과 자부심을 가지고 전쟁에 종사한다. 그렇지만 그들은 모두 그것이 어리석고, 추하고, 해롭고, 위험하고, 파괴적이고, 괴롭고, 사악하며 그 무엇에도 불필요한 것임을 인정하고 있다.

진퇴를 변별하는 절도

절제로서 법도를 만들면 재화를 없애지 아니하고
백성을 해하지 않는다.

節以制度 不傷財 不害民
절 이 제 도 부 상 재 부 해 민

───── 수택절水澤節 ─────

절제함으로써 도를 변별한다면, 지나치거나 모자람 없이 재산을
지키고 다른 사람에게도 폐를 끼치지 않는다고 말하고 있다.

대나무는 마디로서 한 번 가로막고 다시 통하게 되어 있다. 적당
한 마디節를 설치함으로써 똑바로 성장해 가는 것이다. 이로부터
'절'에는 적당하게 절제한다, 매사의 통함과 막힘을 알고 나아갈
곳과 진퇴를 변별한다는 의미가 생겼다. 회사 조직이나 가정도 이
'절도節度'에 의해 경제가 유지된다.

1+1 하루를 두 배로 사는 인생 독본

의무의 자각은 우리들의 영혼이 신에 속한다는 성질을 의식하게 한다. 반대로 우리들의 영혼
이 신에 속하는 그 성질을 의식하는 일은 의무를 의식하게 한다. 이로 인해 지식과 덕성을 겸
비하게 되면 인간은 신성神性에 이른다.

이는 나답지 않다

군자로서의 생각은 그 자리를 벗어나지 않는다.

君子以思 不出其位
군 자 이 사　불 출 기 위

―――――**간위산艮爲山**―――――

　　군자는 자신의 생각이 분수와 기량에 머무르며, 역량 이상의 것을 헛되이 바라지 않는다. 그러한 자세에 철저하면 욕망에 빠지려 하거나 어리석음을 범하려 하는 순간 자연히 '이는 나답지 않다' 하고 본래의 자신에 상응한 곳에서 생각을 멈출 수가 있다.

　　간위산은 멈출 때를 설명하는 괘이다. 분수에 상응하는 것의 중요함을 가르치고 있다.

1+1 하루를 두 배로 사는 인생 독본

양심은 자신의 영적 본원에 대한 의식이다. 그것은 인간 생활의 신뢰할 만한 지표가 될 수 있다. 사람들은 도덕상의 가르침과 종교상의 전통, 양심을 인생에 대한 전연 다른 지표인 것처럼 말하고 있으나 실제로는 오직 하나의 지표일 뿐이다. 그것은 양심이다.

도움을 청하니 길하다

말에 올라 되돌아오는데,
청혼하러 가면 길하니 이롭지 아니할 수가 없다.

乘馬班如 求婚媾往 吉无不利
승 마 반 여   구 혼 구 왕   길 무 불 리

──── 수뢰둔水雷屯 ────

뭔가 해야 한다고 말에 오르긴 했으나 스스로의 힘이 부침을 깨
닫고, 지위가 낮은 영걸에게 도움을 청하는 것은 길하다. 이는 새
로운 일을 시작하거나 새로운 개혁을 행할 때는 새로운 지식이나
방법이 필요한 것이라고 가르쳐 주고 있다.

'반여'란 되돌아오는 것이며 '혼구'는 결혼을 의미하는바, 여기서
는 아랫사람에게 도움을 청한다는 의미이다.

1+1 하루를 두 배로 사는 인생 독본

이성은 인간을 결합시키는 근본이다. 사랑은 사람들을 결합으로 이끌고 이성은 그 결합을 완
성시킨다. 이성에 따를 필요가 없다고 하는 자들의 말을 듣지 말라. 그러한 말을 하는 자들은
단 하나의 등불을 꺼 버리라고 권하고 우리들을 암흑 속으로 끌어들이려고 하는 자들이다.

학문이란

군자는 배워서 지식을 모으고,
물어서 분별하며, 관대함으로 살고, 인仁으로서 행한다.

君子 學以聚之 問以辯之 寬以居之 仁以行之
군자 학이취지 문이변지 관이거지 인이행지

──── 문언전文言傳 ────

'학문'이라는 말의 출전이다. 학문을 함에는 덕이 필요하다. 학문이란 배우고 책이나 스승에게 묻고, 자문하여 해야 할 것을 변별해 내는 일이다.

그리고 배운 것을 터득했다면 '이러하지 않으면 안 된다' 하고 좁은 마음 씀을 가질 일이 아니라 다른 사람에게도, 자신에게도, 매사에도 관대한 마음과 배려로써 실행하는 것이 긴요하다.

197

1+1 하루를 두 배로 사는 인생 독본

사람들이 성자에게 물었다. "학문이란 무엇입니까?" "인간을 아는 것이다." 성자의 말에 사람들은 다시 물었다. "도덕이란 무엇입니까?" 성자가 대답했다. "사람을 사랑하는 일이다."

괴로움 속에서 배우다

물이 끊임없이 차오르는 것이 습감의 괘이다,
군자가 이로써 항시 덕행을 하고 가르치는 일을 익힌다.

水洊至習坎 君子以常德行 習敎事
수 천 지 습 감 군 자 이 상 덕 행 습 교 사

───── 감위수坎爲水 ─────

'물'은 고난, 위험을 나타낸다. '수천'이란 위험이 끊이지 않는 물처럼 계속해서 밀려들어 오는 모습을 말한다. 그때마다 스스로 위험을 받아들여, 물에 거스르지 않고 흐름에 맡겨 나가듯이 몇 번이고 반복하여 괴로움을 배운다. 이를 습감이라고 한다.

군자란 반복되는 괴로움 속에 있어도 도망치지 않고, 멈추지 않고, 항시 계속해서 앞으로 나아가며 아랫사람을 가르쳐 이끌어 주는 사람이다.

1+1 하루를 두 배로 사는 인생 독본

믿는다는 것은 우리들이 알고 있는 것, 확실한 것의 존재에 관한 것이므로 이성에 의해 이해될 수도 없고 말로 표현할 수도 없다. '그대는 허위 속에 있으나 나는 진리 속에 있다'고 말하는 것은 사람이 타인에게 할 수 있는 가장 잔인한 말이다.

기뻐하며 나아갈 때 뜻을 이룬다

기뻐하며 바르게 함이 이롭다,
이로써 하늘의 뜻에 따르고 사람에게 응한다.

說以利貞 是以順乎天而應乎人
열 이 이 정 시 이 순 호 천 이 응 호 인

──── 태위택兌爲澤 ────

　　기뻐하며 나아갈 때 뜻은 이루어진다. 단, 기뻐함에도 바른 것과 바르지 못한 것이 있다. 뇌물을 받아 기뻐하며 일을 해 나가는 것은 도리에 어긋난다. 일을 행함에는 하늘의 도리에 따라 사람들의 성심에 맞춰 해 나가지 않으면 안 된다.

　　태위택의 괘 이름 중 택澤은 못이다. 태위택은 못이 두 개 연이어진 괘로서 기쁘다, 기쁘게 하다는 의미가 있다. 또한 '태兌' 자는 하늘의 기가 내려와 소원을 들어준다는 뜻을 나타내는 형상으로 되어 있다.

1+1 하루를 두 배로 사는 인생 독본

신을 신앙하는 것은 그대를 사람들 앞에서 자유롭게 만들어 준다. 나는 모든 상황을 자유로이 받아들일 수 있는, 그러나 보이지 않는 본원의 내면적 동기에 따라서만 행동하는 사람을 진정한 자유인이라 부르고 싶다.

손익의 때를 마땅히 받아들이라

손해와 이익, 차고 비는 것은 때에 따라 함께 행함이다.

損益盈虛 與時偕行
손 익 영 허   여 시 해 행

───── 산택손山澤損 ─────

이 괘는 수입보다 지출이 많은 때는 아무리 인색하다는 말을 듣더라도 철저하게 검소 검약하며 노력해야 한다고 가르친다. 그러나 그것도 때에 따른 것으로서 이익이 있을 때는 그 이익을 환원해야 할 것이라고도 한다. 눈앞의 이익을 늘리기 위해 어떠한 때일지라도 절약하고 검약만 하는 것은 참다운 '손損'이 아니다.

산택손의 괘는 손해를 보아야만 할 때는 마땅히 그 보아야 할 손해를 보라고 가르치고 있다.

1+1 하루를 두 배로 사는 인생 독본

자기가 부지런하다고 자랑하는 자는 잔인한 사람이 되기 쉽다. 그리고 그들이 분주하게 하고 있는 일들은 차라리 하지 않는 편이 훨씬 나은 경우가 흔히 있다. 무엇인가 허튼 일을 하느니보다 차라리 아무 것도 하지 않고 가만히 있어 주는 것이 좋은 때가 흔히 있다. 즐거운 놀이와 휴식은 많은 일보다도 필요하고 중요하며 유익하다.

손익을 고려해서 움직인다

이익은 움직이고 겸손하게 따르는 것이어서 나날이 나아감에
그 끝이 없다. 하늘은 베풀고 땅이 생산하여 그 더함에
방향이 없으니, 무릇 이익의 길이 때와 더불어 나아감이리라.

益動而巽 日進無疆 天施地生 其益無方 凡益之道 與時偕行
익 동 이 손 일 진 무 강 천 시 지 생 기 익 무 방 범 익 지 도 여 시 해 행

――――― 풍뢰익風雷益 ―――――

풍뢰익 괘의 '풍風'은 따르고 '뇌雷'는 움직이는 성질을 가진 것
이다. 때와 상황에 따라 순응하며 적극적으로 행동한다면 이익을
가져오고, 매사는 나날이 끝임 없이 전진한다. '이익을 얻음은 방향
이 없다'는 말은 천지가 만물을 낳듯이 두루 이익을 보는 것이다.

단, 이익을 보기만 하는 것이 아니고 이익의 길은 손해의 길과
한 쌍으로 순환하는 것이기 때문에, 때에 따라 손해와 이익을 고려
하여 행동해야 한다는 가르침을 주고 있다.

1+1 하루를 두 배로 사는 인생 독본

선한 사람의 영예는 그들의 양심 속에 있다. 남의 입술에 있는 것이 아니다. 미덕을 많이 갖춘
사람이라 하더라도 일단 허영심에 사로잡히는 날엔 모든 것이 흔들리고 만다.
당신의 눈물과 슬픔의 원인이 무엇인가를 잘 생각해 보라! 그 근본을 따져 보면 당신이 어떤
이익을 놓쳤거나 혹은 허영심 때문에 괴로워하고 있음을 발견할 것이다.

태평성세는 기울어지지만

평탄한 채 기울어지지 않는 것은 없고, 간 것이 돌아오지 않는 것도 없다. 괴로운 속
에서도 바르게 하면 허물이 없다. 거기에 믿음이 있으니 너무 우려할 일이 아니다.

無平不陂 無往不復 艱貞無咎 勿恤其孚
무 평 불 파 무 왕 불 복 간 정 무 구 물 휼 기 부

───── 지천태地天泰 ─────

 평탄한 것은 반드시 기울고, 이미 지나갔다 싶은 폐쇄의 시대는
반드시 되돌아온다. 태평한 시기에는 어쨌든 쉽게 생각하고 그 안
정되고 태평한 때가 영원히 지속될 것 같은 착각에 빠지기 쉽다.
태평 시기를 기울게 하는 것은 그 같은 나태와 부주의, 위기관리
능력의 결여에 있다.

 시기는 끊임없이 되풀이하며 한시라도 변하지 않을 때가 없다.
반석과 같은 안태安泰는 당초 없는 것이며, 인심도 세상도 때와 더
불어 변해 간다. 그러나 매일같이 긴장감을 가지고 노력을 다한다
면 그 안태는 오래 지속될 수 있다.

 '우려하지 마라, 거기에 믿음이 있다'고 함은 태평 시대는 언젠
가 기운다고 하더라도 건전한 위기감을 갖고 있다면 좋은 것이라
는 가르침을 주고 있다.

1+1 하루를 두 배로 사는 인생 독본

사랑은 인간에게 생활의 목적을 주고, 이성은 인생의 의의와 사명을 밝혀 준다. 만일 인간에게
이성이 없다면 인생의 의의를 이해할 수 없을 것이다. 인생의 의의를 이해할 수 없다면 인간은
선과 악을 구별할 수 없게 된다. 그리고 진정한 행복을 찾을 수도 없으며 그것을 향유하지도
못할 것이다.

그 이상으로 펼치지 않는다

꾸러미 안에 고기가 있으니 허물이 없다.

包有魚无咎
포 유 어 무 구

천풍구天風姤

천풍구의 괘는 기세가 왕성한 시기에도 음이 스며드는 것을 말하며, 재앙의 요인에 대한 대처법을 가르쳐 준다. 예를 들어 사업이 잘 진행되어 갈 때는 호사다마라 하여 그럴듯한 돈벌이 이야기에 말려들어 실패하기가 쉽다. 이러한 때일수록 신중하게 판단하여 틀림없이 대처해야 한다.

'고기'는 화의 요인이 되는 음을 나타낸다. 누구로부터 그럴싸한 이야기를 듣고 받아들이더라도, 그것을 감싸듯이 하여 그 이상으로 크게 펼치거나 하지 않는다. 즉, 그 이외 것에까지 영향이 미치지 않도록 하는 정도에서 상대하는 것이다. 그리한다면 허물이 없고 비난받지도 않으리라는 뜻이다.

203

1+1 하루를 두 배로 사는 인생 독본

신의 뜻을 따라 살고 있는 자는 남이 무어라고 해도 태연할 수밖에 없을 것이다. 남들 앞에서는 숨길 수 있으나 신 앞에서는 아무 것도 숨길 수가 없다. 그 무엇도 숨길 필요가 없도록 살라. 그와 마찬가지로 그대의 생활 속에서 그 무엇이든 남에게 자랑하거나 보이려는 생각을 품지 말고 살라.

송아지의 뿔을 잡아 주다

어린 소의 뿔에 곡牿을 대니 크게 길하다.

童牛之牿 元吉
동 우 지 곡 원 길

━━━ 산천대축山天大畜 ━━━

　송아지의 뿔에 횡목橫木을 대는 것은 크게 길하다. '곡'이란 소 뿔의 형태를 교정하기 위해 대 주는 횡목을 말한다. 날카로운 뿔에 받혀 상처를 입거나 목숨을 잃지 않도록 뿔이 아직 굳지 않은 송아지 때에 부목을 대어 형태를 잡아 주는 것을 말한다.

　이는 먼 장래를 내다보고 나쁜 습벽은 어린아이일 때 바로잡아 주는 것이 좋다는 비유로 되고 있다.

1+1 하루를 두 배로 사는 인생 독본

가정적인 이기주의는 개인적인 이기주의보다도 훨씬 잔인한 경우가 있다. 자기를 위해 남의 행복을 희생하는 것을 수치로 아는 인간도, 가정의 행복을 위해서는 남의 불행이나 궁핍을 이용하는 것을 당연한 듯 여기기 때문이다.

시의時義

'시의'란 때, 시기의 뜻이다. 그것을 경험하는 데 있어 매우 중요한 의미가 있는 때, 그에 적합한 조치를 하지 않으면 아무것도 움직이지 않는 때, 매우 주의해서 다루어야 할 때 사용하는 말이다.

'의義'는 '정의'의 의 자이다. 쓸데없는 것을 빼 버리고 실질적인 것만을 끄집어낸다는 뜻으로 수확 시기에 하는 벌채의 의미가 있다.

번민하고 괴로워하며 헤매는 때는 반드시 배워 두어야 할 뜻이 있다. 그때의 환경이나 상황에 지지 않고 배우고 결단을 내려 행동하는 뜻을 생각해 본다면 길은 열릴 것이다.

1+1 하루를 두 배로 사는 인생 독본

우울이란 인간이 자신의 생활이나 세상 속에서 의의를 찾아내지 못할 때 생기는 마음 상태이다. 우울한 마음이나 초조한 마음을 품고 있으면서 그것을 사랑하고 자랑 삼는 자들마저 있다. 그것은 마치 그대를 산기슭까지 태워 준 말의 고삐를 풀어 주고서도 채찍으로 힘차게 후려갈기는 일과도 같다.

시용時用

누구라도 어렵고 쓰라린 고초는 겪고 싶지 않다. 간난신고는 피할 수만 있다면 피하고 싶은 것이다.

'시용'이란 굳이 겪고 싶지 않은 험난한 때를 겪는 것, 즉 그 험난한 때를 피하지 않고 마주 대하여 역경을 헤쳐 나가는 것이다. 도망치지 않고 괴로운 시기와 정면으로 마주 서서 이겨 낸다면 커다란 교훈을 얻는다. 그것이 그 후의 인생에 커다란 효용을 가져다주는 일이 적지 않다. 간난신고의 시기를 보낸다는 것은 인간을 성장하게 해 주는 양식이 된다.

1+1 하루를 두 배로 사는 인생 독본

만일 사람이 외면적 세계의 문제에만 번민하지 않고 인간으로서 유일하며 참된 내면적 세계의 문제에 골몰한다면, 그 사람의 생활은 얼마나 향상될 것인가! 그때에 그가 당면한 모든 외면적인 문제들도 가장 좋은 해결을 얻게 될 것이다. 진정한 생활은 오직 눈에 보이지 않는 '영적인' 변화가 이루어진 곳에만 생긴다.

7

칠월

하늘의 움직임은
———————
강건하니
———————
군자는 이를
———————
본받아 노력해
———————
마지않는다

기회를 자유자재로 쓴다

하늘에 앞서 행해도 하늘이 어기지 않으며 하늘에 뒤져서 해도 천시를 받드나니,
하늘도 어기지 않는데 하물며 사람에게 있어서랴.

先天而天弗違 後天而奉天時 天且弗違 而況於人乎
선 천 이 천 불 위　후 천 이 봉 천 시　천 차 불 위　이 황 어 인 호

───── 문언전文言傳 ─────

　사심 없이 매사를 객관화한다면, 때의 조짐을 보고 앞서서 행동
하더라도 천시에 딱 맞추어 순응하게 된다. 또한 뒤늦게 행한다 해
도 천리에 따라 행한다면 길을 벗어나지 않는다. 천시만 어기지 않
는다면 사람은 반드시 그 움직임에 따르게 된다.

　'천시'는 알기 쉽게 말하면 춘하추동의 순환이다. 『주역』은 춘하
추동의 사시를 잘 살펴보고 거기에서 배우고 따라 하라고 되풀이
해서 설명하고 있다. 인생에도 매사 천시, 천리에 따라 해야 할 당
연한 순서가 있다.

　그러나 사람은 욕망이나 개인적인 정으로 인해 매사의 순서나
정리情理를 잃어버리기 쉽다. 뭔가 문제가 생겼을 때나 벽에 부딪
쳤을 때는 겨울에 씨를 뿌리는 것 같은 짓을 하고 있지는 않은지,
여름이 다 지나가려고 하는데 아직 성장하려고도 않는 것은 아닌
지, 당연히 그렇게 해야 할 순서에 따르고 있는지 어떤지를 생각해
볼 일이다.

1+1 하루를 두 배로 사는 인생 독본

신의 힘에서 벗어나 따로 자기의 정신력을 세울 수 있다는 생각은, 노자의 가르침에 의하면 한
갓 공기를 통과시켜 줄 따름인 풀무를 한 개의 기구가 아니라 공기의 원천으로 믿는 것과 같
다고 한다. 인간의 마음이 신에게서 벗어난다는 생각은 풀무 자체가 진공 속에서 바람을 일으
킬 수 있다고 믿는 것과 다름없이 어리석다.

자신을 바로 세우는 일

하늘의 움직임은 강건하니
군자는 이를 본받아 스스로 노력해 마지않는다.

天行健 君子以 自彊不息
천 행 건 군 자 이 자 강 불 식

━━━━ 건위천乾爲天 ━━━━

하늘의 움직임은 강건하여 하루도 멈추지 않는다. 그를 본받아 스스로를 강하게 격려하며 쉬지 않고 노력해 가는 것이 중요하다. 이를 자강불식이라 한다.

자신을 살리는 것은 뭐니 뭐니 해도 자기 자신이고, 그 밖의 누군가가 도와준다고 해도 그것은 하나의 계기에 지나지 않는다. 우선은 자신이 자신을 세우는 일부터 시작해야 한다. 이를 계속해서 버릇처럼 해 나감으로써 매사는 성립되어 가는 것이다.

1+1 하루를 두 배로 사는 인생 독본

어떤 창조를 평가하는 것, 특히 창조를 가장한 어떤 것을 평가할 때 쓰이는 예술이라는 용어만큼 악용되는 말은 없다. 예술이란 어떤 개인이 자신이 겪은 감정을 타인에게 외부적 기호로써 의식적으로 전하고, 한편에선 남들이 여러 가지로 그 감정에 감염되어서 그것을 체험하는 것을 목적으로 하는 인간의 사업이다.

후덕재물

땅의 형세는 곤이니
군자는 후덕으로 만물을 포용한다.

地勢坤 君子以厚德載物
지 세 곤   군 자 이 후 덕 재 물

───── 곤위지坤爲地 ─────

　땅은 형체 있는 모든 것을 한없이 포용하고 있다. 대지의 형세, 태세는 그 층이 무한하게 두텁다. 또한 두터운 덕이란 커다랗고 깊게 수용하는 것, 그리고 가진 바 도량의 넓고 큼을 말한다. 만물을 키워 내는 대지로부터 배움을 얻어, 덕이 두텁고 도량이 큰 사람이 되라는 말이다.

1+1 하루를 두 배로 사는 인생 독본

허영심이 많은 자들은 남으로부터 칭찬받고 싶어 한다. 세상 사람들로부터 칭찬을 받으려면 세상 사람들에게 좋은 평을 받도록 인정을 베풀어야 한다. 그러므로 허영심을 만족시키는 것은 매우 어리석은 일이다. 세속적인 의견만큼 인생을 거짓되게 이끌어 가는 것은 없다.

한없는 수용

안정하여 길함이 땅의 무강함에 따르는 것이다.

安貞之吉 應地无疆
안 정 지 길   응 지 무 강

────── 곤위지坤爲地 ──────

    음양 중의 '음덕'은 대지의 역할에 비유된다. 하늘은 넓고 무한하며 땅에 그 혜택을 베풀어 준다. 대지는 하늘의 무한한 힘을 받아들여 지상에 만물을 낳아 형성하고 육성하고는 그 혜택을 하늘에 되돌려 준다. 그 힘 역시 무한한 것이다. 인간도 이를 본받아 크고 넓게 수용한다면 보다 많은 것을 창출하고 기르는 역량을 키울 수 있다.

1+1 하루를 두 배로 사는 인생 독본

어떤 사람이 악을 행하면, 사람들은 그 악에 대항할 목적으로 벌이라고 하는 또 하나의 죄악을 저지르는 것 외에는 좋은 방법을 모른다. 처벌은 먼저 이해가 아니면 안 되고 거기에서 인류가 자라나지 않으면 안 된다. 타인을 처벌하는 것은 마치 불을 때는 것과도 같아 악으로 복수하려는 불순한 감정에 의하는 일이 많다.

대기만성

하늘의 갈림길을 짊어지니 형통한다.

何天之衢亨
하 천 지 구 형

산천대축山天大畜

'구'는 십자로이다. '하늘의 십자로를 짊어진다'는 것은 사통팔달 뚫려 있고 광대무변한 하늘의 십자로를 그 등에 짊어진다는 말이다. 즉 축적한 것의 완성을 의미하고 종횡무진 큰 역할을 다하는 것을 나타내고 있다. 능력을 종횡무진으로 발휘할 수 있는 것은 커다란 축적을 쌓았기 때문에만 가능한 일이다.

천재는 노력에 의해 끌어낼 수 있다. 큰 그릇은 서서히 만들어진다. 곤란함이나 좌절을 몇 번이고 타 넘어 커다란 힘을 축적함으로써, 본래부터 가지고 있는 무한한 비약의 때를 맞이할 수 있다.

213

1+1 하루를 두 배로 사는 인생 독본

악을 저지를 수 있는 것은 인간 자신뿐이다. 악이란 그저 자기 자신이 행하는 행위 속에만 있는 것으로 생각하는 자가 있다. 그의 외면적인 모든 불행은 그가 경험할 수 있는 평화와 자유라는 행복에 비한다면 아무 것도 아니다.

자신의 길을 지켜 나가다

군자는 서서 방향을 바꾸지 않는다.

君子以立不易方

군 자 이 립 불 역 방

──── 뇌풍항雷風恒 ────

'방'은 이치와 도리를 말한다. 뇌풍항의 괘는 일정한 이치를 관철하면서 한없이 변화 성장해 가는 것을 말하고 있다.

'서서 방향을 바꾸지 않는다' 함은 일단 뜻을 세우면 확고히 자신을 확립하고 동요하는 일 따위는 하지 않는다, 무슨 일이 있어도 자신의 길을 지켜나간다는 것이다. 사람은 싫증이 나면 변화를 추구하게 되나, 본래는 매일 같은 일을 되풀이해 나가는 속에서 변화하고 성장을 이루어 가는 것이다.

214

1+1 하루를 두 배로 사는 인생 독본

전쟁의 무서운 실황과 묘사도 여전히 인간이 전쟁에 참가하는 것을 막지 못한다. 그 이유의 하나는 이렇다. 전쟁의 공포를 생각하면서도 모든 사람들은 그토록 무서운 사실이 존재하며 그것이 허용되고 있는 이상, 아마 무엇인가 두려워해야 할 어떤 원인이 존재하고 있으리라는 기묘하고도 막연한 확신을 갖고 있기 때문이다.

안전한 방책을 취한다

건蹇은 서남방이 이롭고 동북은 이롭지 아니하다.

蹇 利西南 不利東北
건 이서남 불리동북

───── 수산건水山蹇 ─────

수산건의 '건'은 험난함을 만나 발이 얼어붙은 듯 앞으로 나가려 해도 나갈 수 없는 상황을 나타낸다. 험난함으로부터 벗어나기 위해서는 어찌해야 할 것인가?

서남방은 '곤'으로 평지를 의미하고, 이치에 맞고 무리함이 없는 길, 즉 방책防柵을 말한다. 동북방은 '간艮'으로 산을 의미하고, 험하며 위험이 따르는 길을 말한다.

험난할 때는 무리를 하지 말고, 멀리 돌아가는 길이라 생각되더라도 안전한 방책을 취해야 한다고 일러 주고 있다.

215

1+1 하루를 두 배로 사는 인생 독본

나는 말로써 정의를 내리는 방법에 의해서가 아니라 전연 다른 방법에 의해 신과 영이 존재함을 알고 있다. 정의를 내리는 일은 이 인식을 파괴하는 것이다. 내 사상의, 내 이성의 본원은 신이다. 나의 사랑의 본원도 신이다. 나의 형체의 본원도 신이다. 영혼에 대한 이해도 마찬가지다. 진리에 대한 나의 동경은 무형의 나의 본체, 즉 나의 영혼의 힘인 것을 안다.

겸허하면 뜻이 통한다

겸손하면 형통한다.

謙亨
겸 형

───── 지산겸地山謙 ─────

군자의 덕 중에서 가장 높은 덕으로 여겨지는 것이 '겸'으로서 겸허, 겸양, 겸손의 덕이다. 예로부터 겸허함은 미덕으로 여겨져 사회적인 몸가짐이나 예의와 같이 되어 있으나, 겉모양으로만 자기를 낮추는 태도를 꾸미는 것과는 다르다.

품고 있는 뜻이 위대하면 할수록 사람은 겸허해진다. 자만심을 품지 않고 자연스럽게 몸을 낮춘다. 자신의 터진 곳이 눈에 보여 메우려고 하는 마음이 '겸'이다. 겸허함을 지속해 간다면 뜻은 통하게 된다.

1+1 하루를 두 배로 사는 인생 독본

인간 생활의 모든 모순을 해결하고 인간에게 최대의 행복을 가져다주는 감정을 모든 인간은 알고 있다. 이 감정은 사랑이다. 사랑은 죽음을 소멸시키며 죽음을 공허한 환영으로 바꾸어 버린다. 사랑이 적으면 적을수록 인간은 고뇌를 더 많이 받는다.

처음의 뜻을 일관하면 끝이 있다

군자는 유종의 미를 거둘 수 있음이니.

君子有終
군 자 유 종

───── 지산겸地山謙 ─────

'유종'이란 처음 가진 뜻, 즉 초지를 일관하여 일을 성취하고 끝을 마무리하는 것이다.

아직 명성 같은 것을 얻지 못했을 때는 마음으로부터 겸허해질 수 있으나, 성공하여 고위직에 오르게 되면 자신도 알지 못하는 새에 자만심이 드러난다. 그러나 아직 자신은 한참 모자란다고 깨닫고 있으면 최후까지 겸허함을 유지해 갈 수가 있다. 그러한 자세로 일관한다면 유종의 미를 거둘 수 있을 것이다.

1+1 하루를 두 배로 사는 인생 독본

박식이 지식이라고 생각하는 것은 잘못이다. 중요한 것은 지식의 양이 아니라 그 질이다. 소크라테스는 우둔이 총명과 양립하기 어려운 것이라 생각하였으나, 무지를 우둔이라고는 부르지는 않았다. 그러나 자기 자신을 알지 못하는 것, 자기가 모르는 것을 알고 있는 것처럼 상상하는 것이야말로 그는 미치광이 짓이라고 불렀다.

덕을 기르며 몸을 양생한다

군자가 이로써 말을 삼가고 음식을 절제한다.

君子以愼言語 節飮食
군 자 이 신 언 어 절 음 식

────── 산뢰이山雷頤 ──────

　말을 삼가고 덕을 기르며 음식을 절제하여 몸을 양생한다. 말도 음식도 양과 질을 고려하지 않으면 안 된다. 폭언은 인간관계를 손상시키고, 폭음과 폭식은 건강을 해친다. 언어나 음식은 공히 적당하게 삼가고 절제하는 것이 중요하다.

　산뢰이의 괘는 '양養' 즉, 키우는 일에 대해 언급하고 있다. '이頤'는 턱이나 입을 말하며 음식을 안으로 넣고 말을 밖으로 내놓는 장소이다.

1+1 하루를 두 배로 사는 인생 독본

어떤 자들은 아직도 종교의 외면적인 형식을 믿고 있다. 그런 자들은 무신앙의 대담스러운 선언으로 그 자리를 메우려고 한다. 또 섬세한 회의주의로서 혹은 이기주의 원칙을 인식하는 것으로서 그리고 그것을 종교적인 가르침의 형태로 이끌어 들이는 것으로서 무신앙을 보충하려고 애썼다. 이 세계에서는 참된 신앙이 속론에 밀려나고 있다.

음식을 비축하고 잔치를 하다

구름이 하늘로 올라감이 수需이다,
군자는 이로써 먹고 마시며 연宴을 즐긴다.

雲上於天需 君子以飮食宴樂
운 상 어 천 수   군 자 이 음 식 연 락

───── 수천수水天需 ─────

　구름이 하늘에 떠 있으니 얼마 안 있어 기다리던 비가 내린다. 그것을 기다리는 동안은 주식酒食에 빠져 있을 게 아니라 서두르지 말고 즐기면서 유유히 기다릴 일이다. 그러기 위해서 지도자는 항상 수요를 맞춰 놓는 것이 긴요하다.

　불황이나 한발이 덮쳐 왔을 때도 음식을 충분하게 비축해 두면 배를 곯지 않고도 상황의 변화를 기다릴 수가 있다. 수천수의 '수需'는 기다리는 것과 음식의 도리를 말해 주는 괘이다.

1+1 하루를 두 배로 사는 인생 독본

참된 자비는 자기의 노력과 봉사에 의해 약자에게 주는 강자의 자비뿐이다. 자선이 선일 수 있음은 베풀어진 것이 노고의 소산일 때에 한해서다. 속담에도 '마른 손은 물건에 인색하고 땀이 밴 손은 물건을 더럽히지 않는다'는 말이 있다.

어리석음을 일깨우는 때

내가 동몽童蒙을 찾는 것이 아니라 동몽이 나를 찾는 것이다.

匪我求童蒙 童蒙求我
비 아 구 동 몽 동 몽 구 아

──── 산수몽山水蒙 ────

'산수몽'은 계몽, 교육의 기본자세를 말해 주는 괘이다.

'아'라 함은 가르치는 쪽 스승의 입장이다.

'동몽'은 어리고 몽매한 자, 배우는 쪽에 해당한다.

계몽은 스승 쪽에서 '가르쳐 줄 테니 배워라' 하는 것이 아니고 배우는 쪽에서 '알고 싶다, 배우고 싶다'고 가르침을 구하는 데서부터 시작한다. 지적인 욕구가 없다면 아무리 가르쳐도 받아들이지 않으나, 지식에 목말라 있을 때는 열심히 많은 것을 받아들인다.

배우는 쪽에서 오직 한마음으로 바라는 데 따라 스승도 한마음으로 응함으로써, 그 교육 내용이 더 깊어지고 상승효과가 일어 한층 충실해져 간다. 배우고 싶다, 알고 싶다고 바랄 때에 어리석음은 비로소 깨우쳐지는 것이다.

220

1+1 하루를 두 배로 사는 인생 독본

서로 사랑하여야 함에도 나를 미워하고 괴롭히는 동족들로 인해 고통을 겪고 생명을 잃는다면 이 얼마나 몸서리쳐지는 일인가! 그것은 마치 자살을 강요당하는 것과도 같다. 그와 같은 괴로움은 도저히 견디어 낼 수 없다. 그럴 바에는 차라리 죽는 것이 나으리라.

한걸음에 달려 나가는 것은 위험하다

비조飛鳥는 흉함이다.

飛鳥以凶
비 조 이 흉

───── 뇌산소과雷山小過 ─────

이 '비조'는 아직 실력이나 경험이 일천한 자가 연고를 이용하여 한발 앞서 달려가 입신하려는 것을 비유한 말이다. 재능을 조금 인정받은 것만으로 단숨에 높은 곳까지 가려고 하면 착각이 일어나게 된다. 그리고 욕심에 휘말려 때를 거스르고 주제를 잃어버리면 흉한 결과가 된다.

조금 지나친 때를 일컫는 뇌산소과의 괘에서는 자신의 역량이나 주제, 때를 크게 벗어나면 화가 되는 것이라고 가르쳐 주고 있다.

1+1 하루를 두 배로 사는 인생 독본

종교의 교의 속에 있는 신의 계율을 실천하는 일은 아주 쉬운 것같이 생각된다. 그러나 우리들은 실천은 아직 그 실천에서 먼 곳에 있다.

분수에 맞지 않는 것이 초래하는 재난

등에 잔뜩 짊어지고 마차를 타니 도적이 찾아들게 된다.

負且乘 致寇至
부 차 승 치 구 지

뇌수해雷水解

짐을 짊어지고 마차에 타면 강도를 만난다는 이 문장은 실력이 없는 자가 분수에 맞지 않게 높은 신분에 취임한 것에 비유되는 말이다. 분수에 맞지 않기 때문에, 세상 사람들로부터 이상하게 보이게 되고 급기야는 그 자리를 빼앗기게 된다. 분에 넘치는 지위에 있음은 스스로 재난을 초래하는 것과 같다는 가르침을 주고 있다.

1+1 하루를 두 배로 사는 인생 독본

신의 나라는 신의 계율이 인류에 의해 지켜지는 정도에 따라서 사람들 사이에 실재하는 것이다. 신의 나라는 그대의 마음속에 있다. 신의 나라를 자신의 내부에서 구하라. 그때 그 외의 모든 것이 뜻대로 되리라.

작은 것을 쌓아 나간다

군자가 덕으로써 작은 것을 쌓아 나가면 큰 것을 이룬다.

君子以順德 積小以高大
군 자 이 순 덕   적 소 이 고 대

───── 지풍승地風升 ─────

지풍승은 승진하는 때를 나타내는 괘이다. '승升'이란 작은 싹이 자라나 큰 나무로 성장하는 것을 의미한다.

승진하기 위해서는 덕을 쌓고, 사소하게 보일지라도 작은 일을 시시각각 쉬지 않고 쌓아 나가야 한다. 그리하면 어느새 크고 높다랗게 성장하는 것이다.

1+1 하루를 두 배로 사는 인생 독본

나의 육체는 고통과 죽음에 예속되어 있다. 아무리 애를 써도 육체적 고통과 죽음에서 벗어날 도리는 없다. 그러나 나의 정신은 고통에도 죽음에도 속하지 않는다. 정신적 '자아' 속에 자신의 의식을 옮겨 넣는 것, 자기의 의지를 신의 뜻과 융합시키는 이 한 가지 일을 함으로써 고통과 죽음으로부터 자신을 해방시킬 수 있다.

고난을 즐기다

험난한 때를 잘 씀으로써 크게 이루다.

險之時用 大矣哉
험 지 시 용   대 의 재

───── 감위수坎爲水 ─────

감위수의 '감坎'과 '수水'는 험난, 고난을 나타낸다. 처절한 험난함이 겹쳐지는 시기이다. 험난한 시간은 쓰기 어려우나, 굳이 그 어려운 시간을 쓰고 견디면서 배우는 것을 '시용'이라고 한다. 이것은 인생을 살아감에 있어 절대적인 효용이 있다고 가르치고 있다.

공자는 『논어』에서 〈지혜로운 자는 물水(고난)을 즐긴다〉고 말하고 있다. '고난을 즐긴다'는 것은 지독한 고통의 와중에는 생각할 수 없는 일이나, 거기서 도망치지 않고 극복한 뒤에 뒤돌아보면 그 고난의 때는 위대한 시기였다고까지 생각할 수 있게 된다고 『주역』은 말해 주고 있다.

1+1 하루를 두 배로 사는 인생 독본

쓸데없는 사설만큼 게으름을 찬란하게 꾸미는 것은 없다. 사람들은 잠자코 있을 수가 없는 법이다. 게으름 때문에 생기는 답답증을 풀기 위해 아무 소용없는 말이라도 지껄이지 않고서는 견디지 못하는 것이다.

질풍신뢰와 같이 배우라

바람과 우레는 유익하다. 군자가 이로써 선善을 보면
바로 옮기고 허물이 있으면 곧바로 잡는다.

風雷益 君子以 見善則遷 有過則改
풍 뢰 익 군 자 이 견 선 즉 천 유 과 즉 개

———— 풍뢰익風雷益 ————

질풍신뢰疾風迅雷는 세차게 부는 바람과 울려 퍼지는 우레라는
말로 행동이 날쌔고 과격하거나 사태가 급변함을 뜻한다. 이를 본
받아 다른 이의 좋은 점을 보면 바람과 같이 재빨리 옮겨 가 배우
고, 자신에게 과오가 있다면 우레와 같이 개선을 결행하라는 가르
침을 주고 있다. 그것은 자신만의 이익에 그치지 않고 타인에게도
이익을 가져다주게 된다.

1+1 하루를 두 배로 사는 인생 독본

인간의 이성을 무시하고 폭압 이외의 수단으로는 사람들을 지도할 수 없다고 생각하는 자는,
말에게 눈가림을 하고 순순히 걷게 하려는 어리석은 마부와 같다. 만일 폭압에 의해서만 사람
들이 움직인다고 하면 인간의 이성은 그 무엇을 위한 것이란 말인가.

솥의 경중을 따질 일이 없다

겸손함으로써 이목이 총명해진다.

巽而 耳目聰明
손 이 이 목 총 명

—— 화풍정火風鼎 ——

화풍정의 '정鼎'은 하늘에 바치는 공물을 삶는 큰 솥이다. 이는 중요한 제기祭器로서 고대 중국에서는 국위를 상징하는 것이었다. 여기에서 통치자의 실력이나 국가 권위를 의심하는 것을 '정의 경중을 따진다'고 말하게 되었다.

정은 왕이 연회를 열어 현인을 대접할 때에도 쓰였으며 현인들이 많이 모이면 정도 무겁고 큰 것이 사용되었다.

'손'은 순종, 겸허를 뜻한다. 지도자가 겸허하게 현인의 의견에 귀를 기울이고 '이목이 총명'하면 나라의 권위가 유지되어 '정'의 경중을 따지는 것 같은 일은 없다. '이목총명'은 기억력이 좋음을 뜻한다.

1+1 하루를 두 배로 사는 인생 독본

모든 존재하는 것은 서로 긴밀하게 연결되어 있다. 고립되어 있는 자에게 행복이 있다고 생각하지 말라. 그러나 고립되어 있는 자의 악은 온 세계의 악이 될 수 없고, 그대에게 아무런 영향을 주지 않는다고도 생각하지 말라.

지도자와 조직

양괘에는 음陰이 많으며 음괘에는 양陽이 많다.

陽卦多陰 陰卦多陽
양 괘 다 음　음 괘 다 양

──── 계사하전繫辭下傳 ────

　뛰어난 능력이나 기술을 가진 한 사람의 지도자(양)에게는 그 힘을 의지하고 따르는 사람들(음)이 모여든다. 또한 사람을 키우는 포용력이 있는 지도자(음)에게는 뛰어난 능력을 가진 사람들(양)이 모여든다. 모든 조직, 집단은 소수의 사람이 중심 세력이 되어 다수의 사람들을 지도함으로써 조직이 성립되고 균형이 유지된다. 그러나 지도자가 많아질 때는 다툼이 일어난다.

1+1 하루를 두 배로 사는 인생 독본

민중이 요구하는 것은 단순하다. 민중은 행동으로 통하는 사상과 생명이 넘치는 인류의 참된 현실을 요구한다. 소박하고 무지하며 교양이 없다고 불리우는 사람들이 역사적 사명을 더욱 명확하게 인식하고 수행해 나가는 반면, 교양 있다고 하는 자들이 사욕을 저버리지 못하고 비겁하게 주저하고 마는 일이 흔히 있다.

길을 알지 못한다

인자는 이를 보고 인仁이라 하고 지자는 이를 보고 지知라고 하며,
백성은 매일 쓰면서도 이를 알지 못한다. 따라서 군자의 길은 많지 않다.

仁者見之謂之仁 知者見之謂之知 百姓日用以不知 故君子道鮮矣
인 자 견 지 위 지 인　지 자 견 지 위 지 지　백 성 일 용 이 부 지　고 군 자 도 선 의

───── 계사상전繫辭上傳 ─────

'이것'이란 일음일양의 길이다. 일음일양이 만드는 길은 중용이
다. 인자는 그것을 인애의 길이라 하고 지자는 지혜의 길이라고 한
다. 뛰어난 식자일지라도 자칫하면 자신의 시각 한쪽으로 편향되
어 버린다.

또한 일반 대중은 일상적으로 무의식중에 음양의 이치를 사용하
며 살고 있으나, 그것이 무엇인지를 알지 못한다. 그런 까닭에 길
전체를 명확하게 파악하여 사용하는 사람은 많지 않다.

1+1 하루를 두 배로 사는 인생 독본

근로가 인생의 목적은 아니다. 그러나 도덕적 생활을 하는 데는 불가결한 조건이다. 일을 함에
있어 무익하게 싫증 내고 짜증 내며 남을 방해하지 말라. 이로써 자기에게 주의를 끌려고 하는
태도는 다른 사람의 일을 방해하며 태만보다도 훨씬 나쁘다. 참된 근로는 조용하고 일관된 모
습으로 수행하여 눈에 띄지 않는다.

손해를 보아 이득을 얻다

손損은 아래를 손상하여 위의 이익이 되게 하는 것으로
그 도道가 위로 행함이다.

損 損下益上 其道上行
손 손 하 익 상 기 도 상 행

───── 산택손山澤損 ─────

　산택손의 '손損'은 손해를 보다, 줄어든다는 의미이다. 무엇을 위해 손해를 보는가 하면 '그 도道가 위로 행하는', 즉 스스로의 발전을 위해서이다. 이 손해는 자신의 앞길에 투자하는 것이라고 생각하면 된다.

　예를 들어 자격을 취득하기 위해 학비를 내고 공부를 한다거나 혹은 출자를 많이 하더라도 일을 훌륭히 마무리하여 거래처에 이익을 가져다주고 언젠가는 그에 상응하는 이익을 얻기 위해 노력하는 것을 들 수 있다. 언젠가 상승을 하기 위해 미리 보는 '손해'이다.

1+1 하루를 두 배로 사는 인생 독본

사랑은 신의 본질이 나타난 것이다. 사랑에는 시간이 없다. 그러므로 사랑은 오직 현재, 지금 이 순간에만 나타나는 것이다. 어떤 사람이 만일 장래에 더 큰 사랑을 하겠다는 이유로 현재의 작은 사랑의 요구를 들어주지 않는다면 그는 자기와 타인을 속이는 셈이다. 미래의 사랑이란 있을 수 없다.

이익을 환원한다

익益은 위를 덜어서 아래를 살찌우며 백성을 기쁘게 함에 끝이 없다.

益 損上益下 民說無疆
익 손상익하 민열무강

풍뢰익風雷益

풍뢰익의 괘는 산택손山澤損의 괘와 '손익' 면에서 한 쌍으로서 경제적 기본이라고도 할 만한 순환의 법칙을 배울 수가 있다. 산택손의 괘는 백성이 질박 검약하며 노력하여 국익을 초래한다. 이에 대해 풍뢰익의 괘는 국가가 백성을 도와 잘살게 하려고 한다. 백성은 기뻐하고 그 결과 나라도 백성도 모두 끝임 없이 이익을 낳는다.

'손해를 잘만 보면 곧바로 이익이 된다'는 말이 있는데, 이익을 환원하지 않는 국가나 회사 조직은 언젠가는 무너지게 되어 있다.

1+1 하루를 두 배로 사는 인생 독본

러시아 말로 벌준다는 말은 가르친다는 뜻이다. 가르친다는 것은 오직 모범을 보여 줌으로만이 할 수 있는 일이다. 설령 어떤 인간에게 남을 처벌할 권리가 주어진다 하더라도 그 권리를 받을 만한 인격자가 누구일까? 자기의 죄를 깨닫지도 않고 또 알지 못하는 자는 타락한 자들뿐이다.

모순론의 실천

천지는 서로 반하나 그 하는 일은 같으며,
남녀는 서로 반하나 그 뜻은 통하는 것이다.

天地睽 而其事同也 男女睽 而其志通也
천 지 규 이 기 사 동 아 남 녀 규 이 기 지 통 야

────────| 화택규火澤睽 |────────

하늘과 땅의 성질은 완전히 다르면서도 그 작용은 만물을 생기게 하고 기른다는 점에서 같다. 남자와 여자도 상반되기 때문에 서로 찾고 통하는 것이다.

여기에는 만물은 서로 반反함으로써 통일되고 진보되어 간다는 중국적 변증법, 즉 모순론의 실천이 기술되어 있다. 화택규의 '규睽'는 등지다, 반목하다, 의심하다, 같은 방향성을 갖지 않는다는 뜻이다.

231

1+1 하루를 두 배로 사는 인생 독본

노력은 도덕적 완성을 얻기 위해서 불가결한 조건이다. 선으로 향하는 길에 놓인 장해는 정신력으로 극복할 수 있다. 장해를 넘어갈 때 우리에겐 새로운 힘이 솟는다.

폐색의 시대는 인재에 의한다

비否는 사람의 도리가 거부된 것이라
군자의 바름도 이롭지 아니하며,
큰 것이 가고 적은 것이 오는 것은
곧 천지가 교감하지 않아 만물이 통하지 않음이라.

否之匪人 不利君子貞 大往小來 則是天地不交而萬物不通也
부 지 비 인   불 리 군 자 정   대 왕 소 래   즉 시 천 지 불 교 이 만 물 불 통 야

───── 천지비天地否 ─────

천지비의 괘는 폐색의 시대를 나타낸다. 음양이 소통하지 않고 사람들은 서로 등지며 아무것도 만들려 하지 않기 때문에 나라도 가정도 다 붕괴된다. 실로 암흑의 시대이다.

'비否'는 제사 의식 때 신에게 바치는 축문을 넣는 용기를 뜻하는 '입 구口' 자에 '아니 부不' 자를 더한 것으로, 덮개를 씌워 하늘과의 교류를 단절한다는 뜻의 글자이다. 하늘과의 교류를 단절하는 것은 사람으로서 할 일이 아니다. 천지비의 시대는 인재人災에 의해 초래되는 것이다.

1+1 하루를 두 배로 사는 인생 독본

어느 날 샴마이에게 한 사람이 찾아와서 말했다. "저는 참된 신앙을 바랍니다. 내가 한쪽 발로 서서 한 바퀴를 돌 동안에 당신이 모든 법칙을 가르쳐 주셔야 합니다." 그 말에 샴마이는 버럭 화를 내며 그를 쫓아 버렸다. 그러자 그 사람은 힐렐에게 가서 똑같이 물었다. 힐렐의 답변은 이러했다. "자기가 원하는 일을 남에게도 하라."

부패를 바로잡는 원대한 계획

갑에 앞서서 3일, 갑에 뒤져서 3일.

先甲三日 後甲三日
선 갑 삼 일 후 갑 삼 일

―――― 산풍고山風蠱 ――――

산풍고의 '고蠱'는 접시 위에 벌레가 들끓는 형상으로 조직의 부패와 괴란을 의미한다. 산풍고는 그를 바로잡는 방법을 말해 주는 괘이다.

'갑'은 부패를 일소하는 때이다. 3일로 되어 있으나 3일로 한정한 것은 아니다. 부패를 개선하는 데는 우선 원인을 찾고 숙고하여 준비하고 나서 결행한 후의 장래까지 내다보고, 수습할 때까지의 수순을 꼼꼼히 밟아 나가야 한다. 부패는 일조일석에 생긴 것이 아니다. 그것을 바로잡는 데는 원대한 계획이 필요하다.

1+1 하루를 두 배로 사는 인생 독본

인간이 자기가 겪은 고뇌와 자기의 생활에서 연관성을 찾아 내지 못할 때는 두 가지 방법 중에서 하나를 택할 수 있다. 아무런 의미도 없는 고통을 계속적으로 가질 것인가, 그렇지 않으면 고뇌가 생기게 된 자신의 과실과 행위는 자신의 죄이며 그 죄로부터 자신과 남들을 구하는 수단을 찾아야 함을 인정할 것인가이다.

큰 열매는 먹히지 않는다

큰 열매는 먹히지 않는다.

碩果不食
석 과 불 식

───── 산지박山地剝 ─────

　'석과'는 크게 맺힌 과실을 말한다. 산지박의 괘는 소인이 횡행하고 군자가 실각하게 되는 도에 어긋난 시대를 나타내는데, 그러한 혼란의 와중에 있더라도 커다란 과실은 다 먹어 치워지지 않고 남아 있다. 한 번 땅에 떨어졌으나 그로 인해 다시 싹이 돋고 크게 자라나기 때문이다.

　이 과실은 걸물이나 축재 등으로 생각해 봐도 좋을 것이다. 그렇게 뛰어난 사람이나 커다란 원동력이 남아만 있다면, 문란해질 만큼 문란해진 후의 세상은 다시 태평 시대를 향해 갈 것임을 나타내 보이고 있다.

1+1 하루를 두 배로 사는 인생 독본

모든 시련이 자취를 감춰 버린다면 인생은 참으로 을씨년스럽기 짝이 없을 것이다. 누구든 시련을 겪지 않고는 참다운 인간이 되지 못한다. 이 시련이야말로 자신의 존재를 스스로 깨닫게 하고 스스로를 규정하는 까닭에 대체로 사람의 운명은 그때에 결정된다. 시련을 겪기 전에는 누구나 어린아이의 상태에 머물러 있는 것이다.

싸움에서 이기는 법

만방萬邦을 감싸 안는다.

懷萬邦也
회 만 방 야

────[지수사地水師]────

전쟁에서 승리하는 방법을 설명하는 말이다. 전쟁을 할 때는 싸웠던 나라들을 싸안아 자기편으로 만들어 가며 승리하는 방법을 취해야 한다. 이긴 상대를 죽여 버려서는 전후의 번영을 기대할 수 없다.

이는 현대사회에서도 적용된다. 경제 전쟁에 있어 상대를 쳐부수는 것이 아니고 상대를 살리고 감싸 안아 이기는 방법을 생각해야 한다. 그를 위해서는 쟁취한 이익을 환원하여 사람들의 찬동을 얻는 노력을 해야 할 것이다. 이익을 독점하려고만 한다면 그 이상의 성장은 바랄 수 없다.

235

1+1 하루를 두 배로 사는 인생 독본

지식은 목적이 아니라 수단이다. 목적은 반드시 달성되기 위해 세워지는 것이 아니라 표준점의 구실을 하기 위해 세워진다. 목적을 갖고 있지 않은 사람은 곧 영락하며 지식을 얻고서도 그것을 이용하지 않는 자는 씨를 뿌리고도 거두어들이지 않는 자와 비슷하다.

바르고 의롭고 크다

올곧고 방정하며 큼이라. 배우지 않아도 이롭지 않을 것이 없다.

直方大 不習无不利
직 방 대 불 습 무 불 리

───── 곤위지坤爲地 ─────

'직'은 솔직, 실하고 곧음, 곧바르게 나아가는 것이다.

'방'은 정방형의 의미로 올바른 방향 또는 동서남북 사방팔방으로 퍼져 나가는 모양이다.

'대'는 두루 성대한 것을 말한다.

따라서 '직방대'는 하늘의 뜻에 따라 만물을 수용하여 두루 육성하는 '땅'의 덕이다.

배운 것을 사사로운 정이나 구실로 왜곡하지 않고 있는 그대로 받아들여 실천할 수 있는 사람은, 지혜의 한 방울을 받아들인 것만으로 배움 없이도 그 지식을 광대하게 펼쳐 나갈 수 있다는 말이다.

1+1 하루를 두 배로 사는 인생 독본

완성에는 언제나 뉘우침이 선행하여야 한다. 자신의 과실을 인식하지 못함은 그 과오를 더욱 크게 함을 의미한다.

군자는 서로를 윤택하게 한다

두 개 겹쳐 있는 못은 태兌이니,
군자는 이것으로 붕우와 함께 강습한다.

麗澤兌 君子以朋友講習
여 택 태 군 자 이 붕 우 강 습

━━━━ 태위택兌爲澤 ━━━━

태위택의 괘는 두 개의 못이 겹쳐 있는 형상을 갖는 것이다. '려麗'는 붙다, 늘어선다는 뜻이다. 2개의 못이 지하 수맥으로 통하여 서로를 윤택하게 하여 결코 마르는 일이 없다.

이와 같이 군자는 마음이 통하는 친구와 함께 절차탁마하여 '강講' 즉, 몰랐던 것을 배워서 알고 '습習' 즉, 이미 알고 있는 것을 반복하여 몸에 익혀 간다. 학교 관계 단체나 기숙사에 '여택'이라는 이름이 많은 것은 여기서 유래된 것이다.

237

1+1 하루를 두 배로 사는 인생 독본

인간이 자신의 이성을 '세계는 왜 존재하며 나는 왜 살고 있는가?'라는 문제를 해결하는 일에 쓴다면 현기증을 느끼고 구역질을 일으키게 된다. 인간의 이성은 그저 '어떻게 살아야 할 것인가?'라는 문제만을 해결하며, 그 해결은 '왜? 무엇 때문에?'라고 하는 의문을 물리치는 것이다.

시時의 3요소

『주역』에서 말하는 '시'는 시간만이 아니라 공간까지를 포함하는 말이다.

- 시(時) 시간
- 처(處) 장소, 환경, 상황
- 위(位) 입장, 사회적 지위

위와 같은 삼위일체의 시時를 나타내고 있다.

바꿔 말하면 시는 '하늘'이고 처는 '땅'이며 위는 '인간'에 해당한다. 따라서 매사에 대처함에 있어서 지금이라는 때, 환경, 입장에 따라 어찌해야 할 것인가를 생각해서 행하여야 한다.

1+1 하루를 두 배로 사는 인생 독본

잠이 오지 않는 자에게는 밤이 길다. 지친 자에게는 한 걸음의 길도 멀다. 무지한 자에게는 인생이 길다.

통찰력을 기르다

통찰력이란 매사의 이면에 있는 본안을 간파해 내는 것이다. 또한 바깥으로 나타나지 않는 사람의 마음, 내면의 움직임을 읽는 것도 통찰이다. 통찰력을 말하는 풍지관風地觀의 괘에는 통찰에 이르는 단계가 다음과 같이 기술되어 있다.

❶ 동관童觀 어린아이의 눈. 무엇이 일어나는가 하는 현상만을 본다.

❷ 규관窺觀 엿보는 것. 다른 이의 견해를 듣고 매사를 살펴서 안다. 세상을 널리 보는 것이 아니고 작은 시야로 매사를 보게 된다.

❸ 관아생진퇴觀我生進退 주관적으로 본다. 자신을 되돌아보고 나아갈 곳과 진퇴를 판단하나, 아직 객관적으로 보는 데까지는 이르지 못한다.

❹ 관국지광觀國之光 나라의 빛을 본다. 매사를 객관화할 수 있는 단계로 백성의 사소한 표정이나 몸짓을 보고 그 나라의 지도자가 취해야 할 본연의 모습, 나라 전체의 정세를 살핀다. 겉으로는 파악할 수 없는 사물의 질을 보는 단계이다.

❺ 관아생관민觀我生觀民 나를 보고 백성을 본다. 일어나고 있는 사안을 거울처럼 비춰 보고, 매사 모두를 올바르게 이끌기 위해서는 무엇을 해야 할지를 안다.

결국, 깊은 통찰력을 갖기 위해서는 우선 전체를 폭넓고 객관적으로 보는 대국관을 키우지 않으면 안 된다.

1+1 하루를 두 배로 사는 인생 독본

사랑은 사랑을 실천하는 자에게 정신적이며 내면적인 기쁨을 줄 뿐 아니라 우리의 생활을 기쁨으로 채우기 위한 중요한 조건이다. 남에게 사랑을 받고자 힘쓰지 말라. 다만 사랑하라. 그러면 진정한 사랑을 얻고 우리는 다른 사람을 더욱 깊이 사랑하게 되리라. 그러므로 사랑은 무한한 것이다.

8

팔월

잠룡은 아직

쉽게 쓸 때가

아니다

생생한 발전의 6단계

때를 만나 여섯 마리 용을 타고 올라 하늘을 다스린다.

時乘六龍 以御天
시 승 육 룡 이 어 천

건위천乾爲天

용은 구름을 부르고 비를 내리게 한다고 일컬어진다. 그로부터 용은 '천天'과 '음陽'을 상징하는 생물이라고 여겨지게 되었다.『주역』64괘 중 건위천의 괘에는 이 용에 견주어, 뜻의 달성에까지 이르는 변화의 과정을 6단계로 기술하고 있다.

❶ 잠룡潛龍 높은 뜻을 갖고 그를 실현하기 위한 힘을 비축하는 단계
❷ 현룡見龍 기본을 수양하는 단계
❸ 군자종일건건君子終日乾乾 창의를 익혀 독자성을 창출하려는 단계
❹ 약룡躍龍 독자의 세계를 창출하기에 앞서 시험하는 단계
❺ 비룡飛龍 하나의 뜻을 달성하여 극히 융성하는 단계
❻ 항룡亢龍 하나를 끝까지 이루어 내고 쇠퇴해 가는 단계

이 6단계를 '육룡'이라고 한다. 이 과정은 아침 점심 저녁, 춘하추동의 변화 과정과 같으며 대원을 성취하는 하늘의 궤도이기도 하다. 그때그때마다의 작용이 있고 그 힘을 잘 씀으로써 커다란 일을 성취해 가는 것이다.

1+1 하루를 두 배로 사는 인생 독본

우리들은 도덕적으로나 생리적으로 인간의 본성에 어긋나는 생활을 하면서 자유를 원하고 있다. 자유는 그것을 찾아다닌다고 해서 얻어지지 않는다. 자유는 진리를 구하는 일에서 얻어지는 것이다. 자유는 목적이 아니고 결과이다.

높은 뜻을 갖고 힘을 비축하다
(제1단계 잠룡의 시기)

잠룡은 아직 쉽게 쓸 때가 아니다.

潛龍勿用
잠 룡 물 용

───── 건위천乾爲天 ─────

잠룡이란 못 속에 잠겨 있는 용이다. 재능을 감추고 아직 세상에 나타나지 않아 능력을 인정받지 못한 시대의 군자를 비유한 말이다.

'잠룡은 쉽게 쓰지 말라' 함은 아무리 재능이 있다고 해도 이 단계에 있는 사람을 중용해서는 안 된다는 가르침이다. 무엇이든 서둘러 조기 성취를 바라면 반드시 실패하고 만다.

또한 자신이 잠룡의 단계에 있다면 오로지 힘을 비축해야 할 때라고 자각하는 것이 중요하고, 그 힘을 외부에 과시하려고 해서는 안 된다는 것이다. 무언가를 이루기 위해서는 참고 기다리는 자복雌伏의 시기를 거쳐야만 한다.

1+1 하루를 두 배로 사는 인생 독본

인간이 영적 존재이며 육체는 그저 영적 영혼을 가두어 놓은 외피에 지나지 않는다면 죽음은 하나의 변화에 지나지 않는다. 최후의 날은 우리에게 파멸이 아니라 그저 변화를 가져올 뿐이다. 죽음이란 정신을 그 정신이 놓여 있던 육체적 상태로부터 해방하는 것이다.

든든하고 굳세어 흔들지 못한다

뜻이 확고하여 뽑을 수 없는 것이 잠룡이다.

確乎其不可拔 潛龍也
확 호 기 불 가 발 잠 룡 아

───── 문언전文言傳 ─────

불우한 잠룡의 시기야말로 확고하게 뜻을 품고 아무리 괴로워도 움직이지 않는다.

뜻이란 것은 자칫하면 좌절감을 맛보고 위축되거나 잃어버리게 되고 만다. 또한 역으로, 지위를 얻게 되면 변용되고 변질되어 가는 것이다. 그러나 아무리 가는 길이 험할지라도 뜻을 변치 않는 것이 중요하다. 모든 일은 뜻에서 비롯된다는 것을 명심해야 한다.

1+1 하루를 두 배로 사는 인생 독본

우리들은 자신의 행위, 선이나 악의 대가를 시간 속에서 찾고 있다. 선과 악은 정신적 영역에 있어서 이루어지는 것이며 그 영역은 시간이라는 것 바깥에 있다. 그리고 이 영역에서 그 보답의 뚜렷한 흔적을 못 찾는다 해도, 우리들은 자신의 양심 속에 그 보답을 의식하고 있으며 그 대가 잊는다 해도 그 선행은 사라지지 않는다.

뛰어난 덕을 품고 조용히 수행하다

용덕龍德을 가지고 은둔해 있는 자이니 세상에 따라 변하지 않고
명성을 이루려 하지 않아, 세상을 떠나 은둔하되 근심하지 아니하며
인정을 받지 못해도 번민하지 않는다.

龍德而隱者也 不易乎世 不成乎名 遯世无悶 不見是而无悶
용 덕 이 은 자 야 불 역 호 세 불 성 호 명 둔 세 무 민 불 견 시 이 무 민

───── 문언전文言傳 ─────

　잠룡은 세상에서 숨어든 듯이 수양을 쌓는다. 세상의 흐름이 바
뀌어도 뜻을 바꾸지 아니하고 명성을 얻으려고도 하지 않는다. 또
한 인정을 받지 못해도 근심하지 않는다.

　무리해서 세상 밖으로 나오려고 하지 않고 다가올 때를 대비하
여 오로지 수양에 전념하며, 동요하지 않는 뜻을 품고 실력을 비축
하는 기간이 인간에게는 필요한 것이다.

1+1 하루를 두 배로 사는 인생 독본

많은 사람들이 생활로부터 개성적인 것을 빼내고 개성적인 것에 대한 사랑을 빼낸다면 남는
것이 아무것도 없다고 생각하는 경우가 많다. 그러나 그것은 자기 부정의 기쁨을 경험하지 못
한 사람들에게게만 그렇게 생각되는 것이다. 자기 부정은 '자아'를 동물적인 영역에서 정신적인
것으로 옮기는 것을 말한다.

기초를 배운다
(제2단계 현룡의 시기)

나타난 용이 밭에 있다.

見龍在田
현 룡 재 전

건위천乾爲天

'현룡'이란 땅속에 숨어들어서 뜻을 키워 온 잠룡이 지상의 논에 나타나는 단계이다. '현룡'은 보고 배우는 용, 즉 견습하는 용이다. 무엇을 배우는가 하면 '밭의 경작'을 배운다. 춘하추동 그때그때 무엇을 할 것인가 하는 매사의 기초를 스승으로부터 배우는 것이다.

기초를 배우는 때는 모범을 보고 따라 하는 것이 가장 중요하다. 철저하게 스승을 따라 함으로써 확고한 기초를 몸에 익히지 않으면 안 된다.

247

1+1 하루를 두 배로 사는 인생 독본

우리는 주변 사람들을 끊임없이 의식하고 그들의 표준에 기울어지기 쉽다. 우리들의 성질이나 생활이 별 대수롭지 못한 것은 여기에 원인이 있다.

위험은 우리를 타락시키는 타인에게 있는 것이 아니다. 다른 사람들의 언동을 추종하며 정작 자신으로부터 멀어지는 것만큼 무서운 일은 없다.

독자성을 창출한다
(제3단계 창의성을 익히는 시기)

군자는 종일 굳건하다.

君子終日乾乾
군 자 종 일 건 건

─── 건위천乾爲天 ───

'군자는 종일 굳건하다' 함은 아침부터 저녁까지 하루 종일 게을리하지 않으며 적극적이고 과감하고 전향적으로 매사를 추진해 가는 것이다. 그로 인해 독자적인 기능이나 기술, 창의적인 생각을 만들어 낼 수 있는 것이라고 가르쳐 주고 있다.

'건건'은 건이라는 양의 기운이 두 번 겹쳐 있는 점에서 보듯, 반복하여 노력하고 전심전력으로 일에 매달리는 것을 나타내 보이고 있다.

248

1+1 하루를 두 배로 사는 인생 독본

한 개인으로서나 집단으로서나 이지는 생활의 유일한 안내자이다. 삶에 있어서 이성은 앞길을 멀리 비춰 주는 등잔과 같다. 등잔을 들고 걸어가는 사람은 결코 비치고 있는 장소의 끝까지 갈 수 없다. 비치고 있는 장소는 항상 그의 앞에 있기 때문이다. 인생에서의 이성은 그와 같은 등잔이다.

계속하는 것은 힘이 된다

하루 종일 굳건하다 함은 도道를 반복하는 것이다.

終日乾乾 反復道也
종 일 건 건 반 복 도 야

—— **건위천乾爲天** ——

'계속하는 것은 힘이 된다.' 진정한 힘을 얻기 위해서는 같은 일을 계속 반복해 나가는 것이 필요하다. '종일건건'이란 매일 매진하여 보람을 느끼면서 충실감을 갖고 실천해 감을 말한다. 매일 계속하여 반복함으로써 모든 현안을 해결해 내는 길이 크게 열리게된다.

1+1 하루를 두 배로 사는 인생 독본

인간은 자유로울 수 있으며 또 자유로워야 한다. 인간은 동물적인 생활을 하고 자신을 그 속박 아래에 두면 둘수록 자유롭지 못하다. 만일 그대가 스스로 자유롭지 못함을 느끼거든 원인은 그대 자신 속에서 찾으라.

홀로 있을 때도 도리에 맞게 삼간다

저녁까지 두려워하고 근심하면 비록 위태하기는 하나 허물은 없다.

夕惕若厲 无咎
석 척 약 려   무 구

───── 건위천乾爲天 ─────

　낮 동안은 오로지 전향적으로 일을 추진하나, 밤에 홀로 되었을 때는 두려워하고 근심하며 하루를 되돌아본다. 그렇게 하면 홀로 남은 듯이 위태로운 때일지라도 저지른 과실로 인해 비난받을 일은 없다.

　하나의 길을 추구하기 위해서는 자신의 위태로움에서 배우고 반성하는 것이 필요하다. 매사의 기초를 몸에 익혀 어느 정도 가능하게 되면 그만 마음이 풀어져 사소한 실수를 저지르게끔 된다. 이것을 그대로 방치하면 자칫 중대한 사건으로 이어지기 쉽다.

　실패에서 배우라는 말이 있듯이, 밤에 홀로 되었을 때 30분이라도 좋으니 세심한 주의를 기울여 그날 자신의 행동을 돌이켜 보라. 반복해서 반성하고 고쳐야 할 것이 있다면 다음 날 바로 실천한다. 이러한 반성이 인간을 성장시키고 그 사람의 기술이나 재질을 가일층 연마하게 하는 것이 된다.

　'척'이란 두려워 황송해하며 혼자서 도리에 맞게 삼가는 것 즉, 신독愼獨으로 자신을 객관화하는 기술이기도 하다.

1+1 하루를 두 배로 사는 인생 독본

많은 사람들로부터 위대한 작가로 인정받는 작가가 쓴 글 중에도 참된 진리를 왜곡하고 있는 경우가 많다. 그들의 말이 참된 진리를 아는 데 방해가 된다. 신성시되는 책 속에 씌어져 있기 때문에 그 모두가 진리라고 생각하는 것은 책에 대한 우상숭배이다.

시간을 두려워하라

고로 굳건히 힘을 다하고 때에 따라 두려워한다.

故 乾乾 因其時而惕
고 건건 인기시이 척

───── 문언전文言傳 ─────

종일토록 공부에 힘쓴다. 어떠한 때일지라도 두려워하며 삼가는 것을 잊지 않는다. 쓸데없이 시간이 지나감을 애석해하며 지금 무엇을 해야 하는가를 생각하고, 그때그때에 충실하며 지금이라는 때를 온전히 살려 내는 것이 중요하다.

지나가 버린 시간은 다시는 돌아오지 않는다. 한순간일지라도 쓸데없는 순간이 되지 않도록 하기 위해 중요한 것이 시간을 두려워하는 자세이다.

1+1 하루를 두 배로 사는 인생 독본

인간이 범한 죄악은 대부분 나쁜 의지에서가 아니라 일반적으로 퍼져 있어서 사람들이 진리라고 믿고 있는, 거짓된 사상 때문에 저질러진다.

기회를 포착한다
(제4단계 약룡의 시기)

혹은 뛰쳐나와 못가에 있음이니 허물이 없다.

或躍在淵 无咎
혹 약 재 연 무 구

───── 건위천乾爲天 ─────

    이제라도 막 창공으로 날아오르려는 듯한 용을 약룡이라 한다. 용이 하늘을 나는 것은 매사의 달성을 의미한다. 그를 위해 때로는 비약을 시험해 보고, 때로는 깊은 못으로 물러나 초지를 잃지 않았는가 하고 스스로의 내면을 들여다본다.

    매사를 달성함에 있어서는 뜻을 세우고, 배우고 노력해서 배양한 실력과 경험을 가미하여, 적절한 시기를 알아보는 통찰력이 필요하다. 승부의 세계에서는 한순간의 기회를 포착할 수 있는가 어떤가가 승패를 가르는 분수령이 된다. 사업에도 절호의 기회가 있고 기미를 알아채는 힘이 필요하다.

1+1 하루를 두 배로 사는 인생 독본

가장 중요한 시간은 현재뿐이다. 인간은 현재에 있어서만 자신을 통제할 수 있기 때문이다. 가장 중요한 사람은 현재의 그대가 관계하고 있는 자이다. 사람은 앞으로 어떤 누구하고 관계를 가지게 될지를 알 수 없기 때문이다. 가장 중요한 일은 그들과 서로 사랑하는 일이다. 인간은 서로 사랑하기 위해 이 세상에 태어난 것이기 때문이다.

시험해 보는 시기

혹, 뛰쳐 오르거나 못에 있다 함은 스스로를 시험해 봄이다.

或躍在淵 自試也
혹 약 재 연 자 시 야

문언전文言傳

어느 때는 도약하고 어느 때는 깊이 자성하며 자신을 시험한다. 목적을 달성하기 위해서는 반드시 '시행試行'이 필요하다. '시행'이라 함은 조금 힘이 모자란다고 생각하면서도 일단 덤벼들어 보는 것이다. 자신을 시험하고 여기까지 온 것이 틀림없는가를 되돌아본다. 그로 인해 자기 자신을 시험 평가하고 부족한 부분을 보충해 갈 수 있다.

1+1 하루를 두 배로 사는 인생 독본

인간이 홀로 죽어 가듯이 인간은 고독할 때 참다운 자기 자신을 느낀다. 그러나 고독을 사랑하는 자는 야수이든가 아니면 신이다. 사람은 혼자 있을 때 커다란 유혹과 절망에 빠질 때가 많은 것이다.

지도자의 마음가짐
(제5단계 비룡의 시기)

나는 용이 하늘에 있으니 대인을 만나 봄이 이롭다.

飛龍在天 利見大人
비 룡 재 천   이 견 대 인

건위천乾爲天

'비룡'은 하늘을 날고 구름을 불러일으켜 만물을 자라게 하는 비를 내린다. 이는 많은 힘을 모아 인간 사회에 크게 공헌하는 지도자가 되는 것을 의미한다.

그러나 사회적으로 인정을 받고 돈도 모으고 주변에 사람도 모이는 이러한 때는, 호사다마라 하여 비정상적인 기운도 따라오기 쉽다.

'대인을 봄이 이롭다' 함은 조직의 정점에 도달했을 때야말로 교만하지 말고 주위 사람이나 모든 것으로부터 배워야 한다는 가르침을 주고 있다.

1+1 하루를 두 배로 사는 인생 독본

십자가는 큰 수직선과 작은 수평선으로 되어 있다. 전자는 신의 뜻을 표시하고 후자는 인간의 의지를 나타낸다. 자신의 의지를 신의 뜻과 같은 방향으로 이끌라! 그러면 십자가의 모든 고통은 소멸될 것이다.

삼라만상에게 배운다

현룡이 밭에 있으니 대인을 만나 봄이 이롭다.
비룡이 하늘에 있으니 대인을 만나 봄이 이롭다.

見龍在田 利見大人 飛龍在天 利見大人
현 룡 재 전 이 견 대 인 비 룡 재 천 이 견 대 인

─── 건위천乾爲天 ───

'대인을 만나 봄이 이롭다'는 말은 수양을 하기 시작한 지 얼마 안 되는 사람(현룡)에게는 물론, 이미 사회적인 지위를 얻은 지도자 (비룡)에게도 쓰이는 말이다.

'현'이란 글자에는 보다, 보이다, 알현하다, 만나다, 회견 등과 같은 의미에 덧붙여서 '듣는다'는 의미가 있다. 조언에 따라 보고 흉내를 낸다는 말이다. 수양 단계에서는 철저히 스승을 따라 하며 보고 배우면서 몸에 익힌다. 그를 위해서는 진솔하게 듣는 것이 중 요하다.

그리고 사회적인 지도자가 되거나 조직의 정점에 선 다음부터는 다른 사람의 의견에 귀를 기울인다. 지도자가 주변의 모든 사물과 현상을 스승으로 하여 보고 들으며 배우는 자세를 유지하느냐 마 느냐의 여부는 지도자의 지위뿐만 아니라 조직의 존망까지를 좌우 하는 일이다.

1+1 하루를 두 배로 사는 인생 독본

예지에 어긋나는 비방, 공격, 핍박을 슬퍼함은 잘못이다. 만일 예지가 그릇된 이 현실의 광태 를 알아차리지 못한다면 예지는 성인의 지혜가 못된다. 그리고 그러한 상태가 발견되어도 태 연하게 자기의 생활을 바꾸지 않는다면 인간이 되지 못하는 것이다.

정중을 지키는 자세

대인을 만나 봄이 이롭다 함은 무슨 뜻인가. 공자가 이르기를
대인이란 용덕이 있어 정중正中에 처한 자이니라.

利見大人 何謂也 子曰 龍德而正中者也
이 견 대 인 하 위 야 자 왈 용 덕 이 정 중 자 야

문언전文言傳

보고 배울 만한 대인이란 '용덕' 즉, 확고한 뜻을 품고 '정중에 처
한 자'라고 한다. '중中'이란 시기를 적중한다, 즉 그때그때 딱 들
어맞는 언행을 함으로써 예리하게 매사를 적중하고 사사로운 일에
치우치지 않는다는 의미이다. 그때 그 상황에 있어서 나아갈 곳과
진퇴를 분별하여 가장 적절한 것을 행함을 일컫는다. 그러한 사람
의 모습을 배워서 매사에 임하는 기본자세를 몸에 익혀 가야 한다.

1+1 하루를 두 배로 사는 인생 독본

사람들은 폭력에 의해 이 세상의 외면적인 질서를 유지하는 데 젖어 있으므로 그들로서는 폭
력이 없는 생활이란 불가능하다고 여긴다. 그러나 폭력으로써 바른 생활의 기초를 마련하며
그와 같은 상황을 이룩하고 있는 자들이 정의롭고 올바르다면 그 이외의 사람들이 잘못되었
다는 것일까?

정점을 지나니 쇠퇴하다
(제6단계 항룡의 시기)

높이 솟아오른 항룡에게 회한이 있음이니.

亢龍有悔
항 룡 유 회

건위천乾爲天

'항룡'은 양껏 고조된 용이다. 구름을 부르고 만물을 키우는 비를 내리게 한 용이 하늘 높이 솟아오른다. 그러나 구름도 따라오지 못할 만큼 높은 데까지 이르고 말았기에 더 이상 비를 내리게 할 수가 없다.

누구나 조직의 정점에 서게 되면 자만심이 생긴다. 교만해지고 주위의 충언에도 귀를 기울이지 않게 되고 노력이나 반성도 게을리하게 되어 옳고 그른 것의 구별조차 하지 못하게 된다. 그렇게 되고 말면 이미 때는 늦은 것이다. 그 다음엔 땅으로 추락하는 용이 될 수밖에 없다.

257

1+1 하루를 두 배로 사는 인생 독본

인간이 자기 자신으로서, 자기 자신의 인식으로 얻는 지식이야말로 유일하고 의심할 바 없는 지식이다. 그것이 가장 중요하다. 오직 자기 자신 안에서만이 인간은 이 세상에서의 참된 사명을 다할 수 있는 힘을 찾아내는 것이다.

흥한 자는 필히 쇠한다는 이치

항룡에게 회한이 있다 함은
차게 되면 가히 오래 가지 못한다는 것이다.

亢龍有悔 盈不可久也
항 룡 유 회   영 불 가 구 야

───── 건위천乾爲天 ─────

기세 높은 용도 너무 높이 올라가면 실추하여 후회하게 된다. 달이 차면 반드시 기울듯이 매사도 다 차게 되면 그것이 오래 지속되지 않는다는 뜻이다.

사람은 운이나 기세를 타고 있으면 그 같은 때가 마치 영원히 지속되리라는 착각을 하게 된다. 그러나 가득 차서 흥성해진 때에 흠뻑 빠져서 교만해지면 모처럼 얻은 지위나 명예도 오래 지속되지 않는다. 이는 모든 사람들에게 경고해 둘 만한 말이다.

1+1 하루를 두 배로 사는 인생 독본

우리들은 모든 사람들뿐 아니라 모든 생명 있는 존재와도 정신적으로 결합되어 있다. 이에 대하여 사마리아인에 대한 예수의 교훈이 있다. 누가 나의 이웃인가를 묻지 말고 모든 생명 있는 것에 선을 행하며 동정하라는 것이다.

뛰어난 지도자의 조건

용의 무리 중에 머리가 없음을 보니 길하다.

見群龍無首吉
견 군 룡 무 수 길

건위천乾爲天

무리지어 있는 용의 머리는 구름에 가리어 있다. 뛰어난 지도자는 자기주장이 없이 부하에게 압력을 가하지 아니하고 우두머리가 되기 위한 싸움을 하지 않는다는 의미이다.

지도자가 참다운 지도자다운 것은 힘과 위엄이 있고 사람들의 정점에 있기 때문이 아니다. 그의 행동이 대의에 따른 것이기 때문이다. 그것을 잘못 알고 권력만을 쟁취하려고 한다면 이윽고 실추하고 만다. 일하는 사람들이 압력을 느끼지 않고, 자신이 오로지 부려지고 있을 뿐이라는 의식을 가지지 않고 저마다의 힘을 발휘해 번영할 수 있게 이끌어가는 것이 중요하다.

1+1 하루를 두 배로 사는 인생 독본

가장 좋은 성질의 것도 선 없이는 아무 가치가 없고, 가장 나쁜 죄도 선에 의해 용서된다. 그러나 선을 이룩하였다는 것은 기쁨이지 만족은 아니다. 선이라는 것은 항상 그 이상으로 더욱 계속해야 할 필요를 느끼게 하는 것이기 때문이다.

입장을 잊으니 길이 막히고 만다

용이 들에서 싸우니 흐르는 피가 현황玄黃이다.
상전에 이르기를 용이 들에서 싸우는 것은 그 길이 다함이다.

龍戰于野 其血玄黃 象曰 龍戰于野 其道窮也
용 전 우 야   기 혈 현 황   상 왈   용 전 우 야   기 도 궁 야

———— 곤위지坤爲地 ————

매사를 음양으로 나누면 하늘은 양이고 땅은 음, 군주는 양이고 신하는 음, 지아비는 양이고 지어미는 음이 된다. 또한 '현'은 하늘의 색(흑黑도 그러하다)이며 '황'은 땅의 색을 나타낸다.

음인 신하가 마치 용(지도자)과 같은 세력을 갖게 되면, 현과 황의 피투성이 싸움이 되어 서로 상처를 입게 된다. 스스로의 입장을 잊어버리고 음의 세력이 증대되면 매사로 이르는 길은 반드시 막히게 된다.

1+1 하루를 두 배로 사는 인생 독본

할 수만 있다면 교훈으로서 악을 고치라. 할 수 없다면 악을 너에게 주어진 시련이라고 생각하라.

바람과 같이 자취도 없이 감화된다

군자가 현명한 덕으로서 풍속을 좋게 만든다.

君子以 居賢德善俗
군 자 이 거 현 덕 선 속

───── 풍산점風山漸 ─────

나라의 지도자가 현명하게 안정된 정치를 하면 천하의 풍속風俗
도 이에 감화되어 좋아진다.

'풍속'이란 바람이 자취도 없이 자유자재로 어디에든 불어가듯
이, 모르는 사이에 감화되어 변해 가는 것이다. 그 결과 기풍이 확
립되는 것을 말한다. 지도자의 자세도 바람과 같아서 스며들듯이
전해진다. 나라나 회사를 보다 좋게 만들려 한다면 우선 지도자 자
신이 자세를 올바르게 하는 것이 긴요하다.

1+1 하루를 두 배로 사는 인생 독본

사람을 낚으려고 하는 악마는 여러 가지 맛있는 먹이를 보여 준다. 그러나 게으른 자에게는 아
무 먹이도 소용없다. 그냥 맨 낚시에도 걸려들기 때문이다.

지知·인仁·용勇은 필수 덕목이다

덕이 얕은데 높은 자리에 앉고, 지혜가 없는데 큰일을 도모하고,
약한 힘으로 중임을 맡는다면 화에 미치지 않을 이가 많지 않다.

德薄而位尊 知小而謀大 力小而任重 鮮不及矣
덕 박 이 위 존   지 소 이 모 대   역 소 이 임 중   선 불 급 의

계사하전繫辭下傳

도덕심은 엷은데도 지위만 높고, 지혜가 모자라는데 대업을 일
으키고, 힘이 약한데도 맡은 바 책임이 무겁다면 거의 모든 화가
미치게 된다. 화가 미치지 않는 경우는 드물다는 것이다. 이는 국
가로 치면 장관, 회사 조직으로 보면 중역의 위치에 있는 사람에
대한 말이다.

지知(지혜), 인仁(덕), 용勇(역량)의 덕은 어느 것 하나가 모자라더
라도 임무를 감당할 수 없는 필수적인 덕목이다.

1+1 하루를 두 배로 사는 인생 독본

종교는 성자에 의해 설교되는 까닭에 진리인 것이 아니다. 성자는 그것이 진리이기 때문에 설
교한다.

때와 호흡을 맞추라

소축小畜은 형통하니 구름은 짙어도 비가 내리지 않는다.

小畜亨 密雲不雨
소 축 형 밀 운 불 우

─── 풍천소축風天小畜 ───

하늘에 검은 구름층이 잔뜩 끼고 이윽고 큰비가 내릴 듯하다. 그러나 바람이 불며 구름의 힘을 누그러뜨려 아직 비는 내리지 않는다. 실행하고 있는 계획이 자그마한 장해로 인해 방해를 받게 되면 애가 타서 안절부절 못하게 되나, 어떤 장해가 있는 경우는 일단 한숨을 돌리는 것이 중요하며 무리해서 그대로 진행하면 안 된다.

유연한 마음을 가지고 때를 정관靜觀하며 간격을 두고 한 번 더 힘을 비축하여 최적의 시기를 찾아내라는 가르침을 주는 말이다.

1+1 하루를 두 배로 사는 인생 독본

신에게는 기도가 필요한 것이 아니다. 신에게 필요한 것은 선한 생활이다. 놀라거나 노하거나 당황하거나 유혹되거나 할 때마다 자신은 무엇이며 무엇을 해야 하는가를 상기하라. 여기에 기도가 있는 것이다.

개혁의 시기를 찾는다

개혁은 거의 이루어져야 믿음이 간다.

革 已日乃孚
혁 이 일 내 부

택화혁澤火革

택화혁의 '혁革'은 변혁, 개혁, 혁명을 말한다. '이일'은 중반을 넘어선 때를 말한다.

개혁이나 변혁을 이루는 데는 낡은 체제에 의한 폐해가 미치게 되는바, 그 왕성함이 지나간 때를 적절한 시기로 삼아 행하는 것이 좋다. 그리하면 사람들의 신임을 얻을 수 있다.

선견지명이 있다면 이른 단계에서부터 개혁의 필요성을 느끼게 되나, 그렇다고 해서 폐해가 끼치기 전에 해치운다고 서둘러도 그 때가 도래하지 않으면 개혁은 이루어지지 않는다.

1+1 하루를 두 배로 사는 인생 독본

우리들의 생활은 물질적인 힘의 생산이며, 그 근거를 항상 힘 위에 두고 있다는 생각이 사람들 사이에 퍼져 있다. 그것은 해롭다. 그로 인해 그 거짓된 생각이 과학이라고 불리며 하나의 신성한 지식으로 사람들에게 주어질 때, 그로부터 생기는 폐단은 매우 두려운 것이다.

위험한 자리를 베고 눕는다

오고 가는 데 모두가 구덩이투성이인데 험한 자리를 베고 누워 잔다.

來之坎坎 險且枕
내 지 감 감 험 차 침

───── 감위수坎爲水 ─────

'오가는 데가 모두 구덩이투성이다' 함은 나아가는 것도 물러나는 것도 함정에 빠질 듯한 험난함에 둘러싸인 때를 나타낸다. 이러한 험난함에 직면해 있음을 이해하려 하지 않고 일신이 위험해진 것도 눈치채지 못한 채 편히 잠만 자고 있다면 종국에는 벗어날 수 없는 깊은 함정에 빠져 버린다. 험난한 시기를 결코 경시해서는 안된다고 주의를 환기시켜 주는 말이다.

265

1+1 하루를 두 배로 사는 인생 독본

만일 인간이 완전한 도덕성을 갖추고 있다면 진리의 길을 벗어나는 일은 결코 없으리라. 진리를 곰팡이 슨 책 속에서 구하지 말고 사색 가운데 찾으라. 달을 보려거든 연못이 아니라 하늘을 보아야 하는 법이다.

위기에 대비하다

임臨은 크게 형통하고 바르게 함이 이로우나
8월에 이르면 흉함이 있다.

臨 元亨利貞 至于八月 有凶
임 원 형 이 정 지 우 팔 월 유 흉

지택림地澤臨

지택림은 음력 12월, 양력으로 1월에 해당하는 괘이다. 이제부터 새로이 양기가 크게 뻗어가는 시기이다. 그러나 양기가 성해지면 이윽고 쇠하게 된다. 그래서 '8월에 이르면 흉이 있다'고 하는 것이다.

이는 위기관리에 관한 말이다. 이제부터 뻗어 나가려는 시기에 쇠퇴할 것을 미리 대비해 두지 않으면 안 된다. 무슨 일이 벌어지고 나서 대처하는 것은 이미 너무 늦어 버린다.

1+1 하루를 두 배로 사는 인생 독본

인류는 눈에 띄지 않는 속도이기는 하나 끊임없이 사랑의 결합에 의해서 행복이라는 이상의 실현으로 다가가고 있다. 개인의 생활과 마찬가지로 전 인류의 생활도 끊임없는 영혼과 육체의 투쟁이다. 이 투쟁에서는 항상 영혼이 승리를 거둔다.

배에 난 구멍을 막으며 지킨다

물이 새는데 해진 옷이 있으니 종일토록 경계한다.

繻有衣袽 終日戒
유 유 의 녀 종 일 계

수화기제水火既濟

수화기제의 '기제既濟'는 이미 강을 다 건넜다는 의미로, 대업을 이룬 것을 비유하고 있다. 강을 건너는 데 사용한 배는 낡아서 배 밑바닥에 구멍이 나 물이 새어 들어온다. 거기에서 '물이 새는데 해진 옷이 있다'는 말이 나왔다.

해진 옷으로 구멍을 막고 종일토록 경계하지 않으면 안 된다. 본래 대업을 성취한 후에는 지키는 데 주력하며 멈출 때이다. 그리하지 않고 가일층 대업을 이루어 내려 한다면 반드시 파탄이 생긴다고 하는 경고이다.

1+1 하루를 두 배로 사는 인생 독본

인생은 행진이다. 그러므로 인생의 행복은 어떤 '상태'가 아니라 행진에 대한 어떤 '방향'이다. 영예는 인간이 자기 한 사람을 위해 바라는 상태이고 행복은 자기와 더불어 모든 사람들을 위해 소망하는 상태이다. 영예는 투쟁에 의해 도달한다. 그러나 행복은 오직 친화에 의해서만이 도달할 수 있다.

몸을 보존하며 다가올 때를 준비하다

자벌레가 몸을 접는 것은 앞으로 뻗어가기 위함이요,
용과 뱀이 칩거하는 것은 몸을 지키기 위함이다.

尺蠖之屈 以求信也 龍蛇之蟄 以存身也
척 확 지 굴 이 구 신 야 용 사 지 칩 이 존 신 야

───── 계사하전繫辭下傳 ─────

'척확'은 자벌레이며 '신信'은 뻗다, 늘이다의 뜻이다. 자벌레는 몸을 접었다가 피며 앞으로 나아가고 앞으로 뻗기 위해 몸을 굽힌다.

'용사'의 용은 잠룡이다. 용이나 뱀이 땅속에서 몸을 숨기는 것은 몸을 보존하고 다가올 때를 준비하기 위함이다. 굽힌다, 칩거한다는 것은 에너지를 비축하는 일이다. 자신은 아직 모자란다고 몸을 낮추고 굽힌다면 후에 크게 뻗어 나갈 수가 있다.

268

1+1 하루를 두 배로 사는 인생 독본

과녁을 맞히려면 과녁보다는 더 먼 곳을 겨냥해야 하는 것처럼 참된 정의를 얻고자 할 때에는 자기 부정이 필요하다. 자기만이 바른 자가 되고자 원한다면, 자신에게는 공평치 못하게 되고 남에게는 정의롭지 못하게 될 것이다.

말과 행동이 지도자의 핵심이다

언행은 군자의 추기樞機이다. 추기에서 발함은 영욕의 주主가 된다.
언행은 군자가 이로써 천지를 움직이는 바이니 가히 삼가지 아니하랴.

言行 君子之樞機 樞機之發 榮辱之主也
언 행 군 자 지 추 기 추 기 지 발 영 욕 지 주 야

言行 君子之所 以動天地也 可不愼乎
언 행 군 자 지 소 이 동 천 지 야 가 불 신 호

───── 계사상전繫辭上傳 ─────

'추기'의 '추樞'는 중추, 즉 가장 소중한 것이며 '기機'는 정교한
구조의 요체, 즉 급소를 말한다.

지도자의 말과 행동은 천하의 구조를 움직이며 가장 중요한 요
체이다. 지도자가 칭송을 받는가 치욕을 받는가 하는 것은 그의 언
행에 의해 정해진다. 따라서 지도자는 그 말과 행동을 함에 있어
매우 근신하지 않으면 안 되는 것이다.

1+1 하루를 두 배로 사는 인생 독본

어린이에게 생활의 기쁨이 있는 것은 이지가 아직 사악에 떨어질 힘을 가지고 있지 않기 때문
이다. 성인에게 생활의 기쁨이 있음은 그의 생활이 바라는 모든 것을 갖추어 해방에 가까이 갈
가능성을 가졌기 때문이다.
탐욕스러운 세상에서도 탐욕으로부터 해방되어 산다면 얼마나 행복할까!

불로 날아드는 여름벌레

갑자기 불에 날아들어 타 죽어서 버려진다.

突如其來如 焚如死如棄如
돌 여 기 래 여 분 여 사 여 기 여

───── 이위화離爲火 ─────

    돌연 날아와서 타 죽고 버려진다. 이 한 문장은 '불에 날아드는 여름벌레'라는 비유에 사용된다.

    이위화는 '불'을 나타내는 괘이다. 불은 무언가에 붙어서 타는 것이기에 음의 덕이다. 누군가에 붙어서 따르는 일에 정신이 없다면 제대로 능력을 발휘할 수 없다.

    기세를 타고 재능을 내세우며 격하게만 타오르려고 한다면 스스로 불에 타 버려 일순간에 밝은 세상을 잃어버리게 된다.

1+1 하루를 두 배로 사는 인생 독본

한 농부에게 목사가 신을 믿느냐는 흔해 빠진 질문을 던졌다. 농부가 대답했다. "신을 믿지 않습니다. 어째서냐고요? 만약 제가 신을 믿는 데만 정신이 팔려 농사일을 팽개친다면 그나마 이런 살림을 부지해 나갈 수 있겠습니까? 그런데 목사님 당신은 그저 먹고 마시고 자기 일만을 생각하느라, 신이나 불행을 당한 이웃의 일을 잊어버리고 계시지 않습니까?"

분노와 욕심은 몸을 망친다

노여움을 참고 욕심을 막는다.

君子以懲忿窒欲
군 자 이 징 분 질 욕

──── 산택손山澤損 ────

산택손의 괘명 중 '손損'은 손해보다, 줄이다의 뜻이지만 이는 이익에 대해서만 말하고 있는 것은 아니다.

여기에서는 자신의 마음에 생긴 분노를 가라앉히고 욕심을 억누르는 일의 중요함을 가르치고 있다. 분노와 욕심만큼 자신의 덕을 망가뜨리고 몸을 망치는 것은 없다. 그러므로 몸의 수양을 생각할 때는 우선 분노나 욕심을 줄여야 할 것이라고 말하고 있는 것이다.

1+1 하루를 두 배로 사는 인생 독본

만일 사람이 자신의 마음속에 있는 신을 느낀다면, 그는 이 세상의 모든 사람들과 결합되어 있음을 알고 느낄 것이다. 모든 인간은 영적인 존재이다. 그러므로 서로 가장 가까운 형제이다. 이웃을 사랑하지 않는 것이 오히려 부자연스러운 일이다.

복을 오래 누리는 공부

'석복惜福'은 검소하여 복을 오래도록 아낀다는 뜻이다. 우리들은 걸핏하면 만족하려 하고 모자란 것이 있으면 그것을 채우기 위해 필사적이지만, 가득 차 버린 후에는 줄어들어 가는 것이 하늘의 도리이다.

그래서 자신에게 주어진 복을 누리며 다 써 버리지 말고 뒤를 위해 남겨 두어야 한다. 혹은 기세나 행운 모두를 다 써 버리지 않고 다른 데 미치게 하거나 스스로 부족함을 만들어 낸다. 그렇게 하면 결코 가득 찰 일이 없고, 복은 유지된다. 이것이 '복을 아끼는 공부'이다.

1+1 하루를 두 배로 사는 인생 독본

이전에 존재하던 것보다 높은 이상이 사람들 앞에 나타나자마자, 앞서의 모든 이상은 태양 앞의 별처럼 사라져 버린다. 인간이 태양을 보지 않을 수 없듯이 높은 이상도 인식하지 않을 수 없다. 그런데 인류 전체가 화합된 생활을 한다는 이상은 사람들 사이에 알려져 있으면서도 그 이상은 실현되지 못하고 있다.

잠룡 원년

잠룡이란 장래 크게 비약할 큰 뜻을 품고 있으면서도 세상의 밑바닥에 잠겨 숨어 있는 용을 말한다.

중요한 것은 '뜻'으로, 뜻을 품지 않으면 무엇 하나 바람직한 변화는 일어나지 않으며 성장이나 진화도 없다. 또한 뜻을 품어야 하는 것은 젊은 세대만으로 한정되어 있는 것이 절대 아니다. 연령에 관계없이 새로운 변혁을 불러일으키는 뜻을 기르는 일이 중요하다.

'언제나 잠룡 원년元年'이라는 말을 스스로에게 되뇌고 이 말을 마음의 양식으로 하여 초심으로 돌아가면, 계속 뜻을 키워 가는 다짐이 될 수 있다.

1+1 하루를 두 배로 사는 인생 독본

비평가의 칭찬을 받은 사이비 예술 작품은 모두 문짝이라고 말할 수 있다. 갑자기 그 문짝을 부수고 예술을 한다는 위선자들의 무리가 뛰어 들어온다. 참된 예술 작품은 모성의 잉태와도 같이 그저 이따금 예술가의 영혼 속에 나타날 수 있을 따름이다. 참된 예술의 동기는 쌓이고 쌓인 감정을 표현하려고 하는 내면적인 욕구이다.

구월

두 사람의 마음을

함께하면

그 날카로움이

금을 자른다

조짐을 보는 통찰력

나라의 빛남을 보다.

觀國之光
관 국 지 광

풍지관風地觀

　관광 여행을 한다 할 때의 '관광觀光'의 어원이 된 말이다. '나라의 빛을 보다'라 함은 한 나라의 풍속이나 습관 또는 백성이 일하는 모습을 보고, 그 나라의 국세나 장래를 알게 되는 것이다. 회사 조직으로 말하면 사원의 책상 위를 보는 것만으로 그 회사 지도자의 본모습이나 경영 방침을 알 수 있는 것과 같다.

　여기에는 깊은 통찰력이 요구된다. 그와 같이 조짐을 볼 수 있는 능력을 '관광'이라고 한다.

1+1 하루를 두 배로 사는 인생 독본

이성은 사람들이 인생의 법칙에서 벗어나 있을 때 그것을 깨우쳐 준다. 그러나 사람들에게는 인생의 법칙에서 벗어나 있는 일이 아주 편리하고 습관이 되어 버렸으므로 사람들은 이성의 소리를 억누르며 자신을 혼란시키지 않으려고 애쓴다.

상대의 아픔을 나의 아픔으로 느끼다

선왕이 이로써 만국을 세우고 제후들과 친숙히 지내다.

先王 以建萬國 親諸侯
선 왕 이 건 만 국 친 제 후

———— 수지비 水地比 ————

고대의 왕은 제후들과 친밀한 관계를 맺고 나라를 다스렸다. '친親'이라는 자는 신辛(예리한 칼날)으로 나무를 베는 것을 가까이서 보고見, 자신도 아프게 느끼는 것을 말한다.

그 말에서 부모 자식같이 서로 소중하게 생각하며, 상대의 아픔을 자기의 아픔으로 느끼며 서로 돕는 관계를 '친숙하다'고 한다. 자신이 편한 상대, 그저 즐길 뿐인 관계는 본래 의미의 '친숙함'은 아니다.

수지비는 교제의 근본적인 규칙을 설명해 주는 괘이다.

1+1 하루를 두 배로 사는 인생 독본

영적인 기초를 믿지 않고 신앙이란 인간이 만든 외부적인 양식이라고 생각하는 자들에게는 인내심이 있을 수 없다. 그들은 참된 신앙은 인간의 의지로부터 독립되어 있음을 모른다. 때문에 예수를 괴롭힌 바리새인들을 비롯하여 신앙을 가졌다는 이름으로 사람들을 유죄에 처한 권력자에 이르기까지 신앙 없는 자들이 신앙 있는 사람들을 박해하는 일이 생긴다.

천문과 인문

천문天文을 보고 때의 변화를 살피고,
인문人文을 보고 천하를 교화시킨다.

觀乎天文 以察時變 觀乎人文 以化成天下
관 호 천 문 이 찰 시 변 관 호 인 문 이 화 성 천 하

산화비山火賁

　'천문'이란 일월성신日月星辰이나 춘하추동과 같이 하늘이 그리
는 아름다운 문양이다. '인문'은 문화, 문명을 말한다. 천문의 움직
임을 보며 때의 변화를 알아채고 인문을 관찰하여 매사의 본연의
모습이나 질서를 어떻게 육성해 갈 것인가를 생각한다는 것이다.

　산화비의 '비賁'는 꾸미다, 장식에 불과하다는 의미이다. 문화와
문명은 인간 사회의 장식물로서 그 발달로 인해 하나의 완성에 이
르는 것이나, 발달이 지나치게 되면 실질적인 것이 다 없어지고 붕
괴에 이르게 된다.

279

1+1 하루를 두 배로 사는 인생 독본

가면처럼 인간적인 것은 없다. 인간은 가면을 쓰고서야 자기의 속셈을 드러낸다.

밝은 지혜로 태양처럼 밝히다

거듭 밝은 지성으로써 정도를 따르면
이에 천하 백성을 감화시켜 육성할 수 있음이라.

重明以麗乎正 乃化成天下
중 명 이 려 호 정   내 화 성 천 하

─── 이위화離爲火 ───

'여麗'는 불火이 2개 겹쳐 이루어지는 이위화의 괘이다. 이위화에서의 덕이란 밝은 지혜로서 올바른 길에 닿아 태양처럼 주위를 밝게 비추는 것이다.

인간도 밝은 덕을 수양하여 바르게 되면, 풍속을 감화시켜 사회를 널리 육성하는 자가 될 수 있다는 가르침을 주고 있다. 감화시켜 육성한다는 의미의 '화성化成'은 많은 기업들이 사명으로 채택해서 사용하고 있기도 하다.

1+1 하루를 두 배로 사는 인생 독본

참된 행복은 한꺼번에 얻어지는 것은 아니다. 참된 행복은 점진적으로 증대되는 완성 속에 있을 뿐이기 때문이다. 선을 향한 끊임없는 노력에서 성공이 속히 이루어질 것을 너무 염두에 두지 말라. 그대가 앞으로 나아갈수록 그대가 목표하는 이상도 그만큼 더 앞으로 나갈 것이기 때문이다.

지속적인 경영으로 사회에 공헌하다

어떤 모양으로 만든 것을 변變이라 하고,
추진하여 행하면 이를 통通이라 이르며,
이를 들어서 천하 백성에게 두는 것을 사업이라고 칭한다.

化而裁之謂之變 推而行之謂之通 擧而措之天下之民 謂之事業
화 이 재 지 위 지 변   추 이 행 지 위 지 통   거 이 차 지 천 하 지 민   위 지 사 업

계사상전繫辭上傳

때에 따라 매사를 재단하여 만들고 마땅하게 처리하여 변화시
키며 더욱더 추진하여 매사를 통하게 한다. 이 변통의 도리에 의해
사회의 도를 정비하고 백성을 이끄는 것을 사업이라고 한다. 이는
'사업'의 어원이 된 말이다. 본래 사업이란 사회 공헌을 가리키는
것이다.

1+1 하루를 두 배로 사는 인생 독본

생활이 신앙에 일치하지 않는다면 그 신앙은 진실한 신앙이 아니다. 법칙을 알면서도 행하지
않는 자는 밭을 갈면서도 씨를 뿌리지 않는 자와 마찬가지이다. 만일 사람이 신의 법칙이라고
알고 있는 것을 행하지 않는다면 그는 신도 그 법칙도 믿고 있는 것이 아니다.

같은 뜻이 만나 공명하면 일이 실현된다

같은 소리는 서로 응하고 같은 기氣는 서로를 찾는다,
물은 젖은 데로 흐르고, 불은 마른 곳에 옮겨 붙는다.
구름은 용을 따르고 바람은 호랑이를 따른다.

同聲相應 同氣相求 水流濕 火就燥 雲從龍 風從虎
동성상응 동기상구 수류습 화취조 운종룡 풍종호

문언전文言傳

같은 울림을 발하는 것들은 공명하고 같은 기氣를 찾아 만난다. 물은 젖은 곳으로 흐르고 불은 마른 것에 옮겨 붙는다. 물의 성질을 가진 용에게는 구름이 따르고 위세를 떨치는 호랑이에게는 바람이 따른다.

매사가 성립하는 때는, 반드시 같은 뜻이나 방향성을 가진 사람이나 물건이 공명하고 끌어들여 단번에 에너지가 집중되어 융합한다. 그 결과 개개의 힘으로는 도저히 이룰 수 없는 일이 실현되는 것이다.

282

1+1 하루를 두 배로 사는 인생 독본

우리들의 착오는 타조가 자기 죽음을 맞지 않으려고 머리를 감추는 것과 같다. 우리들이 하고 있는 일은 타조가 머리를 감추고 꼬리를 감추지 않는 것보다도 더 익살스럽다. 우리들은 불확실한 미래에 불확실한 생활을 보장받기 위하여, 확실한 현재의 생활을 서슴지 않고 파괴하고 있다.

자신의 자리를 바르게 지킨다

가인家人은 여자의 올바름에 이로움이 있다.
단彖에 이르기를 가인은 여자는 집안에서 그 자리를 바르게 하고
남자는 밖에서 그 자리를 바르게 해야 한다.

家人 利女貞 彖曰 佳人女正位乎內 男正位乎外
가 인 이 여 정 단 왈 가 인 여 정 위 호 내 남 정 위 호 외

풍화가인風火家人

　　풍화가인은 가족, 가업, 가도家道의 본연의 자세를 말해 주는 괘
이다. '여성의 올바름이 이롭다' 함은 여성은 단정하고 착실함이
좋다는 것이다. 최근에는 달라졌으나 여성이 집안을, 남성이 바깥
을 다스린다는 것이 본래의 모습이다.

　　하늘과 땅을 본받아서 남녀가 각자의 역할을 인식하고 자신의
자리를 지킨다면 가내가 평안하고 조화를 이루게 된다고 『주역』은
말해 주고 있다.

1+1 하루를 두 배로 사는 인생 독본

만일 삶이 행복하다면 인생의 불가피한 조건인 죽음도 분명 행복일 것이다. 죽음이 무서운 것
이라면 그 원인은 죽음 자체에 있는 것이 아니라 우리들 속에 있다. 인간은 선하면 선할수록
죽음의 공포를 느끼지 않는다. 완성된 성자에게는 죽음이 존재하지 않는다.

재능을 드러내지 않고 기르다

땅의 도는 스스로 이루는 것이 없고 대신하여 끝마치는 것이다.

地道 无成而代有終也
지 도 무 성 이 대 유 종 야

───── 문언전文言傳 ─────

　　땅의 도리, 아내의 도리, 신하의 도리는 모두 양을 따르는 음의 도를 말한다. 땅의 도는 하늘을 따르고, 처는 지아비를 따르며, 신하는 주인을 따른다. 땅은 하늘의 혜택을 받아 대지에 만물의 형상을 이룬다. 이와 같이 아내나 신하는 자신의 재능을 밖으로 나타내지 않고, 오로지 수용하고 따르면서 모든 것을 기르며 형태를 만드는 음의 힘이다.

　　누구라도 곁가지 역할이나 변두리를 지탱하는 음의 존재로서 끝나고 싶지는 않을 것이나, 음이 육성한 것은 계속 이어 받아들여져 계승되고 있다. 진정한 의미에서 마지막을 장식할 수 있는 것은 음의 도이다.

1+1 하루를 두 배로 사는 인생 독본

아이들은 진리를 알고 있으나 말할 수는 없다. 아이들은 무엇이 선인가를 우리들에게 말할 수는 없으나, 어린아이들은 가끔 그 약한 손가락 사이에 어른의 손으로는 잡지 못할 진리를 잡고 있다.

때를 그르치지 말라

귀매歸妹 는 억지로 가면 흉하고 이로운 데가 없다.
단象에 이르길 귀매는 천지의 대의이니
천지가 교감치 아니하면 만물이 흥하지 않는다.

歸妹征凶 无攸利 象曰 歸妹 天地之大義也 天地不交 而萬物不興
귀 매 정 흉 무 유 리 단 왈 귀 매 천 지 지 대 의 야 천 지 불 교 이 만 물 불 흥

------ 뇌택귀매雷澤歸妹 ------

뇌택귀매의 괘는 여성이 시집갈 때를 일컫는다. 그 순서가 어긋나면 길한 일임에도 나쁜 결과가 된다고 가르쳐 주고 있다. 본래 여성이 시집을 가는 것은 자연스러운 흐름이다. 천지가 교감치 않으면 만물이 자라나지 않듯이 남녀도 교감하여 자손이 번영하는 것이다.

그러나 그 때를 그르치면 어떤 것이라도 나중에 반드시 폐해가 나타나는 법이다.

1+1 하루를 두 배로 사는 인생 독본

현대의 과학은 인간 생활의 형식을 바꾸기는 했으나 행복을 가져다주지는 못했다. 천문학, 기계학, 의학, 화학 및 기타 모든 과학은 각각 인간 생활의 어떤 측면을 연구 발전시킬 수는 있으나 총체로서의 인생의 결론을 낳을 수는 없다.

시작을 잘 분별하라

귀매는 사람의 시작과 끝이라.
기꺼워하며 움직여서 시집가는 것이 누이이니
정흉 征凶은 그 자리가 마땅치 않음이라.

歸妹人之終始也 說以動 所歸妹也 征凶位不當也
귀 매 인 지 종 시 야 열 이 동 소 귀 매 야 정 흉 위 부 당 야

뇌택귀매澤歸妹

여성이 시집을 가는 것은 아내로서의 인생의 시작이다. 그러나 젊은 여성 쪽에서 먼저 몰두하여 시집가는 것은 시작하는 입장을 그르치는 일이라고 가르치고 있다. '정흉'은 억지로 시집감이 흉하다는 뜻이다.

여기에서는 남녀의 혼인에 비유하고 있으나, 어떤 일이라도 모두 시작이 중요한 것이다. 한때의 감정으로 의기투합하여 서로 간의 입장을 분간하지 못하고 시작하는 일은 결국 성립되지 못하는 법이다.

1+1 하루를 두 배로 사는 인생 독본

지식은 위대한 자를 곤란에 빠지게 하고 평범한 자를 놀라게 하며 어린 자에게는 쓸데없는 오만을 준다.

금란지교

두 사람의 마음을 함께하면 그 날카로움이 금을 자른다.
같은 마음에서 우러나는 말은 그 향기로움이 난초와 같다.

二人同心 其利斷金 同心之言 其臭如蘭
이 인 동 심   기 리 단 금   동 심 지 언   기 취 여 란

계사상전繫辭上傳

    높은 뜻을 가진 두 사람이 마음을 같이하면 단단한 금속도 자를 수 있고 불가능을 가능하게 할 정도의 작용을 하게 된다. 또한 서로 진심에서 주고받는 말은 난초의 향기와도 같이 깊으며 투명하고 향기롭다.

    이 글은 단금지교, 금란지교의 어원이다. 모두 다 사사로운 인연이 아닌 친구, 동지의 결속이 단단함을 말하는 것이다.

1+1 하루를 두 배로 사는 인생 독본

참된 신앙은 행복을 약속해 준다는 것보다, 모든 불행과 죽음에서 구원될 수 있다는 유일한 길을 예언해 준다는 점에서 우리들을 매혹한다. 구원은 의식이나 신앙심을 사람들에게 설교하는 데 있는 것이 아니라 자기 인생의 의의를 명확하게 이해하는 데 있다.

하나는 반드시 둘로 되려고 한다

세 사람이 가면 한 사람을 내치게 된다.
혼자서 가면 그 친구를 얻음이라.

三人行則損一人 一人行則得其友
삼 인 행 즉 손 일 인 일 인 행 즉 득 기 우

────── 산택손山澤損 ──────

셋이서 뭔가를 하려고 하면 도중에 마찰이 생겨 한 사람이 줄어들고 만다. 한편 혼자서 행하면 협력자를 얻을 수 있다. 이는 음양에 기초한 역易의 본질론이다. 음과 양으로 한 쌍이기 때문에 셋은 반드시 하나를 잃고 하나는 반드시 둘로 되려고 하는 법이다.

따라서 깊은 이야기를 하는 데는 셋이 아닌 일대일로 상대해야 서로를 이해할 수 있게 된다. 이는 여러 가지 사안에 응용할 수 있는 사고방식이다.

288

1+1 하루를 두 배로 사는 인생 독본

신과 재물을 함께 섬길 수는 없다. 세상의 행복 때문에 마음에 고통을 받는 것은 도덕적 법칙을 다 지키는 것과 양립하지 않는다. 사람들이 재물을 구함으로 말미암아 상실하고 있는 모든 것을 분명히 볼 수 있다면, 재물을 얻으려는 노력을 부富에서 해방되는 데 쏟으리라.

음양의 순수한 교류가 발전을 이룬다

천지의 기운이 서로 헝클어져 만물이 화하여 형상을 이루고,
남녀가 정을 맺으매 만물이 화생한다.

天地絪縕 萬物化醇 男女構精 萬物化生
천 지 인 온 만 물 화 순 남 녀 구 정 만 물 화 생

계사하전繫辭下傳

'인온'이란 기氣가 서로 헝클어지며 어울려 교감하는 것이다.
'화순'은 발효되어 순수한 술이 되듯이 변화하여 형태를 이루는 것
이다.

천지의 기가 교감하여 만물이 형상을 이루고 남녀가 교환하여
처음으로 생명이 탄생한다. 음양 두 기운의 순수한 교류만큼 커다
란 발전을 이루는 것은 없다.

1+1 하루를 두 배로 사는 인생 독본

지혜로운 사람은 자기가 처한 환경을 탓하지 않는다. 그는 현재의 처지에 만족하며 자신의 환
경을 만들고자 한다. 우리는 다음의 두 가지 일에는 화를 내서는 안 된다. 자력으로 구원을 얻
는 일과 자력으로는 어찌할 수 없는 일의 경우이다.

천지는 끝없이 변한다

생기고 또 살아 바뀌는 이것을 역易이라 한다.

生生之謂易
생 생 지 위 역

계사상전繫辭上傳

    천지는 끝없이 작용하며 그치는 일이 없다. 또 거기에서 만물이 생겨난다. 춘하추동은 규칙적으로 순환하고 겨울이 끝나면 새로이 봄이 찾아온다. 같은 때는 도로 찾아오는 일이 없다. 생겨나는 것은 항상 새로운 것이고 또 거기에서 새것이 생겨난다. 이렇듯 끝없이 지속되는 변화를 '역易'이라 한다. 우리들 인간도 매일매일의 변화가 있음으로 인해 생생하게 살아갈 수가 있다.

1+1 하루를 두 배로 사는 인생 독본

폭력은 언제나 표면적인 강함으로 인해 마음이 유혹되는 법이다. 그리고 증오해야 할 폭력을 도리어 존경하도록 선동한다. 권력자들은 사람을 움직이고 인도하는 일이 폭력에 의해서만이 가능하다고 믿는다. 현존하는 질서는 폭력이 아닌 다수의 의견에 의해 유지되지만 불행하게도 다수의 의견은 폭력에 의해 파괴된다.

나는 물러서지 않는다

군자는 홀로 서 있어도 두려워하지 않고
세상을 등져도 답답해하지 않음이라.

君子以獨立不懼 遯世无悶
군 자 이 독 립 불 구   둔 세 무 민

───── **택풍대과澤風大過** ─────

택풍대과는 나라나 조직이 무너지게 되어 위급 존망의 시기에 처했을 때 취해야 할 행동을 가르치는 괘이다. 위급한 때 지도자가 자신의 역량을 넘어서는 행동을 취하지 않으면 그 위기로부터 벗어날 수가 없다.

주변에서나 세상 사람들이 아무리 비난을 하더라도 고민하지 않고, '그래 한번 해보자' 하는 마음가짐으로 두려워하지 않고, 휩쓸리지 않고 뜻을 관철해 가는 것이다. 위급한 비상시국에는 도망가는 것이 아니라 '나는 물러서지 않는다'는 용기를 갖고 나아가지 않으면 안 된다는 가르침을 주고 있다.

1+1 하루를 두 배로 사는 인생 독본

진리를 인식하려고 할 때 큰 방해가 되는 것은 거짓이 아니라 진리를 가장하는 것이다. 거짓을 폭로하는 것은 진리를 밝히고 또한 인류의 행복을 위해 아주 중요하다.

우발적인 사건을 대비하다

군자가 이로써 놀라 두려워하며 수양하고 성찰해 본다.

君子以恐懼修省
군 자 이 공 구 수 성

진위뢰震爲雷

진위뢰의 괘는 돌발적인 사건이나 말썽이 일어났을 때의 대처 방법을 가르쳐 준다.

천둥과 번개가 몰아칠 때는 놀랄 수밖에 없으나, 지나가고 나면 "그때는 정말 놀랐어"하고 웃어 버릴 수가 있다. 그와 같이 우발적인 사건이 일어났을 때는 심적인 공황 상태를 야기하지만 피해가 없으면 놀랐던 것만으로 그치고 잊혀지고 만다.

그렇더라도 무섭고 경계하는 마음으로 반성해 보고, 다음에 일어날 때에 대비하여 대처해 가야 할 것이다.

1+1 하루를 두 배로 사는 인생 독본

회의懷疑는 신앙을 파괴하는 것이 아니라 오히려 강하게 한다. 그것은 불신앙이 아니다. 회의는 우리들을 끊임없이 각성하게 만든다.

창업할 때의 마음가짐

병사를 움직여 귀방鬼方을 친다.
3년 후에는 대국으로서 보상을 받으리라.

震用伐鬼方 三年有償于大國
진 용 벌 귀 방 삼 년 유 상 우 대 국

화수미제火水未濟

화수미제는 미완성에서 완성으로 향하는 때를 나타내는 창업의 괘이며 수화기제水火既濟는 완성에서 미완성으로 향하는 때를 나타내는 수성守成의 괘이다.

수화기제에 '고종高宗이 귀신의 나라를 치다'는 말이 있는데, 아무리 명군이라 하더라도 지켜야 할 때에 전쟁을 일으켜서는 국력이 쇄하게 된다.

화수미제는 창업을 할 때에는 힘을 착실히 실어 가면서 용기를 가지고 적극적이고 과감하게 전진할 것을 가르치고 있다. 떨쳐 일어나 오랑캐와 전쟁을 하면 3년 뒤에는 대국大國으로 봉해진다는 뜻이다.

293

1+1 하루를 두 배로 사는 인생 독본

힘과 소유는 같은 것이 아니다. 그렇지만 우리는 소유의 덕택으로 권력까지 손에 넣게 된다. 소유하는 것은 자기를 구속하는 일이다. 자유로운 자는 아무것도 소유하지 않는다.

절제의 미덕

군자가 이로써 절도를 지으며 덕행을 논한다.

君子以制數度 議德行
군 자 이 제 수 도 의 덕 행

───── 수택절水澤節 ─────

'이제수도'는 '절도를 짓는다'는 말로 갖가지 사안에 있어서 정도가 다른 것을 감안한다는 뜻이다. 나라나 조직의 지도자가 되는 사람은 여러 가지 일의 정도를 파악하여 그때그때에 알맞게 대처해 나가야 한다.

정도는 지나쳐도 모자라도 폐해가 생긴다. 그때의 분수에 맞춰 정도를 감안하고 최적의 조건을 갖춘 규칙을 정한다. 그리고 나서 자유로이 활동하는 것이 '절제'가 가르치는 참다운 미덕이다.

1+1 하루를 두 배로 사는 인생 독본

어떻게 하여 자기의 가치를 알 수 있을까 하는 생각만 하고 있으면 아무 소용이 없다. 그것은 행위에 의해서만 알 수 있다. 자신의 의무를 다하도록 힘쓰라. 그러면 그대는 곧 자신의 가치도 알게 될 것이다.

자신을 이겨 휩쓸리지 않는다

군자는 이로써 예가 아니면 이행치 아니한다.

君子 以非禮不履
군 자 이 비 례 불 리

뇌천대장雷天大壯

뇌천대장의 괘는 크게 왕성한 기세의 때를 말한다.

'예禮'는 태도, 예의를 일컫는 말이나 여기서는 자신을 이기는 '극기'를 가리키고 있다. 무엇을 하더라도 잘되어 나갈 듯이 기세가 왕성할 때는 대담하고 호쾌하게 행동해야 한다.

그러나 기세가 좋으니 만큼 자제하는 것이 어려워진다. 극기심이 없으면 조정調停이 먹히지 않게 되고, 때로는 선악의 판단 기준조차 잃어버리고 옳지 않은 일도 아무렇지 않게 행하게끔 되고 만다. 이 말은 그러한 때에 '예'의 길이 아니면 절대로 밟아서는 안 된다고 경고하고 있다.

이 예禮에 대해서는 『공자』, 『노자』 그리고 『중용』에서도 다음과 같이 기술하고 있다.

『공자』 자신에게 이겨서 예로 돌아오라.
『노자』 스스로를 이긴다. 이를 예라 한다.
『중용』 중립하여 휩쓸리지 않는다.

1+1 하루를 두 배로 사는 인생 독본

신앙은 신과 인간관계의 수립이며 그 관계에 의해 자기 자신의 의의가 결정된다. 거짓된 신앙을 버리는 것만으로는 충분하지 않으며 세상에 대한 거짓된 관계를 청산하는 것만으로도 충분하지 않다. 바른 신앙을 수립해야 한다.

경솔한 말이 일을 그르친다

어지러움이 생기는 것은 곧 말로써 단계를 이룬다. 임금이 비밀을
지키지 못하면 신하를 잃고, 신하가 비밀을 지키지 못하면 목숨을
잃어버리며, 기밀을 지키지 못하면 곧 해를 입게 된다.

亂之所生也 則言語以爲階 君不密則失臣 臣不密則失身 幾事不密卽害成
난 지 소 생 야　즉 언 어 이 위 계　군 불 밀 즉 실 신　신 불 밀 즉 실 신　기 사 불 밀 즉 해 성

───── 계사상전繫辭上傳 ─────

'계階'란 단계를 말한다. 매사에 혼란이 생기는 것은 우선 사람
의 말이 계기가 된다. 입 밖에 내서 좋은 것과 나쁜 것, 말해야 할
것과 말해선 안 되는 것의 절도를 지키지 않으면 군주는 신하를 잃
게 되고 신하는 자신의 몸을 망친다.

'기사幾事'란 소중히 취급해야 하는 사안이다. 기밀을 경솔하게
입 밖에 내면 반드시 해가 된다.

1+1 하루를 두 배로 사는 인생 독본

진리를 말하기란 쉽다. 그러나 진리를 얻기 위해서는 얼마나 많은 내면적인 노력을 필요로 하
는 것일까. 인간의 정의의 단계는 그 사람의 도덕적인 완성의 단계를 보여 준다.

곤궁한 때의 대처

말이 있으면 믿지 않으리라. 입을 무겁게 함이 이를 다함이라.

有言不信 尙口乃窮也
유 언 불 신   상 구 내 궁 야

———— 택수곤澤水困 ————

택수곤의 괘는 곤궁한 때를 말하는 것으로『주역』의 4대 난괘 중 하나로 이야기된다. '곤困'이란 글자는 울타리 안에 갇힌 나무이다. 갈 곳이 막혀 곤란하여 괴로워하고 번민하는 것을 의미한다.

'유언불신'은 곤궁한 때는 말하는 것을 남이 믿어 주지 않는다는 뜻이다. 변명이나 거짓말은 물론 올바른 내용일지라도 언변으로서 어려움을 피하려고 한다면 더욱더 앞길이 막히게 된다. 이러한 때에는 입을 다물고 침묵하고 있는 편이 좋다.

1+1 하루를 두 배로 사는 인생 독본

인간의 자유 중에서 가장 작은 자유는 둘 또는 몇 가지의 행위에 대해 선택하는 데 있다. 이를테면 오른쪽으로 갈까 왼쪽으로 갈까 혹은 그냥 서 있을까를 정하는 것이다. 다소 곤란하고 높은 가치가 있는 자유는 감정에 따를까 또는 감정을 억제할까 하는 데 있다. 가장 중대하고 가장 힘들며 필요한 자유는 자기의 사상에 방향을 주는 일에 있다.

신중함으로써 행동을 바로잡아 간다

군자는 경敬으로써 안을 고치고 의義로써 밖을 방정하게 한다.
경과 의를 세운다면 그 덕은 외롭지 아니하다.

君子 敬以直內 義以方外 敬義立而德不孤
군자 경이직내 의이방외 경의립이덕불고

───── 문언전文言傳 ─────

'경'은 존경한다는 의미가 아니고 마음을 다잡다, 신중히 한다
는 뜻이다. 신중함으로써 마음속을 올곧게 하고, 정의를 따름으로
써 외부로 향해 행동하는 자세를 바로잡아 간다. 이 경敬과 의義
를 갖추고 있다면 그 사람의 덕은 그것 하나로 끝날 리가 없다. 자
연히 적지 않은 덕이 거듭 쌓여 크고 성대하게 되며 또한 주위에도
좋은 영향을 미쳐 가는 것이다.

1+1 하루를 두 배로 사는 인생 독본

영원에 대한 신앙은 인간에게 근본적인 것이다. 하지만 우리는 언젠가 모두 죽는다. 죽음의 공
포는 인생을 오직 작고 제한된 생각의 일부분에서만 보기 때문에 생긴다. 사람은 자기 자신이
무엇인가에 질질 끌려다니는 존재라고 생각해서는 안 된다.

규칙적으로 순환하고
끊임없이 생성하는 이유

천지의 큰 덕을 생生이라 한다.

天地之大德 曰生
천 지 지 대 덕 왈 생

───── 계사하전繫辭下傳 ─────

　천지의 덕 중에서 가장 큰 것을 생生이라 한다. 천지는 살아 움직이는 것을 확실히 살리기 위해 규칙적으로 순환하며 끊임없이 생성 발전하고 있다.

　사람도 그를 따라 배우지 않으면 안 된다. 일례로, 지도자라 한다면 모든 사람이 특성을 발휘할 수 있도록 생각하고 지도해 가야 할 것이다.

1+1 하루를 두 배로 사는 인생 독본

인간이 참된 지식을 완전히 얻을 수는 없다. 인간은 다만 지식에 가까이 갈 수 있을 따름이다. 필요 이상으로 많이 알기보다 차라리 적게 아는 것이 낫다. 무지를 두려워 말라. 불필요한 지식, 짐이 되는 지식, 허영을 목적으로 하는 지식을 오히려 두려워하라.

이재理財를 구하다

무엇으로 자리를 지키는가 하면 인仁이다.
무엇으로 사람을 모으는가 하면 재財이다.
재물을 다스리고 말을 바르게 하며
백성의 잘못을 금하는 것을 의義라 한다.

何以守位 曰仁 何以聚人 曰財 理財正辭 禁民爲非 曰義
하 이 수 위 왈 인 하 이 취 인 왈 재 이 재 정 사 금 민 위 비 왈 의

계사하전繫辭下傳

이 문구는 기업 윤리로 읽을 수 있다. 제일 먼저 기업은 인애仁愛, 즉 사람에게 도움이 되려는 의지와 사회 공헌의 정신을 갖고 그 지위를 유지한다. 다음으로 이익의 추구는 기업의 의무이기도 하다. 경영자는 주주나 고객, 종업원과 가족, 그 지역사회, 여론 등에 대하여 영리의 책임을 진다.

'재물을 다스림'이란 이재의 어원이다. 공명정대하게 경영하여 이익을 얻고 경제를 발전시키고, 명확하게 전달되는 말로써 경영자의 의지를 보이고 대외적으로 투명성을 나타낸다.

그것이 이루어지고 나서야 이익만을 추구하지 않고 조직 성원들이 비합법적인 과오를 저지르지 않도록 종업원의 교육에도 힘을 쏟을 수가 있다. '의義'는 지켜야 할 올바른 도리로 잘못을 저지른 자를 보아 넘기지 않고 벌하는 것이다.

300

1+1 하루를 두 배로 사는 인생 독본

생활 속에 종교를 끌어 놓기 위한 첫째 조건은 모든 생명 있는 것에 대한 사랑과 동정이다.

틀림없이 보증된 이익

혹 이익이 있을지도 모른다.
영험한 십붕+朋의 거북점도 어긋나지 아니한다.

或益之 十朋之龜 弗克違
혹 익 지 십 붕 지 귀 불 극 위

──── 풍뢰익風雷益 ────

　풍뢰익의 괘는 위에 있는 자가 손해를 보고 하위에 있는 자를 잘 되게 하는 것을 가리킨다. 국가나 회사 조직에서도 상층부에서 이익을 독점하지 않고 하위의 올바른 곳에 환원해 준다면, 전체가 커다란 이익을 볼 수 있다.

　그것은 '십붕지귀'라고 하는 고대 점술에서 사용했던 고귀한 영귀靈龜로 점을 쳐도 틀림없는 보증된 이익이라는 말이다. 해볼 생각이 있는 사람을 도와 사업을 일으키면 경제가 순환하고 사회 전체의 이익으로 연결된다고 하는 가르침이다.

1+1 하루를 두 배로 사는 인생 독본

모든 생물에 대한 동정은 우리들의 육체적인 고통과 비슷한 감정을 일으킨다. 우리가 육체적 고통에 젖어 버릴 수 있듯이 동정에서 생기는 고통에도 젖어 버릴 수 있는 것이다.

입신의 경지에 들고자 하는 이유

의義를 연마하여 신묘한 진리를 찾음은
씀을 지극히 하기 위해서이다.

精義入神 以致用也
정 의 입 신 이 치 용 아

───── 계사하전繫辭下傳 ─────

'정精'은 현미를 백미로 정미하는 것이다. 이것이 전하여 매사를
순수하게 잘 연마하는 것을 뜻하게 되었다.

'의義'는 올바른 도리이다.

사람이 '올바른 도리란 무엇일까?' 하고 정밀한 연구를 거듭하여
신神과 같은 경지에 이르는 것은 언젠가는 그 도리를 크게 사용하
여 사회에 도움이 되는 힘을 기르기 위함이다.

1+1 하루를 두 배로 사는 인생 독본

도덕적 노력은 끊임없이 계속하는 것이 필요하다. 육욕은 끊임없이 성장하기 때문이다. 인간
이 정신적인 수양을 중단한다면 육체가 곧 그 사람을 정복해 버린다.

자연 치유력

무망의 병은 약을 쓰지 않으면 기쁨이 있다.

无妄之疾 勿藥有喜
무 망 지 질 물 약 유 희

천뢰무망天雷无妄

병이란 부자연스러움이 겹쳐서 일어나는 것이다. 그러기에 약을 쓰지 않더라도 자연 치유력을 높이면 병이 낫는다. 무턱대고 약을 써 대면 오히려 병을 고질화시키는 수가 있다.

이와 같이 어떠한 문제에 대해 이것저것 손을 씀으로써 오히려 나쁜 결과가 되어 쓸데없이 문제가 커지는 경우가 있다. 이 경우는 자연의 때에 맡기고 지켜보는 것이 제일 좋은 약이 된다.

303

1+1 하루를 두 배로 사는 인생 독본

남을 험담하는 일은 확실히 재미있다. 이 재미있는 일이 잘못된 것이라는 점을 깨닫지 못하는 사람은 좀처럼 험담하는 것을 중단하지 못한다. 이는 무서운 죄악이다. 우리들은 남의 일은 놀랄 만한 시력으로 꿰뚫어 보면서도 자신에 대해서는 거의 소경과 같다.

단번에 해치우다

대인이 호랑이처럼 변혁한다 함은 그 무늬가 빛남으로 인함이라.

大人虎變 其文炳也
대 인 호 변   기 문 병 야

──── 택화혁澤火革 ────

　　호랑이의 털이 여름에서 가을에 걸쳐 털갈이를 하듯이 나날이 변화한다. '그 무늬가 빛남'이라 함은 호랑이가 가을이 되면 그 호피가 선명하고 아름다운 문양이 되는 것을 말한다.

　　'호변'이란 제도의 개혁이 문화 문명에까지 미쳐 일신─新하여 완성된 것을 나타낸다. 개혁을 호랑이의 털가죽 문양에 비유한 이유는 그것이 모자란 것을 보전하는 일이 아니라, 털갈이 하듯 모두를 새로이 바꾸는 것으로 마치 하나로 연결된 무늬를 그려 내듯 단번에 해치우지 않으면 안 되기 때문이다.

304

1+1 하루를 두 배로 사는 인생 독본

사람들의 행위는 대부분 이성에 좌우되는 것이 아니며 감정에 의해서만 행해지는 것도 아니다. 무의식적인 흉내나 맹목적인 모방에 있을 수도 있다. 남의 충동질에 휩쓸려 하는 일에도 선과 악이 있다. 남의 장단에 춤추는 행위는 어리석기 짝이 없다.

변화를 소중히 여긴다

아무리 곤란할 때일지라도 모든 여건은 반드시 변하기 마련이다. 역으로 아무리 안정되어 있는 때라 하더라도 그 상황은 반드시 변한다. 만월이 초승달로 바뀌어 가듯이 안정은 기울어 가고 또한 기운 것은 안정을 향하게 된다.

인생에는 갖가지의 때가 있으나, 역易은 변화를 소중히 여기고 바로 그 변화로 인하여 성장과 발전이 있는 것으로 보고 있다.

1+1 하루를 두 배로 사는 인생 독본

전쟁으로 인한 모든 불행과 공포 외에 가장 저주해야 할 것 중 하나는 인간의 두뇌가 사악한 일에 이용되었다는 점이다. 전쟁으로 인한 비용의 내막은 명백히 설명되어야 하지만 그것을 합리적으로 설명하기란 불가능하다. 그래서 두뇌가 사악한 생각을 낳게 되는 것이다.

군자는 점을 보지 않는다

'군자는 점을 보지 않는다'는 말은 군자는 점 같은 것을 봐서는 '안 된다'는 의미로 생각하기 쉬우나 그런 뜻이 아니다.

『논어』에서 공자는 〈굳이 점을 보지 않을 뿐〉이라고 기술하고 있다. 또 순자는 〈역易을 잘 아는 자는 점을 보지 않는다〉고 했고, 장자도 〈점을 보지 않고 길흉을 안다〉는 말을 했다.

즉 『주역』을 배우고 변화의 원리 원칙을 알게 되면, 점을 보지 않아도 앞날을 살필 수가 있다는 말이다.

1+1 하루를 두 배로 사는 인생 독본

과오가 많은 인간은 언제나 남들과 교제하여 어울리면서도 의식은 더욱더 고독함을 느낀다. 반대로 선량하고 현명한 인간은 남들과 어울릴 때에 가끔 고독을 느끼나 자기와 인류의 끊임없는 일치를 의식하고 있다.

음으로서 아래에 머무름은 몽매함이 심한 것이니,
점치는 자가 이러한 경우를 만나면
마땅히 그 몽매함을 들추어내 주어야 한다.
그러나 슬기와 재능을 열어 주는 도리는
마땅히 통렬히 징계하되 잠시 놓아두어서
그 뒤를 살펴보아야 하니,
만일 그대로 가고 놓아두지 않으면
부끄럽고 인색함에 이르게 된다.

10

시월

역易은

사물을 열어 주고

일을 이루어

천하의 도道를

포괄한다

만물의 뜻을 깨달아 일을 성취한다

역易은 사물을 열고 일을 이루어 천하의 도를 포괄한다.

夫易 開物成務 冒天下之道
부 역 개 물 성 무 모 천 하 지 도

계사상전繫辭上傳

『주역』은 무엇을 위해 쓰인 것인가?

그 하나는 사람이나 사물이 갖고 있는 일체 합재合財, 다시 말해 온갖 덕이나 재질, 능력 등을 개화시키기 위함이며 또한 사물의 도리를 확실히 밝히기 위함이다.

다른 하나는 사람이 각자 해야 할 직분을 다하고 목적을 성취하게 하기 위함이다.

그로 인해『주역』에는 시대, 지위, 연령에 관계없이 인간 사회의 모든 길이 망라되어 있다. '개물성무'의 어원이 여기에서 나왔다.

1+1 하루를 두 배로 사는 인생 독본

성현은 무지를 두려워하지 않는다. 회의, 노동, 성찰도 두려워하지 않는다. 그러나 한 가지 일은 두려워한다. 그것은 알지 못하는 일을 알고 있는 것처럼 믿는 일이다.

'주역'은 실천의 철학이다

역易은 생각이 없고 행함이 없어 적막하게 홀로 움직이지 않다가,
감동하여 마침내 천하의 유래와 통하는 것이다.

易 无思也 无爲也 寂然不動 感而遂通天下之故
역 무사야 무위야 적연부동 감이수통천하지고

계사상전繫辭上傳

『주역』의 말은 무심·무작위의 것으로 그저 읽는 것만으로는 어떤 작용을 하는 것이 아니며, 단지 변화의 이치를 보여 주는 것에 지나지 않는다. 그러나 일단 자신의 체험이나 세상사와 비교해 가며 읽으면 서로 감응하듯이 정확한 교시가 되돌아온다.

'주역'은 '실천의 철학'이라 일컬어진다. 이쪽에서 먼저 작용하여 그것을 쓰며 실천한다면 천하의 사물이 눈에 보일 듯 명확해진다고 한다.

1+1 하루를 두 배로 사는 인생 독본

종교와 도덕상의 교훈은 논의의 방법이 서로 다르지만 그 과업에 있어서는 같다. 인간들은 신의 말씀은 듣지 않고 신을 숭배하지만, 신은 숭배하지 않을지라도 신의 말씀을 듣는 편이 낫다. 종교의 본연은 신이 말씀하신 우리들의 모든 의무를 인식하는 데에 있다.

한순간에 결과를 직관한다

기미를 앎은 신묘하지 아니한가.

知幾其神乎
지 기 기 신 호

계사하전繫辭下傳

'기幾'는 사소한, 미묘한 기미를 의미한다. 사물이 크게 움직이는 미세한 계기로서, 다른 말로 하면 조짐이다. '기미를 안다'는 것은 새싹을 보고 봄을 아는 것은 아니다. 아직 현상에 나타나지 않고 눈에 보이지 않는 것을 미루어 아는 것을 말한다.

오동나무 잎 하나가 떨어지는 것을 보고 천하 쇠망의 때를 알게 된다는 뜻의 '오동나무 잎 하나가 떨어짐을 보고 천하의 가을을 안다'는 문구와 같이, 한순간에 그 기미에 대한 결과를 예측할 수 있다. 이는 보통 사람에게는 미치지 않는 직관력이라고 『주역』은 말하고 있다.

313

1+1 하루를 두 배로 사는 인생 독본

재산은 결코 만족을 주지 못한다. 재물이 많을수록 욕심도 커진다. 재산이 많아짐에 따라 그 욕구를 만족시킬 수 있는 일이 더욱더 적어지는 것이다. 도둑이 훔칠 수도 없으며 그대가 죽은 뒤에도 남아서 결코 썩지 않을 재산을 얻으라.

문을 나서지 않고 천하를 알다

집 안 뜰을 나서지 않음은 통하고 막힌 것을 알기 때문이다.

不出戶庭 知通塞也
불 출 호 정 지 통 색 야

───── 수택절水澤節 ─────

　　수택절의 괘 이름 '절節'은 대나무의 마디이다. 대나무는 '통색'을 거듭하며 뻗어 나간다. 마디가 늘어나는 때는 통하고 마디에서는 막힌다는 말이다. 통해 있는 것은 나아가야 할 때이며 막혀 있는 것은 물러나 멈춰야 할 때이다.

　　'절'을 아는 사람은 집 안에서 한 발짝을 나가지 않아도, 통색을 알고 진퇴의 시기를 안다. 그것을 유연하게 즐기는 것이다. 『노자』에도 〈문을 나서지 않고 천하를 안다〉는 말이 있다.

1+1 하루를 두 배로 사는 인생 독본

자기의 단점을 잘 알고 있는 사람만이 남의 결점에 대하여도 바른 태도를 가질 수 있다. 우리들이 남의 처지를 자신의 처지라고 생각한다면, 그에게 느끼는 혐오감으로부터 해방되는 경우가 종종 있다. 또 남을 자기의 처지에 두면 자기의 교만에서 벗어나게 되는 일도 자주 있다.

감성의 근원

군자는 비움으로써 사람을 받아들인다.

君子以虛受人
군 자 이 허 수 인

━━━ 택산함澤山咸 ━━━

'허虛'는 마음속에 있는 공허한 빈틈을 말한다. 이는 마음이 움직이는 공간이고 느끼는 능력을 갖는 감성의 근원이다. 사람의 말이나 마음을 받아들이는 데는, 아무리 지식이나 경험을 쌓았다 하더라도 '아직 알지 못하는 것이 있다'고 허심탄회한 자세로 임하는 것이 중요하다.

억측으로 가득 차 있다든가 지식에만 사로잡혀 있다면, 어떤 근사한 일이나 인물과 만나게 되더라도 진심으로 받아들여지지 않고 아무런 느낌도 주지 못하게 된다.

1+1 하루를 두 배로 사는 인생 독본

열 번 자로 잰 다음에 재단하라. 다른 사람의 부족한 점은 백번은 생각해 본 연후에 그것을 말하라. 부주의가 우리의 욕망을 부채질하니, 말을 조심하는 것은 덕성을 크게 나타내는 일이다.

유유상종

성인이 나옴에 만물이 우러러본다.
하늘에 근거한 것은 위와 친하고 땅에 근거한 것은 아래와 친하다.
이는 각기 그 유類를 따르는 것이다.

聖人作而萬物覩 本乎天者親上 本乎地者親下 則各從其類也
성 인 작 이 만 물 관 본 호 천 자 친 상 본 호 지 자 친 하 즉 각 종 기 류 야

――――― 문언전文言傳 ―――――

성인을 모두가 우러러보듯이, 사람도 물건도 같은 종류에 감응
한다. 하늘로부터 생명을 받은 동물은 머리를 위로 하고 땅에서부
터 생명을 받은 식물은 그 뿌리를 밑으로 뻗는다.

다른 사람 위에 설 만한 사람이 나타났을 때 같은 뜻을 가진 사
람들이 서로를 찾아 감응한다. 국가나 회사 조직도 그렇게 해서 성
립되는 것이다.

1+1 하루를 두 배로 사는 인생 독본

병은 자연 발생적인 현상이지만 질병을 예방할 줄 알아야 한다. '건강한 신체에 건전한 정신이
깃든다'라는 말은 어느 때에는 옳았을 것이다. 그러나 현대에는 반대로, 오직 건전한 정신만이
육체를 건강하게 한다.

벗어날 길은 만들어 준다

왕이 세 면으로 몰아가면서 앞으로 달아나는 새를 놓아준다.

王用三驅 失前禽
왕 용 삼 구 실 전 금

수지비水地比

은 왕조의 초대 왕인 탕왕이 사냥감을 쫓을 때 "세 방향은 둘러싸고, 나머지 한 군데로는 자유로이 도망칠 수 있게 하라. 그래도 걸려드는 사냥감은 잡도록 하자"고 말한 데서 유래되었다.

아무리 실력이 있다 하더라도 약한 자에게 위압적인 태도로 힘을 휘둘러서는 안 된다는 가르침이다. 도망갈 길이 없어질 때까지 쫓지 말고 상대방의 자유의지를 존중해 줄 것을 말하고 있다.

1+1 하루를 두 배로 사는 인생 독본

신을 알아야 할 필요성은 우리들이 신을 배척하고 망각했을 때 가장 분명하게 느껴진다. 설령 공기를 마시고 있다는 사실을 모르는 자라도 질식해 가고 있을 때에는 무엇인가를 빼앗겼음을 알 것이다. 신을 빼앗긴 자도 마찬가지다.

참고 때를 기다리다

천지가 닫히면 현인은 은둔한다.

天地閉 賢人隱
천 지 폐 　 현 인 은

문언전文言傳

　예를 들어 하늘은 정부, 땅은 국민이라고 해 보자. 정부가 국민의 기분을 고려치 아니하고 국민은 정부의 방침에 따르지 않는다면, 그 어느 쪽도 의사소통을 도모하지 못하고 나라는 혼란하게 된다. 이것이 '천지폐'라고 하는 상태다.

　어질고 현명한 사람은 그러한 시대에는 자신의 능력을 발휘할 때가 아니라고 깨닫고, 입을 다물고 지갑 끈을 단단히 묶어 멀리로 은둔하듯 한다. 일견 비겁하게 보일지라도 때를 기다릴 수밖에 다른 방법이 없는 경우도 있다. 그러한 때는 가만히 참고 다가올 시대를 대비하는 수밖에 없는 것이다.

1+1 하루를 두 배로 사는 인생 독본

참된 지혜는 무엇이 선이며 무엇을 하여야 할 것인가를 아는 데에만 있는 것이 아니라 무엇이 최선이며 무엇이 차선인가를 아는 데에 있다. 그리고 무엇을 우선하고 무엇을 다음에 할 것인가를 아는 것에도 있다.

밝음을 감추고 자신을 지키다

기자箕子의 명이明夷라고 할 것이니 바르게 함이 이롭다.

箕子之明夷 利貞
기 자 지 명 이 이 정

기자는 은 왕조의 장래를 걱정하여 생질인 은나라 주왕에게 지속적으로 간하였으나, 받아들여지지 않고 주왕은 폭군이 되었다.

기자는 포악하기가 비교할 데가 없는 시대임을 깨닫고, 미친 것으로 위장하여 난을 피하였다. 기자는 스스로의 명덕明德을 깨고 자신의 총명함을 내보이지 않았다. 간난의 시기에 있어 명이, 즉 '명덕을 깨는' 수단으로 밝은 마음, 희망을 잃지 않고 자신의 길을 지킨 것이다.

1+1 하루를 두 배로 사는 인생 독본

자의식을 정신적인 자아로 승화시키는 자는 삶에 있어서 불행을 경험하지 않을 것이다. 이 현실에서 의식의 각성은 물질적인 형식 속에 나타나며, 이 물질적인 형식은 정신적인 본질을 제한하는 것이다. 그러므로 참된 인생은 끊임없이 이 제한을 파괴하는 데 있다.

난세의 처세술

천지가 교감하지 않으니 비否 괘이다.
군자가 이로써 덕을 감추어 난을 피하고,
가히 녹을 받아 영화를 누리지 않음이라.

天地不交 否 君子以儉德辟難 不可榮以祿
천 지 불 교 비 군 자 이 검 덕 피 난 불 가 영 이 록

───── 천지비天地否 ─────

천지가 교감하지 않는다 함은, 사람이 불러일으킨 화로 인하여 야기된 무도無道로 난세가 되었음을 일컫는다.

회사 조직에 비해 말하면 경영자 측은 이권만을 찾아다니고 사원은 될 수 있으면 나태해지려고 하는 듯한 상황이다. 이러한 때에는 작록爵祿, 즉 출세나 돈벌이 이야기에서 떠나 있고 요직에 앉아선 안 될 일이다. 요직에 취임하게 되면 후에 반드시 재난이 닥친다. 잘 돌아보고 경계하고 근신하는 것이 필요하다.

1+1 하루를 두 배로 사는 인생 독본

도덕적 생활에 있어서 모든 중요성은 물질적인 의의에 의해 결정되지 않는다. 그것에 기인한 결과에 의해서도 결정되지 않는다. 다만 도덕적인 노력의 정도에 의해 결정된다.

무정하게 배재하지 않는다

군자는 오직 해결책을 찾으니 길하다.
소인에게도 신망이 있음이라.

君子維有解吉 有孚于小人
군 자 유 유 해 길 유 부 우 소 인

───── 뇌수해雷水解 ─────

'유維'는 험난함의 원인을 제공한 소인이다. 그렇다고 해도 어려움을 당한 당사자 자신도 현인의 충고를 받아들이지 않고 이권을 찾아다니려는 기분이 있었기 때문에 소인을 끌어들인 것이다.

'해解'란 해방, 해산을 뜻한다. 소인을 배격하여 벌하는 것이 아니고 그 역할에서 물러나게 하고 실력과 덕이 있는 현인들을 소중히 여긴다.

무정하게 배제해 버리지 않는다면 성의가 전해져서 소인에게도 믿음이 싹트게 되므로 마음을 고쳐먹고 물러갈 것이라고 가르치고 있다.

1+1 하루를 두 배로 사는 인생 독본

참으로 존경받을 만한 가치 있는 일을 자랑으로 하지 않고, 도리어 불필요한 것과 해로운 것, 즉 권력이나 재산을 자랑으로 생각한다. 재산은 거름 무더기와 같아서 가만히 두면 악취가 난다. 그러나 땅에 뿌리면 대지를 기름지게 한다.

수성守成과 음덕陰德

오랫동안 바르게 하는 것이니 이롭다.
여섯 가지 능력을 사용함에 오랫동안 바르게 함은
크게 이루어 끝마치는 것이다.

用六 利永貞 用六永貞 以大終也
용 육 이영정 용 육 영 정 이 대 종 야

───── 곤위지坤爲地 ─────

　‘창업’과 ‘수성’을 음양으로 나누어 보면 ‘창업’은 양이고 ‘수성’은 음이 된다. 적극적으로 추진하는 힘만으로는 사물을 오래 지속시킬 수가 없다. 번영을 유지하는 데는 유순하고 유화하게 수용하는 ‘음’의 힘을 지도자 스스로가 만들어 내는 노력이 필요하다.

　‘용육의 영정’이라 함은 ‘음’의 덕을 사용하여 오랫동안 바르게 지키고 커다란 공적을 이루는 것이다. 나라나 조직의 지도자는 특히 음덕을 체득하지 않으면 안 된다.

1+1 하루를 두 배로 사는 인생 독본

완성에 도달하는 첫걸음은 항상 관습에서 떠나는 일에 있다. 자기 양심이 요구하는 대로 세상의 습관에서 벗어난 자는 더욱 엄격하고 주의 깊은 행동을 해야 한다. 그 사람의 과실이나 약점이 큰 죄로 오해받을 염려가 있기 때문이다.

수성守成할 때의 마음가짐

고종이 귀방을 정벌함에 3년을 싸워 이기다.

高宗伐鬼方 三年克之
고 종 벌 귀 방 삼 년 극 지

수화기제水火既濟

고종은 은나라 중흥의 아버지로 불리는 훌륭한 임금 무제武帝이다. '귀방'이란 북방의 만족蠻族을 일컫는 말이다.

무제는 천하가 안정되고 태평함에도 불구하고 북방의 만족과 전쟁을 벌였다. 아무리 명군名君이라 하더라도 이기기까지는 3년이나 걸려서 국력이 쇠하였다.

수화기제의 괘는 완성의 때를 말한다. 창업과 수성으로 본다면 수성에 해당한다. 이 말은 수성의 시기에는 내부의 안정에 주력할 것이고 외부 진출을 도모할 일이 아니라는 훈계를 담고 있다.

1+1 하루를 두 배로 사는 인생 독본

인간 사회의 현실은 그저 폭력에 의해 굴종되는 것이 아니라, 이성에 의해 인도되고 모든 법칙이 바르게 인식되는 것이라고 생각하는 편이 훨씬 자연스럽다.

어린아이의 눈으로는 인심을 살피지 못한다

동관童觀은 소인의 길이다.

童觀 小人道也
동 관 소 인 도 아

―――― 풍지관風地觀 ――――

'동관'이란 어린아이가 보는 법을 말한다. 지금 무엇이 일어나고 있는가 하는 사건의 줄거리만을 알 뿐으로 그것이 가리키는 의미나 인심을 살펴서 알 수가 없는 것이다.

아직 나이가 어리다면 이해되는 일이나, 한 나라나 하나의 성城을 짊어지는 것과 다름없는 조직의 지도자가 사물에 대해 천박한 견해밖에 가지고 있지 못하다면 부끄러운 일이다.

'관觀'은 통찰을 말하는 괘이다. 『주역』에서는 조직을 짊어지는 자는 반드시 기미를 알아채는 통찰력을 갖추고 있어야 한다고 역설하고 있다.

1+1 하루를 두 배로 사는 인생 독본

예술이란 인간이 도달할 수 있는 가장 고귀한 감정을 사람들에게 가지게 하는 인간의 소업이다. 참된 예술 작품은 그 작품을 받아들인 사람의 의식 속에 그들과 작가의 구별을 없애 버린다. 타인과 하나가 되는 것에 예술의 빛나는 힘이 있으며 본연성이 있다.

사물화에의 경고

우물을 차지하고 막으면 안 된다.

井收勿幕
정 수 물 막

―――― 수풍정水風井 ――――

    우물은 널리 만인을 먹이는 것으로서, 언제든 물을 길어 올려 사용하는 것이다. 그런 까닭에 결코 우물을 막고 사물화私物化해서는 안 된다.

    이 우물의 역할, 구조나 사용 방법, 관리는 나라나 사회조직에 비견된다. 회사는 사회에 널리 공헌하여 사람을 키우는 것이 그 역할이다. 따라서 경영자는 회사를 사물화하지 말아야만 한다. 정보 공개나 투명성을 중히 여기고 탄탄한 관리 체제를 완성시키지 않으면 아니 되는 것이다.

325

1+1 하루를 두 배로 사는 인생 독본

인간의 사명은 자신의 영혼을 성찰하는 것이다. 자기의 영혼을 성찰하는 일은 영혼을 기르고 확대시키는 것이다. 힘은 성장과 함께 생긴다. 이것은 육체에서처럼 정신에서도 마찬가지이다.

두루 윤택하게 하다

군자는 이로써 녹을 베풀어 아래에 미치게 함이니,
그를 덕으로 내세우면 바로 꺼림을 받게 됨이다.

君子以施祿及下 居德則忌
군 자 이 시 록 급 하 거 덕 즉 기

───── 택천쾌澤天夬 ─────

택천쾌의 '쾌夬'는 결단 또는 터져 무너진다는 뜻의 결괴決壞를
의미한다. 하위에 있는 자가 윗자리에 있는 자를 물리친 뒤 낡은
체제를 배제하고 새로운 시기를 열어 가는 길을 말한다.

'녹祿'은 은혜, 혜택, 동정을 일컫는다. 여태까지 윗자리에 앉아
있던 은혜와 혜택의 구조를 부수고 아랫자리에까지 미치게 하여
두루 윤택하게 한다.

낡은 제도를 고쳐 새롭게 하는 그러한 유신維新을 일으키는 자
가 은택을 자신이 있는 자리에 머물게 하고 아래에는 베풀지 아니
하거나, 베풀더라도 그것을 자신의 덕이나 공명으로 삼는 것은 기
피해야 한다.

1+1 하루를 두 배로 사는 인생 독본

인간은 사고로서가 아니라 행동으로 자신을 아는 것이다. 해야 할 일을 위해 노력함으로써 인
간은 자신의 가치를 알게 된다.

소인을 꺼려하다

박剝을 믿으면 위태로움이 있으리라.

孚于剝 有厲
부 우 박   유 려

―――― 태위택兌爲澤 ――――

　정이 깊고 도량이 넓은 사람은 세 치 혓바닥으로 나대는 소인과
도 그런 줄 알고 접촉할 수가 있다. 그러나 성실한 사람들과의 교
제와 같이하지 않고 확실히 구별한다.

　'부우박'이란 소인을 꺼려하지 않으면 언젠가는 자신의 성심이
박탈되게 된다는 뜻이다. 어떠한 성인이라 할지라도 교묘한 말씨
로 접근해 오는 소인에게는 경계심을 가진다. 소인은 사람을 기쁘
게 하는 술수에 능하여 어느새 마음속에 숨어 들어와 상대를 농락
해 버리기 때문이다. 주의해야 한다.

1+1 하루를 두 배로 사는 인생 독본

결코 억지로 신에게 갈 필요는 없다. 스스로 마음이 원하지 않을 때에는 가까이 갈 수 없는 것
이다. 그러므로 나는 신에게 가까이 가지 않는 자에게 "그렇다면 유혹에 빠지라" 하고 말한다.
의혹의 길에 서거나 신에게 가까이 가는 척하는 형식에 빠지기보다 차라리 악마의 불에 멋지
게 타 버리는 편이 훨씬 낫다.

분별을 확실히 한다

군자는 위와 사귀되 아첨하지 않고
아래와 사귀되 모독하지 않으니 기미를 아는 것이다.

君子 上交不諂 下交不瀆 其知幾乎
군 자 상 교 불 첨 하 교 부 독 기 지 기 호

계사하전繫辭下傳

    매사의 사소한 기미를 알아차릴 수 있는 사람은 윗사람에 대해 공손하게 대하나 아부하지 않으며, 아랫사람에게는 친근하나 담합에까지 이르지는 않는다.

    분별을 확실히 한다 함은 아첨이나 너무 밀착된 관계가 나중에는 결코 좋게 끝나지 않는다는 것을 알고 있기 때문이다. 이는 인간관계의 굴레에 얽매이지 않고 매사를 바르게 판단하고, 해야 할 일을 해야 할 때에 신속하게 하기 위한 자세이다.

1+1 하루를 두 배로 사는 인생 독본

만일 그대가 선한 일을 하고 사랑을 베풀 수 있다면 그것을 지금 실천해야 한다는 것을 명심하라. 기회는 한 번 오고 다시는 돌아오지 않기 때문이다. 영원히 사는 것처럼 행하라. 그리고 이제 곧 죽을지 모르는 것처럼 교제하라.

생각지 않은 도움을 주는 사람

구멍에 빠지다. 청하지 않은 손님 셋이 오니
이를 공경하며 받아들이면 나중에 길하다.

入于穴 有不速之客三人來 敬之終吉
입 우 혈 유 불 속 지 객 삼 인 래 경 지 종 길

─── 수천수水天需 ───

'불속지객'이란 '청하지 않은 손님'과 같은 뜻이다. 이는 현재는
폐를 끼치는 손님, 불청객이라는 의미로 사용되지만, 원래는 생각
지 않았던 도움을 주는 사람을 의미한다.

곤란이 극에 이르면 사람들은 완고해지고 도움을 거절하는 경우
가 있다. 그러나 정말로 곤란한 경우에 나타난 도움의 손길은 쫓아
버리거나 도망가지 말고 순순히 받아들이라는 가르침을 주고 있다.

1+1 하루를 두 배로 사는 인생 독본

인생의 의의는 자신에게 제시된 모든 것에 따를 준비가 되어 있는 사람에게는 분명하게 이해
된다. 그러나 자기에게 유리하고 습관이 되어 버린 인생의 의의만을 진리라고 고집하는 사람
에게는 언제까지나 이해되지 않을 것이다.

맹렬히 반성하고 노력한다

군자가 이로써 몸을 돌이키고 덕을 쌓는다.

君子 以反身修德
군 자 이 반 신 수 덕

수산건水山蹇

수산건의 괘는 아주 어려운 일, 위험한 때를 말하는 것으로 4대 난괘 중 하나이다. 극복해 내는 것이 불가능하게 생각될 정도로 심한 고뇌의 와중에는 마음이 거칠어져서 하늘을 원망하고 다른 사람을 책하고 싶어진다. 하지만 그래서는 해결되는 일이 하나도 없다. 점점 더 곤란과 위험만 가중되어 갈 뿐이다.

얼마나 자기에게 힘이 없는지, 단련되지 않았는지, 크지 못했는지 하는 것을 맹렬하게 반성하고 가일층 자신을 고양하려는 노력을 하라고 계고하고 있다.

1+1 하루를 두 배로 사는 인생 독본

모든 새는 어느 곳에 둥지를 지어야 할 줄 알고 있다. 새가 둥지 지을 곳을 알고 있다는 것은 스스로의 사명을 알고 있음을 의미한다.
만물의 영장인 인간이 새도 알고 있는 일을 알지 못할 수 있을까?

스스로 경계하여 회복하라

처음으로 되돌아감을 잊으니 흉하다. 재앙이 있다.

迷復凶 有災眚
미 부 흉 유 재 생

―――― 지뢰복地雷復 ――――

지뢰복의 괘는 복귀, 부활, 회복의 때를 나타낸다. 또한 올바른 길에서 벗어나 버렸을 때 되돌아가는 방법을 설명하고 있다. '미부' 즉, 되돌아감을 잊는다는 말은 길을 잃어버린 게 아니라 잘못 들었다고 깨달았음에도 처음으로 되돌아가지 않는 것을 말한다.

'재생'은 화禍이다. '재災'는 외부에서 비롯된 화를 말하며 '생眚' 은 자신이 일부러 만들어 낸 화를 말한다.

길을 잘못 들었으면 스스로 경계하여 재빨리 되돌아가야 한다. 『주역』에서는 되돌아가기를 잊고 망설인다면 영원히 올바른 길로 돌아갈 수 없다고 경고하고 있다.

1+1 하루를 두 배로 사는 인생 독본

폭풍이 물을 뒤흔들어 흐리게 하듯이 욕망, 불안, 공포, 번뇌가 인간이 자신의 본연을 인식하는 것을 방해한다. 인간의 참된 힘은 근심 속에 있지 않다. 파괴되지 않는 평안 속에 있는 것이다.

문제의 명쾌한 처리

산불이 나면 차츰 멀리 번져 간다. 이것이 여旅이다.
군자는 이로써 밝고 신중하게 형을 집행하여
감옥에 오래 머물게 하지 않는다.

山上有火 旅 君子以 明愼用刑 而不留獄
산 상 유 화 여 군 자 이 명 신 용 형 이 불 유 옥

화산여火山旅

화산여는 산에 불이 나면 그것이 한군데로 그치지 않고 점점 더 번져 가게 되는 것에서 '여旅'라는 괘명이 붙게 되었다. 이로부터, 군자는 백성이 범한 죄를 두루 밝게 살펴 신중히 형벌을 줌으로써 뇌옥에 오랫동안 잡아 두지 않도록 하라고 가르치고 있다.

또한 이는 매사를 한군데에 잡아 두지 말고 밝게 살피고 신중하게 진행하라는 의미도 있다. 문제를 명쾌하게 처리하고 처리되지 않은 채로 잡아 두지 말라고 이르고 있는 것이다.

1+1 하루를 두 배로 사는 인생 독본

인간은 분수이다. 분자는 자기를 남과 비교하였을 때 결정되는 위대성이다. 분자를 크게 하는 일, 즉 자기의 표면적인 위대성을 크게 하는 것은 그 사람 자신의 힘 바깥에 있다. 분모는 자신에 의한 평가로, 누구라도 분모를 적게 할 수는 있다. 그리고 그것을 적게 함으로써 사람들은 완성에 가까워져 가는 것이다.

가득 참을 줄여 모자람을 보탠다

하늘의 도리는 그 작용이 아래로 내려와 빛나고, 땅의 도리는 낮은 곳을 지킴으로써 그 작용이 다시 하늘을 향한다. 천도天道는 가득 찬 것을 덜어 모자란 것을 보태고, 지도地道는 가득 찬 것을 바꾸어 모자란 데로 흘려보내고, 귀신은 가득 찬 것을 방해하여 겸손한 데 복을 주고, 인도人道는 가득 차 교만함을 미워하고 겸손한 것을 좋아한다. 겸손히 하면 높은 지위는 더욱 빛이 나며 낮은 자리에 있다 하더라도 남이 업신여기지 못하니, 군자의 마무리이다.

天道下濟而光明 地道卑而上行 天道虧盈而益謙 地道變盈而流謙
천 도 하 제 이 광 명　지 도 비 이 상 행　천 도 휴 영 이 익 겸　지 도 변 영 이 류 겸

鬼神害盈而福謙 人道惡盈而好謙 謙尊而光 卑而不可踰 君子之終也
귀 신 해 영 이 복 겸　인 도 오 영 이 호 겸　겸 존 이 광　비 이 불 가 유　군 자 지 종 야

———— 지산겸地山謙 ————

'주역'은 낮게 겸양하는 것이야말로 가장 높은 데까지 이르게 된다고 한다. 대지는 처음부터 낮아서 높은 하늘에서조차 낮게 겸양한다. 땅은 산을 계곡으로 바꾸고 다시 계곡을 산으로 만든다.

귀신무사鬼神無邪, 즉 귀신은 사邪가 없다라는 말이 있듯 귀신은 자만심을 싫어하고 겸양하는 자에게 행운을 가져다준다. 겸손한 태도를 끝까지 관철하며 허물지 않는 것이 군자이다. '겸謙'의 덕은 마지막을 장식하는 것이다.

1+1 하루를 두 배로 사는 인생 독본

양심은 이 세상의 모든 의의에 대한 인식이다.

사람을 어찌 재판할 것인가

마른 고기를 씹다가 금 화살을 얻음이라.
어렵고 바르게 함이 이로우니 길하다.

噬乾胏得金矢 利艱貞吉
서 건 자 득 금 시 이 간 정 길

화뢰서합火雷噬嗑

화뢰서합은 방해가 되는 것을 깨물어 부수어 문제를 해결한다는 의미의 괘이다. 악한 자를 심판하여 형벌을 주고 뇌옥에 넣는 때를 말한다.

'건자'는 뼈다귀가 붙어 있는 마른고기이다. 이것은 턱에 상당한 힘을 주지 않으면 깨물어 자를 수가 없다. 마찬가지로 강건한 죄인을 재판할 때는 함부로 경시하면 안 된다. 여하히 재판할 것인가 하고 고민할 정도로 성실하게 문제에 매달리지 않으면 안 된다. 그렇게 고려하며 해결했을 때 큰 공적을 쌓게 된다.

1+1 하루를 두 배로 사는 인생 독본

만일 모든 인간 생활의 근원이 동일하지 않다면 우리들이 경험하는 동정同情의 감정은 무엇으로도 설명할 수 없을 것이다.

개혁의 논의는 거듭 주고받으라

가면 흉하다. 바르나 위태롭다.
고친다는 말을 세 번 되풀이하면 믿음이 있다.

征凶 貞厲 革言三就 有孚
정 흉 정 려 혁 언 삼 취 유 부

택화혁은 개혁, 변혁을 하는 방법을 가르치는 괘이다. 개혁의 시기를 서둘러 하게 되면, 아무리 그 기백이 올바르다 해도 실패할 위험성이 있다.

개혁을 결행할 때까지는 개혁이 요구되는 이유를 재삼 이야기하여 찬성과 반대의 의논이 몇 번이고 오가는 과정이 필요하다. 그러한 과정을 거쳐 개혁의 기운이 대중 속에 확산되고 세상의 여론이 되고 나서야 비로소 신뢰를 얻을 수 있는 것이다.

1+1 하루를 두 배로 사는 인생 독본

자신의 사명을 인식함으로써 인간은 자기의 가치를 아는 것이다. 자기의 사명을 아는 것은 종교적인 인간뿐이다. 자신이 정신적인 실재임을 알고 있을 때 타인의 가치를 알 수 있게 된다.

세월을 두고 자라나다

기러기가 하늘 길로 나아감이니,
그 날개를 치고 날아감이 의표로 삼을 만하여 길하다.

鴻漸于逵 其羽可用爲儀吉
홍 점 우 규 기 우 가 용 위 의 길

風山漸 풍산점風山漸

　풍산점의 괘는 천천히 많은 세월을 두고 앞으로 나아가 큰 나무로 자라나는 전진법을 가르쳐 주고 있다.

　'홍鴻'은 기러기의 일종으로 희고 큰 새이다. '규逵'는 구름이 가는 길, 공중에 난 길이다. 수십 마리의 기러기 떼가 일사불란하게 열을 지어 의용을 갖춘 진법으로 날아가는 모양을 나타내고 있다.

　서서히 단계를 거쳐 나아간 것은 정연하고 아름답게 완성된다. 날아가는 기러기 모양같이 물러서는 방법도 흐트러짐 없이 후진해 나아간다.

1+1 하루를 두 배로 사는 인생 독본

이 세상은 의미 없는 장난이 아니다. 단순히 경험의 골짜기도 아니다. 더 나은 세계로 옮아가는 것도 아니다. 이 세계 자체가 영원한 세계의 하나이며 아름답고 즐거운 세계이다.

밝음을 이어 천하를 밝게 하다

밝음을 겹쳐 리離를 이루었으니,
대인이 이로써 밝음을 계승하여 사방을 비춘다.

明兩作離 大人以繼明 照于四方
명 양 작 리 대 인 이 계 명 조 우 사 방

───── 리위화離爲火 ─────

밝음이 중복되어 일으킨다 함은 태양을 의미한다. 오늘도 내일도 태양이 떠오른다는 것이다. 이는 나라나 사회 또는 가정을 밝히는 방법과 그 마음가짐을 말한다.

'이離'는 '불'로서, 타오르는 불을 잘 보면 그 중심은 어둡다. 즉 마음이 비어 있지 않으면 밝음을 이어 가지 못한다. 아침에 떠오르는 태양처럼 매일 마음을 새롭게 한다면 주위를 밝게 비출 수 있다는 가르침이다.

1+1 하루를 두 배로 사는 인생 독본

참된 종교는 이성의 종교가 아니다. 그러나 참된 종교는 이성에 어긋나지 못한다. 빛은 빛으로서 남는 것과 같다. 설령 소경이 그것을 보지 못했다 해도 말이다.

인仁, 타인을 사랑하고 어질게 행동함

'인'이란 커다란 사랑, 배려이다. 인간은 한 사람만으로는 살아 갈 수 없고 서로가 도우면서 사는 존재이다.

가정에 있어서는 가족에 대한 배려와 양육, 일에 있어서는 사회 공헌이나 사회적 책임도 '인'에 포함된다. 사회적 활동에 있어 우선 중요한 것은 다른 사람을 배려하고 사회 공헌에 힘쓰며, 사회적인 책임을 감당하는 것이다.

1+1 하루를 두 배로 사는 인생 독본

병에 대한 자각이 우리들의 육체를 보호하는 데 필요한 조건인 것처럼, 고뇌는 요람에서 무덤에 이르기까지 우리들의 생활에서 불가피한 조건이다.

의義를 명확히 분간하다

'의'는 의리 그리고 정의正義라고 할 때의 '의'이다. 의는 계절로 말하면 가을에 해당한다. 가을에 벼 이삭을 베어 쌀만을 남기고 나머지는 버림으로써, 수확을 얻는다고 하는 의미가 있다.

남기는 것과 버리는 것을 분간한다. 이것이 의이다. 따라서 의에는 '이 정도로 괜찮지 않나?' 하는 애매함이 있어선 안 된다. 좌우는 확실히 나누어진다. 적당한 정도의 것이 아니라 매우 엄격한 것이다.

1+1 하루를 두 배로 사는 인생 독본

자기 스스로 사색하지 않는 사람은 다른 사람의 사색과 주장과 선동에 따르게 된다. 자신의 사색을 그 누구에게 공물로 바치는 일은 자기 육체를 공물로 바치는 것보다 천하다.

여러 사람이 하고 있는 일을 흉내 내고 싶을 때면 항상 멈추어 서서 생각해 보라.

직관을 갖고 조짐을 바르게 알다

『주역』은 '때'를 논하고 '조짐'에 대해 언급하고 있는 책이다.

'춘맹 春萌'은 봄의 새싹, 봄의 조짐이라는 말로 이른 봄 어린 꽃 줄기가 얼굴을 내미는 현상을 말하는 것이나, 여기서의 '조짐'은 아직 현상화되지 않아 눈에 보이지 않는 잠상潛像, 즉 사물 속에 잠겨 감춰져 있는 미미한 변화의 발생을 말한다.

동지는 1년 중 제일 해가 짧고 이날을 경계로 하여 해는 점점 길어진다. 동지는 봄이 싹트고 봄의 조짐이 보이는 날이다. 그러나 진정한 겨울의 시기는 동지를 지난 다음에 찾아온다.

조짐을 깨닫는다 함은 이를테면 사물에 있어서의 동지를 알아차린다고 해도 좋을 것이나, 이것을 어떤 한 가지 현상으로부터 읽어낸다는 것은 거의 불가능에 가깝다. 그렇다면 조짐, 징조는 어떻게 해서 깨닫는 것일까? 그것은 수양과 연구를 거듭하여 직관을 갖고 바르게 아는 일이다.

『주역』은 춘하추동의 순환을 기본으로 해 시時가 변화하는 원리 원칙, 영고성쇠의 법칙을 말하고 있다. 이것을 실천하여 배움으로써 사물의 전체적인 경과인 대국大局을 통찰하는 힘이 붙게 된다. 이윽고 시의 본질을 꿰뚫어 보는 통찰력이 배양되고 나아가 미미한 조짐으로써 앞길을 내다보는 직관력으로 발전하게 되는 것이다.

1+1 하루를 두 배로 사는 인생 독본

오만은 자기애를 억제할 수 없어서 밖으로 그 모습을 나타낸다. 자아가 지나치면 과대망상이 되고 만다. 자기애는 육체적인 생활을 보전하기 위해 필요하다. 모든 것의 개별성을 파괴해야 하는 사명을 가지고 있는 이성이 육체적인 생활의 한계를 넘어서지 못할 때 자기애는 유독하고 괴로운 것이 된다.

시류를 좇지 말라

세간에서는 어찌하면 시대 흐름에 편승할 수 있을까 하고, 옥을 갈아 빛을 내듯 절차탁마한다.

그러나 『주역』은 '시류를 좇는 자는 시류와 함께 망한다'고 말하고 있다. 우연히 시류를 읽는 재능이 있어서 시대 흐름에 편승하는 것은 요행수이다. 운이 좋아 시대 흐름을 탔다고 하더라도 그 운이 다하면 쇠퇴할 뿐이다.

운이 있든 없든 간에 그때그때 해야 할 일을 하라고 하는 것이 『주역』의 가르침이다. 봄이나 여름에 해야 할 일을 하지 않고, 언제나 결실의 가을만을 좇아다니는 것은 아무래도 무리한 이야기이다.

1+1 하루를 두 배로 사는 인생 독본

진리의 전파에 가장 방해가 되는 것은 낡은 것의 고수와 오랜 전통을 믿는 완고함 이 두가지이다.

11
십일월

군자는
———
표변豹變하고
———
소인은
———
안면만을 바꾼다

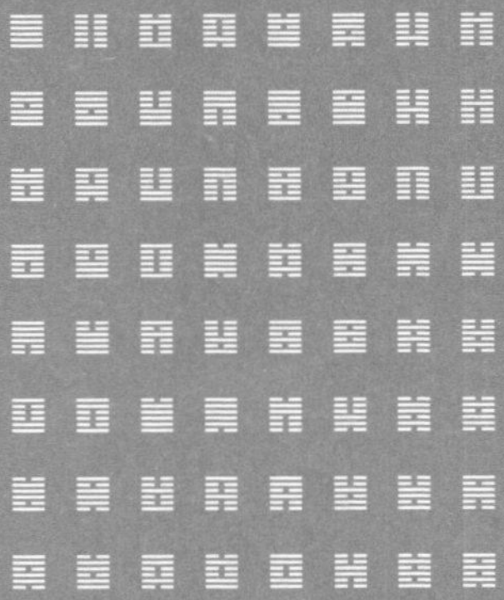

호랑이 같되, 사납지 않게

순서에 반하는 것도 길하다.
호시탐탐 그 의욕이 쫓고 쫓기는 듯하면 허물이 없다.

顚頤吉 虎視耽耽 其欲逐逐无咎
전 이 길   호 시 탐 탐   기 욕 축 축 무 구

──── ▌산뢰이山雷頤▐ ────

윗사람이 많은 사람들을 키워 내듯이 아랫자리에 있는 현인에게 자신의 모자라는 면에 대해 가르침을 구한다. 이것은 아래위턱이 바뀌듯, 역으로 상위자가 하위자로부터 키워지는 것이다.

그러한 때는 호랑이 같이 위세는 있으되 사납지 않은 태도로 접하여, 호랑이가 먹잇감을 노리고 계속해서 쫓아 따라 붙는 것과 같은 의욕을 갖고 임하라고 가르치고 있다.

'호시탐탐'은 키우는 때를 일컫는 산뢰이의 괘에서 유래된 말이다.

345

1+1 하루를 두 배로 사는 인생 독본

비방을 비방으로 복수하는 것은 불에 장작을 집어넣는 일과 같다. 그러나 자기를 비방하는 자를 평화로운 태도로 대하는 자는 이미 그것을 이겨 낸 사람이다.

허물을 고쳐 뚜렷이 달라지다

군자는 표변하고 소인은 표면만을 바꾼다.

君子豹變 小人革面
군 자 표 변 소 인 혁 면

택화혁澤火革

군자는 개혁, 변혁의 때에 응하여 잘못을 고치고 표범과 같이 털색깔을 아름답게 바꾼다. 택화혁의 괘에는 대인은 호랑이처럼 바꾼다는 뜻의 '대인호변大人虎變'이라는 말도 있다. 가장 훌륭한 변혁의 완성을 일컫는 말인데, 그에 감화되어 주변 사람들이 차례차례 '표변'해 간다.

'군자표변'은 현재는 나쁘게 변하는 의미로 사용되나, 본래는 좋은 방향으로 바꾼다는 의미였다.

그 반면에 소인은 마음에도 없는데 얼굴 표정만을 바꾼다고 말하고 있다.

1+1 하루를 두 배로 사는 인생 독본

모든 선한 행위는 사람들의 칭찬에 대한 바람이 들어 있지 않다. 그것이 오직 인간적인 영예만을 위한 행위라면 악이다. 그러나 선을 행하려는 희망 속에 사람들의 칭찬에 대한 희망이 없다면 선행이라고 할 수 있을 것이다.

천하에 나서지 않는다

천덕天德은 위수爲首에 자리하면 안 된다.

天德不可爲首也
천 덕 불 가 위 수 야

―――― 건위천乾爲天 ――――

　사람을 이끌어 가는 지도자는 아무리 자신의 재능이 있어도 그것을 과시해서는 안 되고, 자신이 해 온 일이 아무리 높이 평가되어도 자신의 공적으로 내세워서는 안 된다. 남과 다투어서 자신이 선구先驅가 되는 것이 아니고, 다른 사람을 앞세워서 그들의 재능을 키워 주어야 할 것이다.

　이는 노자의 유명한 '삼보의 덕三寶之德'에 있는 '굳이 천하의 앞에 나서지 않는다'는 말과 같은 의미이다.

1+1 하루를 두 배로 사는 인생 독본

모든 인간이 인생의 가장 중요한 문제를 해결하려고 할 때에는 먼저 오랜 세월 쌓이고 모아진 힘에 의해 얻어진 지식, 즉 인생의 모든 근본 문제에 대해 거짓된 전설을 고집하는 지식을 타파해야 한다.

교만은 실각의 징조이다

귀하다 하나 자리가 없고, 높다 하나 따르는 백성이 없고,
현인이 아랫자리에 있어도 그중에 도와주려는 자가 없다.

貴而无位 高而无民 賢人在下位而无輔
귀 이 무 위 고 이 무 민 현 인 재 하 위 이 무 보

문언전文言傳

아무리 뛰어난 사람이라 해도 오랫동안 상좌에 앉아 있으면 반드시 교만함이 나오게 된다. 사회적인 지도자가 실각하는 조짐으로서 나타나는 것 중 하나가 다른 사람의 의견을 듣지 않게 되는 것이다. 아무리 현명한 부하가 있어서 의견을 제시하려고 해도 귀를 기울이지 않게 되고, 그러는 동안에 자기중심적이 되어 올바른 판단력을 잃고 만다. 그러면 사람들이 따라오지 않게 되니, 이름뿐인 지도자가 되어 버린다.

1+1 하루를 두 배로 사는 인생 독본

충분한 확신이 없는 일을 완강히 주장하지 말라. 남에게 들은 일을 경솔히 믿지 말라. 남의 단점을 보아도 그를 멸시하지 말라.

분수를 지키라

이치에 통하고 올바른 자리에 몸을 둔다.

通理 正位居體
통 리 정 위 거 체

———— 문언전文言傳 ————

매사의 정리情理에 통하고 스스로 따라야 할 입장을 알고 그 자리에 앉는다. 이는 설사 재능이 있고 능력을 인정받아 높은 지위에 있다 해도, 그때의 상황과 정리에 따라 자신의 분수에서 벗어나지 말고 근신하며 있으라는 의미이다. 순종, 수용, 유화의 음덕에 대해 말하고 있다.

1+1 하루를 두 배로 사는 인생 독본

사상은 진리를 확실하게 밝힌다. 그러므로 옳지 못한 사상은 충분한 사고와 연구를 거치지 못한 사상이다.

분수를 넘으면 실추한다

만나지 못하여 이를 지나치니, 나는 새가 떠나는 것이라 흉하다.
이를 재생災眚이라 일컫는다.

弗遇過之 飛鳥離之凶 是謂災眚
불 우 과 지 비 조 이 지 흉   시 위 재 생

뇌산소과雷山小過

뇌산소과의 괘는 약간의 지나침은 통할 수 있으나, 크게 벗어나
면 화가 된다고 가르쳐 주고 있다. 만류하는 것을 무시하고 자신의
분수를 크게 벗어나면 화가 된다. 나는 새일지라도 계속 날아만 다
니고 있으면 화살을 맞고 떨어져 버린다.

'재생'은 자신이 초래한 재앙이다. 자신의 분수도, 시세도 알지
못하고 있으면 재앙이 미치게 된다. 이미 다 알고 있는 이야기 같으
나 이러한 이유로 실추하는 사람은 지금도 끊임없이 나오고 있다.

1+1 하루를 두 배로 사는 인생 독본

어떤 사람의 단점이라도 본인에게 직접 비난하면 유익하지만, 그 사람 앞에서는 숨기다가 그
가 없을 때 다른 이들에게만 이야기하면 의롭지 못하다. 그 비난은 사람들에게 해독을 끼치며
비난받는 사람에게는 공연한 악감정만 줄 뿐이다.

위기감을 가진다

그게 망하지 않나 망하지 않나 우려하면서
든든한 뽕나무에 잡아맨다.

其亡其亡 繫于苞桑
기 망 기 망　계 우 포 상

천지비天地否

    천하 무법의 난세가 도래하는 것은 인재에 의한다. 혼란이 수습되기 시작해도 방심하고 잘못 그르치면 다시 소인들이 만연하여 재차 곤란에 빠진다. 따라서 사태가 완전히 수습될 때까지는 마음을 놓지 말고 오늘 망하는 게 아닌가, 내일 망하는 게 아닌가 하며 깊이 경계해야 할 일이다.

    '포상'은 뽕나무이다. 겉보기는 위험해 보이나 뽕나무 뿌리는 땅속 깊숙이 뿌리를 내리고 있다. 그 뽕나무 줄기에 단단히 몸을 매어 놓듯이 위기감을 갖고 방어할 필요성을 이야기하고 있다.

1+1 하루를 두 배로 사는 인생 독본

현대 예술의 사명은 인간의 행복이 서로의 결합에 있다는 것을 알고 판단의 영역에서 감정의 영역으로 가져가는 데 있다. 그리고 폭력이 지배하는 곳에 신의 나라를 세우는 것, 인생 최고의 목적이라고 생각되는 사랑을 두는 데 있다.

돌발 상황에 경계하고 경비하다

군자는 이로써 병기를 정비하고 헤아리지 못함에 대비한다.

君子以 除戎器 戒不虞
군 자 이   제 융 기   계 불 우

택지췌澤地萃

택지췌의 괘는 사람이나 물건이 모여들어 번영하는 때를 나타낸다.

'제융기'라 함은 병기를 정비하는 것이며 '계불우'란 어디 미처 헤아리지 못한 데가 없는가 하고 돌발적인 사건에 대응할 수 있는지를 경계하는 것이다. 이는 곧 위기관리에 대하여 말하고 있다.

사람이나 물건이 많이 모여드는 시기는 다양한 인간과 물건이 넘쳐 뒤섞여 있기 때문에, 생각지도 못한 다툼이나 사건, 사고가 일어나기 쉽다. 방심하고 경비를 게을리해서는 안 된다.

1+1 하루를 두 배로 사는 인생 독본

그대는 인생길을 반 쯤 가다가 갑자기 놀라움도 느끼지 못한 채, 제자리에서 움직이고 싶지 않다고 생각한다. 왜냐하면 앞길에 무엇이 있는지 볼 수 없기 때문이다. 하지만 그대는 그대가 나왔던 길도 모르지 않는가? 그리고 알지 못한 채 태어난 것이 아니었던가? 그대는 입구로 들어오기는 하면서도 출구로 나가고 싶지는 않다는 것인가?

왕의 명령은 취소하기 어렵다

환渙의 시기에는 큰 호령을 땀 내듯이 한다.

渙汗其大號
환 한 기 대 호

───── 풍수환風水渙 ─────

‘환渙’이란 흩어지다, 분산되다, 헤어져 흩어진다는 의미이다. 나라 안이 분산되었거나 또는 사회조직이 뿔뿔이 흩어졌을 때 지도자는 큰 호령을 발할 필요가 있다. 이를 땀에 비유하고 있다.

왕의 명령은 취소하기 어렵다는 것을 ‘윤언여한綸言如汗’이라고 하는데, 땀은 한번 몸에서 흘러나오면 되돌릴 수 없다는 데서 그 뜻을 취하였다. 아침저녁으로 바뀌기 일쑤인 조령모개朝令暮改 식 명령이 아니라는 것이다. 헤어져 흩어진 사람들의 기분을 한데 모으기 위해 지도자는 정확한 명을 내려 널리 알려야 한다.

1+1 하루를 두 배로 사는 인생 독본

그대는 지금까지 멈추지 않고 걷던 그 걸음을 최후까지 계속하기가 고달퍼져서는 육체의 죽음에 의해 그대의 상태가 아주 변화되는 것을 두려워한다. 그러나 그대의 탄생 역시 대단한 변화가 생긴 것이 아닌가? 그리고 그대가 떠나기 싫어함에서 분명히 알 수 있듯이 좋은 일이 있었던 것이 아닌가?

탐하는 자가 있는 조직

앞으로 나아가려는 큰 쥐는 비록 올바를지라도 위태롭다.

晋如鼫鼠 貞厲
진 여 석 서 정 려

———— 화지진火地晋 ————

'진여'는 앞으로 나아가려고 하는 것이고 '석서'는 커다란 쥐로 탐욕을 부리는 자를 나타내는 말이다.

공적을 쌓아 요직에 진출했으나 큰 쥐와 같이 지위와 권력만을 탐하는 자가 있다. 그들은 조직에 공헌을 했으므로 이 정도는 괜찮지 않겠느냐며 권력과 금전을 탐하고, 후진들을 가로막고 지위를 놓지 않으면서 조직 전체를 어둡게 만든다. 과거의 공로는 옳을지라도 요직에 있는 자는 검소해야 하고 결코 탐욕을 부려서는 안 된다는 가르침이다.

1+1 하루를 두 배로 사는 인생 독본

우리들은 종종 자기가 빠진 우물이 깊을 것이라고 상상한 나머지 밤새도록 두 손으로 매달려 있는 아이와 같다. 그러나 아이의 발밑에는 겨우 한 자 정도의 우물 바닥이 있고 더구나 그 우물은 물 없이 바닥만이 있을 뿐이다.

아첨이 지나치다

남을 따른다고 침상 아래에 엎드려 있으니
몸을 지키는 도끼를 잃는다.

巽在牀下 喪其資斧
손 재 상 하 상 기 자 부

손위풍巽爲風

침대 밑에 엎드리듯이 몸을 낮추고 시종함은 지나친 행위로서 아첨하는 것이 된다. 그렇듯이 아첨이 지나치면 자신의 자질과 사물을 판단하는 능력을 잃게 되고 자기 자신마저 잃어버리고 만다.

'손'은 유순함을 나타낸다. '상牀'은 침대, '자부'는 몸과 재산을 지키고 물건을 베는 무기이다. 이 손위풍은 남을 따르는 때, 겸손해야 할 때를 일러주는 괘이다.

1+1 하루를 두 배로 사는 인생 독본

어떤 사람이 바다에 빠뜨린 보석을 찾고자 바닷물을 퍼내기 시작했다. 그러자 바다에서 요정이 나와 물었다. "언제까지 할 작정이지요?" 그가 대답했다. "이 바닷물을 모두 퍼내면 보석을 찾을 수 있다고 생각합니다." 결국 바다의 요정이 그 보석을 찾아다 주었다. 노력은 어느 때라도 할 수 있으며, 내면적인 좋은 결과는 항상 착오 없이 그 노력에 대응하는 것이다.

자신의 길을 지킴으로써 소인이 멀어진다

군자는 이로써 소인을 멀리하되 미워하지 않고 엄하게 할 것이다.

君子以遠小人 不惡而嚴
군 자 이 원 소 인 불 악 이 엄

───── 천산둔天山遯 ─────

천산둔은 피해야 할 때 어떻게 피해야 하는지 그 방법을 알려 주는 괘이다. 소인을 멀리하고 피하고자 할 때 자기 혼자만 깨끗하다는 식으로 상대를 미워하고 멀리 쫓아 버려 가까이 오지 못하도록 해서는, 오히려 원한을 사게 된다. 그와 같이 다른 사람을 심하게 대하는 것은 잘못된 일이다.

오히려 자신의 길을 엄히 지킨다는 자세를 갖고 접촉한다면 소인은 자연히 떨어져 가게 되어 있다.

1+1 하루를 두 배로 사는 인생 독본

공손한 사람만큼 강한 자는 없다. 공손한 사람은 자신에게서 벗어나 신과 결합한다. 이 세상의 가장 약한 자가 가장 강한 자를 이긴다. 그러므로 공손의 힘, 침묵의 이익은 위대하다. 이 세상에서는 오직 소수만이 공손하다.

반드시 파국을 맞다

군자는 이로써 일찍이 끝맺지 못해 깨어짐을 안다.

君子以永終知敝
군 자 이 영 종 지 폐

뇌택귀매雷澤歸妹

11

13

뇌택귀매의 괘는 젊은 처자 쪽에서 먼저 찾아서 시집가는 때를 말한다. 젊은이들은 일시적인 미숙한 감정에서 움직이는 경향이 있는데, 그렇게 해서 시작된 혼사는 길게 지속되지 못하고 파국을 맞게 된다는 가르침을 주고 있다.

혼인에 한하지 아니하고 한때의 즐거움이나 기쁘고 우쭐한 기분으로 움직이는 일 역시 뒤에 반드시 파국을 맞게 된다. 냉정한 마음으로 오래 지속되는 일은 무엇일까를 생각하고 나서 행동하도록 해야 할 것이다.

357

1+1 하루를 두 배로 사는 인생 독본

자기완성이라는 것은 인간의 본성에 의한다. 그 사람이 정직하다면 현재의 자기의 덕성에 만족하는 일이 결코 없을 것이다. 생활을 자기완성에 두고 있는 자는 오직 앞만 내다본다. 자기가 한 일을 되돌아보는 자는 항상 제자리에 머물러 있는 경우에 한한다.

음陰의 마성

구姤는 장한 여자이다. 이런 여자를 취하면 쓰임새가 없으리라.

姤 女壯 勿用取女
구 여 장 물 용 취 녀

───── 천풍구天風姤 ─────

천풍구의 '구姤'는 '음과 양이 예상 외로 만난다'는 의미이다. 양기가 왕성한 속에 음기가 끼어들었기 때문에 남녀의 만남에 비유된다.

남성 사회에 마성을 간직한 아름다운 여자가 한 사람 끼어들어온다. 남자는 여자에게 압도당하지만, 그렇다고 결코 그 여성을 중용해서는 안 된다. 양귀비를 비롯하여 아름다운 여성이 한 나라의 멸망의 원인이 된 사례는 많다. 양기가 왕성한 속에 끼어 들어온 음은 알지 못하는 사이에 세력을 증폭시켜 나라를 기울게 하는 것이다.

358

1+1 하루를 두 배로 사는 인생 독본

모든 지식보다도, 인생을 밝혀 주고 바르게 인도할 수 있는 지식이 가장 중요하다. 지식에 있어 중요한 것은 그 양이 아니라 바른 평가이다.

사물을 진심으로 받아들이지 못하다

생각이 자주 왔다 갔다 헤매게 되면 벗도 네 생각을 따를 것이다.

憧憧往來 朋從爾思
동 동 왕 래 붕 종 이 사

──── 택산함澤山咸 ────

　'동동왕래'는 생각이 끊임없이 왔다 갔다 하여 마음을 종잡지 못하는 것이다.

　'붕종이사'라 함은 주위 사람도 각자 제멋대로의 생각으로 헛갈리게 되는 것이다.

　마음을 종잡지 못하게 되는 것은 사심이나 사욕에 흔들리게 되어 사물을 진심으로 받아들이며 느끼지 못하기 때문이다. 사심을 버리고 감동하는 데가 없다면 결코 마음은 안정되지 않는다.

1+1 하루를 두 배로 사는 인생 독본

재물이 주는 기쁨은 거짓이다. 재보財寶를 물질적 부라고만 여기는 자는 얼마나 무서운 수렁 속에 빠져 있는 것일까! 재산, 권력, 생활, 즉 인간들이 수고하여 소유하려는 그 모든 것들은 얼마나 값비싼가? 그렇게 얻은 모든 것들은 향락을 위해 쓰일 뿐이다.

아들이 선대의 부패를 혁신한다

아비의 일을 맡아서 바로잡는다.

幹父之蠱
간 부 지 고

━━━ 산풍고山風蠱 ━━━

'고蠱'는 접시에 벌레가 들끓는 형상으로 부패한다는 의미이다. '간幹'은 부패를 일소하고 바로잡는 것이다. '간고幹蠱'는 선대의 일을 이어받아 혁신함을 말한다. 아비 시대부터 지속되어 온 부패를 아들이 바로잡는다, 아들의 대에서 부패를 바로잡는다는 뜻이다.

평화로운 사회가 오래 지속되면, 선대 당시는 좋았더라도 세월과 더불어 부패해 간다. 이는 부자 일가에만 한정된 이야기가 아니다. 세상사나 조직도 마찬가지이다. 시대마다 혁신이 필요한 것이다.

1+1 하루를 두 배로 사는 인생 독본

신은 나무에게 태양을 향하여 성장하도록 명령하고 꽃에게는 가을에 씨를 뿌리도록 명령한다. 신을 향해 나아감으로 우리들이 더욱더 결합하도록 명령한다.

사적인 소망을 씻어 버리다

성인은 이로써 마음을 씻고 은밀한 데에 물러나 감추며,
길흉 간에 백성과 더불어 근심을 같이함이라.

聖人以此洗心 退藏於密 吉凶 與民同患
성 인 이 차 세 심 퇴 장 어 밀 길 흉 여 민 동 환

계사상전繫辭上傳

'이로써'라 함은 『주역』이 말하는 중용의 정신이다. 사물을 판단
해야 할 때 중용의 정신에 따라 굳게 마음먹는 것이나, 이렇게 되
었으면 좋겠다 하는 사심에서의 소망 또는 사리사욕 등을 씻어 내
버리듯이 마음을 정화한다.

그리고 조용하고 깊은 경지에 마음을 둠으로써 사람들의 고통이
나 번민을 내 일처럼 배려하고 느낄 수가 있게 된다. 그렇게 쌓아
온 덕을 다시금 세상에 나섰을 때 유용하게 쓰는 것이다.

1+1 하루를 두 배로 사는 인생 독본

과거도 미래도 존재하지 않는다. 누가 그리고 언제, 그와 같은 꿈의 나라로 찾아 들어갈 수 있
는가? 현재만이 존재할 뿐이다. 내일을 염려 말라. 내일은 존재하지 않을지 모르기 때문이다.
현재 속에 현재를 위해서만 살아라.

마음을 썩이는 일이 없다

윗자리에 앉아도 교만하지 않으며
아래에 있다 하여 근심하지 않는다.

居上位而不驕 在下位而不憂
거 상 위 이 불 교 재 하 위 이 불 우

문언전文言傳

　높은 지위에 있어도 교만하지 않으며 지위가 낮아도 마음을 썩이는 일이 없다. 매사에 집중하여 필사적으로 노력한다면 자신의 지위나 출세 같은 쓸데없는 것에 정신을 빼앗길 틈이 없다.

1+1 하루를 두 배로 사는 인생 독본

선은 어떤 사람의 필요가 충족되거나 어떤 사람이 희생한 것만으로 평가할 수는 없다. 오직 받은 사람과 준 사람 사이에 이루어진, 신과의 사귐에 의해서만 측량할 수 있는 것이다. 남에게 주는 일이 많고 남에게서 받은 일이 적으면 적을수록 그는 선하다. 남에게 주는 일이 적고 남에게서 받은 일이 많으면 많을수록 그는 악하다.

지혜의 공부

군자는 옛사람들이 한 말과 행동을 익히고 그로써 그 덕을 쌓는다.

君子 以多識前言往行 以畜其德
군 자 이 다 식 전 언 왕 행 이 축 기 덕

───── 산천대축山天大畜 ─────

'전언왕행'이란 옛사람들이 한 말과 행동을 일컫는다. 군자는 그
것들을 읽고 배우고 사색하여 덕을 기르는 것이다.

산천대축은 사회에 크게 공헌할 수 있는 덕을 쌓는 것을 가르치
는 괘이다. 선인들이 쌓아 온 것을 읽고 무엇을 말하고 어떻게 행
동하는가를 배워, 현재 살아가고 있는 자신의 상황에 맞추어 재체
험하고 덕을 기르고 비축하게 된다. 이는 '지혜의 공부'가 중요함
을 일깨워 주고 있다.

363

1+1 하루를 두 배로 사는 인생 독본

인간이 저지른 물질적인 악은 그 인간에게 되돌아오지 않을지 모르나 악행으로 인한 감정은
반드시 그 사람의 마음에 흔적을 남기고 언젠가는 괴로움으로 보복할 것이다. 자신이 범한 악
으로 인한 정신적인 손해는 어떠한 외면적인 행복이 있더라도 보상되지 않는다.

학문의 덕을 닦다

군자는 이로써 문덕文德을 아름답게 닦는다.

君子以懿文德
군 자 이 의 문 덕

───── 풍천소축風天小畜 ─────

사물이 정체되어 생각대로 나아가지 않을 때는 문덕을 닦고 순종하며 온화하게 공부한다.

문덕은 문무 양도에 있어서 무덕武德에 대응하는 것이다. 무武는 표면적으로 싸우는 강한 힘이다. 한편 문덕은 내면의 정신성, 예술성, 지성을 일컫는다. 마음을 닦아 높은 인격을 가짐으로써 난관을 타개할 수 있는 길이 열리게 된다.

1+1 하루를 두 배로 사는 인생 독본

끝까지 견디는 자는 구원을 얻을 것이다. 얼마나 많은 사람들이 흔히 절망하여 멈추어 버리는가? 조금만 더 노력하면 목적이 달성될 터인데 그만 돌아서 버리고 만다. 사람들에게 의지하지 말고 신의 뜻에 따르도록 힘쓰라.

가시방석에 앉아도 깨우치지 못하다

돌에 막혀 곤란을 겪으며 가시덤불에 처하다.
집에 돌아가도 처를 보지 못하니 흉하다.

困于石 據于蒺藜 入于其宮 不見其妻 凶
곤 우 석   거 우 질 려   입 우 기 궁   불 견 지 처   흉

──────── 택수곤澤水困 ────────

   '질려'는 남가새로 가시투성이의 한해살이풀을 말한다. 거칠고 딱딱한 바위에 가로막혀 괴로워하고 '가시덤불에 처하여' 바늘방석에 앉은 듯한 생각이 드는 때도 있다. 또한 자신의 집에 돌아가니 위로해 줄 아내도 도망가 버리고 없다.

   이런 것들은 매우 큰 괴로움이지만 그 괴로움에서 배우지 못하는 소인배는 점점 더 곤궁해지기 마련이다. 그런 자들은 큰 바위를 치우려고 고생하며 일부러 가시방석에 앉아 스스로를 위태롭게 하고 만다. 곤궁에 처하여 거기에서 무언가를 배우려는 자세가 중요한 것이다.

365

1+1 하루를 두 배로 사는 인생 독본

신에게 봉사하는 것은 사람을 섬기는 일보다 훨씬 쉽다. 사람들 앞에서는 자신을 훌륭한 가문의 출신인 것처럼 가장하고, 남이 그대를 천한 족속이라고 하면 슬퍼할 것이다. 신 앞에서는 그런 일이 불필요하다. 신은 그대가 어떠한 인간인지 알고 있다. 그리고 신 앞에서는 누구도 그대를 악평할 자가 없다.

과오를 되풀이하지 않는다

선하지 못한 것이 있다면 일찍이 알아채었을 것이요,
이를 안다면 지금 와서 또다시 과오를 범하지 않으리라.

有不善 未嘗不知 知之 未嘗復行也
유 불 선 미 상 부 지 지 지 미 상 부 행 야

계사하전繫辭下傳

　도를 거의 체득한 자는 몸에 선하지 못한 것이 있다면 반드시 알
아차리고, 그것을 알아챘다면 다시는 그 선하지 못한 일을 되풀이
하지 않는다. 과오를 다시 되풀이하지 않음을 철저히 시행하는 것
은 도통한 데에 가깝다.

1+1 하루를 두 배로 사는 인생 독본

건설하지 말라. 항상 심으라. 건설한 것에 대해 자연은 온갖 방법으로 파괴를 가져올 뿐이나,
심은 것에는 성장을 가져옴으로써 그대의 과업을 도와주기 때문이다. 정신적인 면에서도 동일
하다. 세계의 생활과 일치되지 않는 일을 결코 하지 말라.

두꺼운 얼음이 되어서야 알아차린다

서리를 밟으면 단단한 얼음에 도달한다. 서리를 밟고 나아감에
굳은 얼음은 처음엔 음이 엉긴 데서 생겼고 점차 변하여 그를 따르는
상태에 이르게 되니 두루 미쳐 단단한 얼음에 이르게 된다.

履霜堅氷至 履霜堅氷 陰始凝也 馴致其道 至堅氷也
이 상 견 빙 지 이 상 견 빙 음 시 응 야 순 치 기 도 지 견 빙 야

───── 곤위지坤爲地 ─────

늦가을 이른 아침, 마당에 나서면 엷게 서리가 내려앉아 있다.
엷은 서리는 이제부터 수개월이 지나면 두꺼운 얼음이 되고 이를
알아차렸을 때는 꼼짝도 할 수 없게 된다. 이것이 '서리를 밟으면
단단한 얼음에 도달한다'고 하는 말로 나쁜 습관에 익숙해진 때의
무서움을 경고하고 있다.

기업의 불상사나 범죄는 대개가 '서리를 밟는 것'에서부터 시작
된다. 처음엔 안 될 일이라는 생각을 하다가도 사소한 것이라는 생
각으로 경시하게 된다. 그러나 그런 악습에 점점 익숙해져 가면,
이윽고 그것이 더 두터워져서 돌이킬 수 없는 커다란 화에 이르게
된다. 그렇기에 맨 처음의 서리를 알아차린 단계에서 대책을 강구
하지 않으면 안 된다.

1+1 하루를 두 배로 사는 인생 독본

모든 일을 인간의 두뇌로써 해결할 수 있다고 여기는 사람은 인간의 가장 중요한 본질을 생각
해 본 적이 없는 자이다. 대도서관은 독서를 장려하는 것이 아니라 도리어 그 머리를 산만하게
한다. 분별없이 많이 읽기보다 훌륭한 저자를 선택하여 독서하는 편이 훨씬 유익하다.

조짐을 알고 행동한다

군자는 기미를 알고 드러남을 알며 부드러움을 알고 강함을 안다.

君子 知微知彰 知柔知剛
군 자 지 미 지 창 지 유 지 강

───── 계사하전繫辭下傳 ─────

'미微'는 때의 기미, 조짐이다. '창彰'은 확실히 드러나는 것이다. 즉 미세한 기미가 매사를 확실히 드러나게 해 주는 것을 안다는 의미이다. 아주 사소한 기미를 깨달아 알고 그것이 여하히 발전해 가는가, 어떠한 현상이 일어날 것인가 하는 것을 모두 알 수가 있다는 말이다.

'강유剛柔를 안다'라 함은 그 사물의 표리, 현 상황을 알고 어떻게라도 행동할 수 있다고 하는 것이다.

1+1 하루를 두 배로 사는 인생 독본

아무리 견딜 수 없는 사악한 사람일지라도 가난한 자에게는 동정을 하라. 멀지 않은 곳에는 배부르고 사치한 인간이 있는데, 다 쓰러져 가는 오두막에는 굶주림과 추위에 찌들어 있는 사람이 있는 것이다. 인생은 얼마나 불공평한가.

대업과 성덕

부유富有하니 이를 대업大業이라 하고,
일신日新하니 이를 성덕盛德이라 칭한다.

富有之謂大業 日新之謂盛德
부 유 지 위 대 업 일 신 지 위 성 덕

───── 계사상전繫辭上傳 ─────

　풍요롭게 만물을 보유하는 것을 대업이라 하고, 나날이 새로워
지며 그 공적을 새롭게 해 나가는 것을 성덕이라 한다. 대업이란
사업을 크게 발전시켜 가는 것과도 비유된다. 또한 성덕이라 함은
매일 매일 학문을 닦고 쌓아 나감으로써 세상에 통달해 가는 것이
라고 생각해도 좋다.

1+1 하루를 두 배로 사는 인생 독본

곰을 잡는 데는 다음과 같은 방법이 사용된다. 살코기가 들어 있는 통 위에 무거운 통나무를
매달아 둔다. 곰은 고기를 먹기 위해 통나무를 밀어제친다. 그러면 통나무는 되밀려 와서 곰을
내리친다. 곰이 화가 나서 더욱 세차게 통나무를 밀칠수록 통나무는 더욱 세게 곰을 때린다.
어리석은 인간은 이 곰과 같다.

부하의 마음가짐

빛남을 머금고 드러내지 말며 가히 바르게 해야 할 것이다.

含章可貞
함 장 가 정

───── **곤위지坤爲地** ─────

'장章'은 번쩍번쩍 빛나는 것, 재능이나 재각才覺을 뜻한다. '함장'이란 밝은 덕을 밖으로 드러내지 않는 것이다. 즉 재능을 자랑 삼아 보이지 않고 명령받은 대로 묵묵히 참고 따르는 것을 의미한다. 그것이 부하의 길이라고 가르쳐 주는 말이다.

현실에서 보더라도 재능과 지혜가 있는 부하일수록 때로 재능을 발휘하더라도 그것을 과시하지 아니하며, 공적을 인정받지 못한다 해도 불만을 터뜨리거나 하지 않는 법이다.

1+1 하루를 두 배로 사는 인생 독본

양서를 읽음으로써 선이 고수된다. 좋은 예술도 선을 고무시킨다. 기도는 스스로에게 선을 고무시킨다. 그러나 가장 중요한 선의 고무는 선한 생활의 모범을 본받는 일이다. 그렇기 때문에 사람들의 훌륭한 생활은 그와 같은 생활에 의해 생기는 결과를 보고 그것을 배우는 다른 사람에게도 행복이 된다.

자신을 진정으로 낮추다

낮은 땅에 높은 산이 있음이 겸謙이다.

地中有山 謙
지 중 유 산   겸

------- 지산겸地山謙 -------

'겸'은 '자신을 낮추다' '삼가다'에 더 나아가서 '기분 좋다'는 의미가 있다. 높은 산이 자신은 높지 않다며 땅 밑으로 향한다. 이렇듯이 기분 좋게 자신을 낮추는 것이 진정한 겸허함이다.

만물을 배우면 배울수록 자신의 배움이 모자란다는 사실을 깨닫게 된다. 그리되면 부끄러워서 자만 따위는 가질 수도 없다. 좀 더 열심히 공부해 보자는 마음이 되는 것이다.

지산겸은 그렇게 자신을 낮추는 정신의 중요함을 이야기해 주는 괘이다.

371

1+1 하루를 두 배로 사는 인생 독본

정욕이 그대를 지배할 때 결코 그것이 그대의 정신을 형성하고 있는 것이라고 생각하지 마라. 정욕은 다만 일시적으로 그대의 참된 정신의 성질을 감춰 버리는 어둠의 엄습에 지나지 않는다. 자신의 신에 속한 성품이 무엇 때문에 어두워졌는가를 알게 되면 그것과 싸워라.

형이상과 형이하

형이상인 것을 도道라 이르며, 형이하인 것을 기器라고 칭한다.

形而上者 謂之道 形而下者 謂之器
형 이 상 자 위 지 도 형 이 하 자 위 지 기

──────── 계사상전繫辭上傳 ────────

형이상학의 어원이다. 여기서 말하는 '형이상'이라 함은 눈에 보이는 형태로 되기 이전의 실재이다. 그것은 일음일양의 도이며 역易의 정신이고 변화의 원리이다.

'도'가 눈에 보이는 현상으로서의 구체적인 모습, 언어, 행동으로 표현되는 것이 '기'이다. 도는 그 기에 담긴 내용을 말한다. 우리는 기를 통해 도를 배우며 매사의 본질을 알 수 있게 된다.

1+1 하루를 두 배로 사는 인생 독본

불멸에 대한 신념은 이론에 의해서가 아니라 생활에 의해서 얻을 수 있다. 사후 생활의 필연성을 확신시키는 일은 이론이 아니다. 그대가 남과 손과 손을 마주 잡고 인생을 살아가다가 그들이 갑자기 어디론가 사라져 버렸을 때, 그대 자신이 그 심연 앞에 멈추고 서서 거기 그것을 엿보고 아는 것이다.

사람을 보는 눈

　사람을 보는 눈이 길러지는 것은 사회의 최하층에 있는 불우한 시대에 있을 때이다. 언제든지 세상에서 인정을 받고 나름대로 성공한 입장에 서게 되면, 사람은 그 본심을 내보이지 않게 된다. 거친 세파에 많은 시달림을 받을 때야말로 허위나 꾸밈없는 심성에 접하고 인정의 기미를 알 수 있게 된다.

　불우한 자신과 만나는 사람들이 자신을 대하는 방식으로부터 남을 배려하는 일의 중요함과 응대의 근본을 배우는 것이다.

1+1 하루를 두 배로 사는 인생 독본

우리들의 적이 때로는 친한 벗보다 유익할 경우가 있다. 친구는 언제나 우리들의 실수를 묵인해 주지만, 적은 항상 우리들의 죄를 들추어내며 우리를 긴장하게 만들기 때문이다. 결코 적의 비판을 가볍게 여기지 말라.

기幾·기機·기期를 본다

'기幾'는 '아주 사소한' '조짐' '기미' 등을 의미한다.

'기機'는 장치를 움직이는 작은 나무 축을 말한다. 거기에서 사물의 장치 중 가장 긴요한 부분, 급소나 요소라는 의미를 가지게 되었다.

'기期'는 약속된 때이다. 때가 무르익고 시기가 다된 것이다.

'기幾와 기機와 기期를 본다' 함은 매사를 성취하기 위해 필요한 힘, 다시 말해 능력이다. 극히 미미한 사물의 변화 조짐을 깨닫고 그 사물을 움직이는 급소에 초점을 맞춘다면, 그 다음은 시기가 무르익는 것을 기다리는 일이 중요하다.

1+1 하루를 두 배로 사는 인생 독본

말은 행위이다. 자기 자신이 느끼지 않은 일은 입 밖에 내지 말라. 거짓으로써 그대의 마음을 어둡게 하지 말라.

몽蒙은 형통하다.
내가 어리고 몽매한 이를 찾는 것이 아니라
어리고 몽매한 이가 나를 찾아옴이니.
처음 점치거든 알려 주고
두 번 세 번 하면 더럽히는 것이다.
더럽히면 알려 주지 말아야 하니,
바르게 함이 이로우니라.

12

십이월

선을 베풀고도

자랑하지 아니하니

그 덕이

세상을 감화시킨다

신처럼 훌륭한 무예와 용맹

신神으로서 미래를 알고 지혜로서 지나간 것을 간직함이니,
누가 이같이 함이랴. 옛날에 총명예지와 신무를 갖추고도
사람을 죽이지 않은 자이리라.

神以知來 知以藏往 其孰能與於此哉 古之聰明叡智神武 而不殺者夫
신 이 지 래　지 이 장 왕　기 숙 능 여 어 차 재　고 지 총 명 예 지 신 무　이 부 살 자 부

계사상전繫辭上傳

영묘한 덕으로 미래를 알고, 지나간 과거를 간직하는 예지를 지
닌다. 과거와 현재, 미래를 장악하는 일이 누구에게 가능할 것인
가. 그것은 총명하고 예지로우며 신무를 갖추고도 사람을 죽이지
않았던 고대의 성인일 것이다.

'신무神武'라 함은 마치 신과도 같은 훌륭한 무예와 용맹을 말한
다. 형벌을 사용하거나 위협을 가하지 않아도 마음 놓고 일을 맡길
수 있는 무덕武德이다.

379

1+1 하루를 두 배로 사는 인생 독본

남에게서 주입되는 사상이나 행위는 자신의 양심이나 이성의 힘보다 강하다. 남으로부터 주입
된 것이 더욱더 세게 그 사람을 지배하면 그는 태연하게 양심에 위배되는 일을 하게 된다.

바르다는 것을 자랑하지 않는다

세상에 선을 베풀고도 자랑하지 않으니
그 넓은 덕이 세상을 감화시킨다.

善世而不伐 德博而化
선 세 이 불 벌   덕 박 이 화

──── 문언전文言傳 ────

　올바른 일을 했다 하여, 혹은 멋진 상품을 세상에 내놓아 칭송을 받았다 하여 자랑삼아서는 안 된다. 그것은 당연한 일을 한 것이므로 자랑을 함으로써 올바르지 못한 사람이나 그것을 이루지 못한 사람을 책망하는 결과로 작용해서는 안 된다.

　그리하면 그 덕은 세상에 널리 퍼져 사람을 감화시킨다. 그런 자세와 행위가 당연한 것으로서 세상에 퍼지면 사람들은 그에 감화가 된다.

1+1 하루를 두 배로 사는 인생 독본

자기의 남은 것을 줄 때나 또 자기 살림에 중요한 것을 가난한 자에게 줄 때, 그대 자신이 자비롭다고 생각하지 말라. 참된 사랑은 그 이상으로 그대 자신이나 마음의 장소를 주도록 요구하는 것이다.

물러서는 용기

항亢이란 말은 나아가는 것은 알되 물러날 줄을 모른다.
존재함을 아나 망하는 것은 모르고,
얻는 것은 아나 잃는 것을 모르게 되는 것이다.

亢之爲言也 知進而不知退 知存而不知亡 知得而不知喪
항 지 위 언 야 지 진 이 부 지 퇴 지 존 이 부 지 망 지 득 이 부 지 상

───── 문언전文言傳 ─────

'항亢'은 교만한 지도자를 비유한 말이다. 앞으로 나아갈 뿐 뒤로 물러나는 것을 모르고 번영이 지속될 것으로만 믿고 쇠퇴할 것을 생각지 않는다. 이익을 탐하여 손해 보는 것을 알지 못한다.

계속하여 칭찬만 받는 뛰어난 사람일수록 위기관리 능력을 잃어버리기 쉽다. 물러서는 것을 싫어하고 되돌아보는 것을 주저하는 일은 결국 자기 자신도, 매사도 객관적으로 볼 수 없게 됨을 나타내 보여 준다.

1+1 하루를 두 배로 사는 인생 독본

말만으로는 절대로 가르칠 수 없다. 사람들은 눈으로 본 것을 배우려 한다. 선은 모든 것에 승리하며 선은 무엇에도 정복되지 않음을 먼저 깨달아야 한다.

뛰어난 지도자의 세 가지 조건

군자는 그 몸을 편안히 한 뒤에 움직이고,
그 마음을 편히 가진 뒤에 말하며, 그 사귐을 정한 연후에 구한다.

君子 安其身而後動 易其心而後語 定其交而後求
군자 안기신이후동 이기심이후어 정기교이후구

계사하전繫辭下傳

뛰어난 지도자는 세 가지 능력을 갖추고 있다.

하나, 위험한 때에는 움직이지 않는다. 질 싸움은 처음부터 하지 않는다.

둘, 잘 생각하고 확신을 갖고 나서 쉬운 말로 이야기한다. 생각 나는 대로 말하는 일은 없다.

셋, 사람과는 친하게 교제하여 그 신뢰를 깊이 한 다음 매사를 구한다.

1+1 하루를 두 배로 사는 인생 독본

사람들은 신과 이웃을 사랑하는 것이 모든 규범의 전부라고 말한다. 이웃에 대한 사랑은 하나 의 기회이다. 이웃은 존재하지 않을 때도 있으나 신은 항상 존재한다. 그러므로 인간은 사막에 있거나 감옥에 있어도 신의 규범을 실현할 수 있는 것이다.

사악한 마음이 일어나지 못하게 막는다

올바르지 않은 사邪를 막고 올바른 것을 있게 한다.

閑邪存誠
한 사 존 성

문언전文言傳

'사를 막는다' 함은 외부로부터의 사악함이 아니고 자기 안에 있는 사악함과 간사함을 막는 것이다. 어떠한 사람이라도 다 올바름·참됨과 올바르지 않은 사악함의 양면을 같이 가지고 있다. 인간은 누구나 약한 존재이기에 사심이 생겨나 죄를 범할 가능성이 있다. 자신에게 사심 같은 게 있을 리가 없다고 생각한다면, 그 나쁜 마음을 막을 수가 없다.

내부에 있는 사악함을 자각하고 그것을 막기 위한 장치를 만드는 것이 중요하다. 기업에 불상사가 일어나는 것은 경영자가 '사邪를 막는' 노력은 하지 않고, 그것을 어물어물 넘겨 버리는 환경을 스스로 만든 결과이다.

1+1 하루를 두 배로 사는 인생 독본

모든 인간에게는 신의 마음이 깃들어 있다. 신은 인간에게 생명을 주셨으므로 우리는 모든 인간의 마음을 사랑할 뿐만 아니라 신성한 것으로 존중해야 한다. 또한 모든 인간에게는 이웃에 대한 의무 외에도 신의 자녀로서 자신에 대한 의무가 존재한다.

너무 지나침을 주의하라

나는 새는 소리를 남기니 위로만 오름은 마땅하지 않고,
아래로 흐르듯 하면 크게 길하다.

飛鳥遺之音 不宜上 宜下 大吉
비 조 유 지 음 불 의 상 의 하 대 길

──── 뇌산소과雷山小過 ────

　나는 새의 우는 소리가 들리나 모습은 보이지 않는다. 너무 높이
날아올랐기 때문에 멈출 곳을 찾지 못하고 지쳐 버린다. '너무 날
아올랐구나' 하고 바보 같은 짓을 했다는 생각이 들면, 빨리 힘을
빼고 지상에 내려앉아 쉬며 편안함을 얻는 것이 좋다.

　이는 지나침을 경고하는 것으로 일생의 모든 일에 있어서의 교
훈이다. 뇌산소과의 괘 이름인 '소과小過'는 조금 지나친 것을 말한
다. 일상적인 일에 관해 조금씩 지나치거나 잘못이 있는 때를 일컫
는다.

384

1+1 하루를 두 배로 사는 인생 독본

우리가 착각에 빠지는 것은 나쁜 생각으로 인한 것보다, 나쁜 생활로 인해 생기는 결과이다.
전혀 새롭게 다시 살고자 하는 것은 어려운 일이다.

대전환기의 기세

호소할 데가 없으니 마지막에 흉함이 있다.

无號 終有凶
무 호 종 유 흉

택천쾌澤天夬

택천쾌의 괘는 권력자를 배제할 때를 말하는 것이나, 여기서는 쫓기는 권력자에 대해 이야기하고 있다. 아무리 도와 달라고 외쳐도 도움의 손길은 찾아오지 않는다. 마지막에는 궁지에 몰려 추락하게 되므로, 큰마음 먹고 스스로 물러서야 한다고 타이르고 있다.

'쾌夬'는 물에 밀려 터지고 무너진다는 표현의 결괴라는 뜻도 있어서, 때가 도래하여 세력에 억눌려 깨어지는 것이다. 시대의 전환기에는 그 행동의 선악에 관계없이 '그 시기의 기세'에 의해 멸망하게 되는 일이 있다.

1+1 하루를 두 배로 사는 인생 독본

세계의 모든 것은 변화하며 원을 그리면서 움직이고 있다. 인류도 그와 같이 변화하고 있으나 우리들은 인류가 그리는 원 전체를 볼 수 없다. 우리들은 원을 그리면서 항상 하나의 점 위에만 있기 때문이다.

노력에 대한 보상을 바라지 않는다

왕의 신하가 건건蹇蹇함은
그것이 자신을 위해서가 아니기 때문이다.
상象에 이르길 왕의 신하가 온갖 어려움을 겪는다 함은
끝내 누구를 원망하는 허물이 없기 때문이다.

王臣蹇蹇 匪躬之故 象曰 王臣蹇蹇 終无尤也
왕 신 건 건 비 궁 지 고 상 왈 왕 신 건 건 종 무 우 야

──── 수산건水山蹇 ────

　수산건의 괘는 큰 장해로 인해 전진이 가로막히는 험난한 때를 나타낸다. 왕의 신하는 국가의 난을 구하려고 명예나 출세, 보상 같은 개인의 이득을 따지지 아니하고 몸이 가루가 되도록 '건건'한다. 이토록 온갖 어려움을 겪으며 노고를 거듭하나 실력이 미치지 못하여 험난함을 벗어날 방법이 없다.

　이같이 험난한 때는 아무리 노력을 해도 보상받지 못하는 일이 있다. 그래도 성과를 바라지 않고 진력해야 한다는 가르침을 주고 있다.

1+1 하루를 두 배로 사는 인생 독본

죽음과 고통에서 탈피할 수 있는 길은 오직 이성의 법칙에 순응하고 사랑을 실천하는 생활뿐이다. 죽음과 고통은 인간 자신이 범한 생명의 법칙에 대한 죄악에 불과하다. 참된 법칙을 따라 살아가는 사람에게는 죽음도 고통도 존재하지 않는다.

괴로운 가운데 배우기를 멈추지 않다

험난함 속에서도 기쁨을 가지고, 곤궁한 가운데도
형통함을 잃지 않는 것은 누구런가? 오직 군자뿐이리니.

險以說 困而不失其所亨 其唯君子乎
험 이 열 곤 이 부 실 기 소 형 기 유 군 자 호

───── 택수곤澤水困 ─────

곤궁함이 극한 험난함에 처하더라도, 그것을 극복했을 때의 기쁨을 믿고 해 나갈 수 있는 자는 군자뿐이다. 그러나 누구라도 곤란 속에서 배우려고만 한다면 그 고통이 무엇을 가르쳐 주고 있는가를 납득하게 될 것이다. 이를 '곤학困學'이라 한다.

고난을 겪으면서도 배우지 못하는 자는 소인이며 그러한 소인인 채로서는 곤궁을 벗어나기 어렵다.

1+1 하루를 두 배로 사는 인생 독본

인간의 모든 사명은 생명에 대한 봉사이다. 일부의 사람에게만 봉사하고 다른 것들에는 악을 행하는 그런 일이 결코 아니다.

진정한 권위에 머리를 숙이다

호랑이 꼬리를 밟아도 사람을 물지 않으니 형통한다.

是而履虎尾 不咥人 亨
시 이 이 호 미 부 질 인 형

──── 천택리天澤履 ────

 '호랑이 꼬리를 밟는다' 함은 극히 위험한 상태를 비유한 말이다. 이 말의 출처인 천택리는 분수에 지나친 위험한 일을 저질러도 호랑이에게 먹히지 않고 끝까지 이루어 낼 수 있다는 뜻이다.

 '리履'는 짚신을 뜻하는 초리草履의 '리'로 밟는다는 의미가 있다. 무엇을 밟느냐 하면 '예禮를 밟는 것'이다.

 자신이 '분수에 지나친 대업을 이루려 하는구나' 하는 자각이 든다면, 힘이 있는 사람에게 머리를 숙이고 겸허하게 매사를 배우려고 해야 한다. 그 같은 자세를 일관한다면 곤란함이나 위험을 극복해 낼 수 있다고 하는 것이다.

1+1 하루를 두 배로 사는 인생 독본

'남들도 그러니까'라는 말은 우리를 불행으로 유혹하는 가장 보편적이고 일반적인 표현이다. 이 세상에는 악이 존재하지 않는다. 악은 다만 우리 마음속에 있다. 그러므로 없애 버릴 수 있는 것이다.

황금의 귀

정鼎에는 황색의 솥귀와 금현이 있으니 바르게 함이 길하다.

鼎 黃耳金鉉
정 황 이 금 현

---화풍정火風鼎---

정鼎은 고대 중국에서 공물供物을 삶아내기 위한 큰 솥 모양의 제기祭器로, 국가의 권위를 상징하는 것이었다.

이 정에는 짊어지고 나르기 편하게 하기 위해 솥귀 구멍에 꿰는 고리가 붙어 있었다. 솥귀가 깨져 있으면 공물을 나를 수 없다. 때문에 솥귀는 나라의 권위를 유지하기 위한 요처로서 '왕의 귀'에 비유된다.

솥귀에 뚫려 있는 구멍, 즉 왕의 귀에는 '금현'이 끼워져 있다. 금으로 된 솥귀고리는 현자의 간언이나 지혜, 밝은 뜻을 나타낸다는 점에서 허심탄회하게 다른 사람의 의견에 귀를 기울이는 일국의 지도자의 귀를 '황금의 귀'라고 한다.

1+1 하루를 두 배로 사는 인생 독본

모든 노동 중에서 가장 기쁨과 보람이 많은 것은 농사이다. 농경은 인간에게 적합한 일 중의 하나일 뿐만 아니라 모든 사람에게 가장 적합한 자연스러운 일이다. 그리고 가장 큰 행복과 독립을 가져오는 일이다.

삼가야 할 때가 있다

주머니를 동여매듯 하면 허물도 없고 칭찬도 없다.

括囊 无咎无譽
괄 낭 무 구 무 예

───── 곤위지坤爲地 ─────

'괄낭'은 주머니 입구의 끈을 단단히 동여맨다는 말이다. 자신의 재능을 밖으로 드러내지 않고 입을 굳게 다물며 쓸데없는 말을 하지 않으면 명예도 얻지 못하고 인정도 받지 못하지만, 심한 비난도 받지 않는다. 말이 많은 것은 금물이라는 뜻이다.

'주머니를 동여맨다' 함은 능력을 내세우면 비난을 받을 법한 경우에 일시적으로 몸을 지키는 수단이 된다는 것이다. 긴 인생에서는 세상으로부터 무능한 사람 취급을 받더라도 남이 모르게 일을 해야 할 때가 있다.

1+1 하루를 두 배로 사는 인생 독본

이 현세의 생활에 대한 깨달음을 얻지 못하던 나는 고뇌 끝에 깨달았다. 절망 대신, 죽음에 의해서는 파괴되지 않는 생활의 기쁨과 행복을 경험했던 것이다.

스스로 알고 멈춘다

돈독하게 멈추니 길하다.

敦艮吉
돈 간 길

───── 간위산艮爲山 ─────

간위산의 괘는 멈출 때의 마음 자세에 대해 말하고 있다. 멈춰야 할 때 돈독하게 그친다. 그것이 길하다는 뜻이다.

만약 자신의 희망을 이루지 못한 채 억지로 멈추지 않으면 안 되는 경우 멈춰져야 한다면 초조감이 일게 된다.

그러나 자신의 기량을 알고 스스로 그치는 것이라면 아무런 제한도 느끼지 않고 마칠 수 있다. 그러한 자세라면 멈출 때는 자유롭게 멈추고 움직일 때도 자유롭게 움직일 수 있다.

1+1 하루를 두 배로 사는 인생 독본

신앙은 행위에서 나타난다. 그리고 사랑에서 완성된다. 자신과 남의 말을 믿지 말라. 다만 자기와 남의 행위를 믿어라.

미덕의 지극함

아름다움이 그 안에 있어 사지四支에 창달하고
사업으로 나타나게 되니, 덕의 아름다움이 지극하다.

美在其中 而暢於四支 發於事業 美之至也
미 재 기 중   이 창 어 사 지   발 어 사 업   미 지 지 야

───── 문언전文言傳 ─────

　겸허, 유화, 수용의 정신이 체내 구석구석까지 미치게끔 된다
면, 덕은 그 사람의 행동에 나타나는 것이 아니라 행하는 사업에
나타난다. 그것을 미덕의 지극함이라고 한다.
　미덕이란 음의 덕을 말한다. 숨긴 것, 감춰진 것이 빛이 새어 나
오듯이 밖으로 나타난다. 그것이 미덕이다.

1+1 하루를 두 배로 사는 인생 독본

그대가 어떤 불만을 느끼고 무엇인가 두려워하는 것은 그대 속에 존재하는 신의 사랑을 불신
하는 데 있다. 만일 그대가 신을 믿는다면 어떤 소원도 불만족스럽게 끝나지 않을 것이다. 그
대 속에 존재하는 신의 소망은 언제나 성취되는 것이기 때문이다.

혼인하는 각오

제을帝乙이 누이를 시집보내니 그녀의 옷소매가
잉첩의 화려한 옷소매에 미치지 못한다.
달이 보름에 가까우니 길하다.

帝乙歸妹 其君之袂 不如其娣之袂良 月幾望 吉
제 을 귀 매　기 군 지 몌　불 여 기 제 지 몌 량　월 기 망　길

───── 뇌택귀매雷澤歸妹 ─────

'제을'은 은 왕조의 천자이다. 천자가 누이를 가신에게 시집보내
는데 누이는 그 시집가는 날에 같이 따라가는 시첩보다도 격이 떨
어지는 옷을 입는다.

이는 몸에 걸치는 옷만을 이야기하는 것이 아니다. 꾸밈없는 마
음으로 교만하지 아니하며 시가嫂家를 따르리라는 결의가 되어 있
음을 나타낸다. 『주역』에서는 겸양하며 결코 교만하지 않은 자세는
보름달같이 아름답고 길하다고 말하고 있다.

1+1 하루를 두 배로 사는 인생 독본

진리는 선 자체는 아니나 모든 선한 것의 필요 불가결한 조건이다. 거짓은 인위적인 지지를 필
요로 하지만, 진리는 언제나 독자적으로 존재한다. 거짓은 잠시 동안만 있을 뿐이다. 그러나
진리는 모든 과거로부터 미래까지 곤란과 의혹 회피, 간계, 모든 허언을 빠져나가 영존한다.

균형을 맞춘다

군자는 이로써 넘치는 데에서 덜고 모자란 데에 더하며
물건을 저울질하여 공평하게 베푼다.

君子以裒多益寡 稱物平施
군 자 이 부 다 익 과 칭 물 평 시

───── 지산겸地山謙 ─────

'겸謙'에는 넘치는 것을 덜어 모자란 것을 채운다는 의미가 있다. 많은 곳에서 끌어모아 적은 곳에 더하고, 매사에 있어 전체를 생각하여 베풂으로써 균형을 맞춘다.

예를 들어 사람이 필요로 하는 물건이 남아돈다면 그것을 모아 부족한 데로 돌린다. 그렇게 고르게 함으로써 사회나 조직은 안정되고 앞으로 뻗어 나가게 된다.

1+1 하루를 두 배로 사는 인생 독본

가정에 대한 사랑을 구실로 악행이 일어난다. 조국에 대한 사랑을 이유로 가장 무서운 악이 자행된다. 사랑이 인생에 의미를 준다는 것은 이미 알려진 진리이지만 도대체 어떠한 것에 참된 사랑이 존재하는가? 잘못된 사랑이라고 불리는 것, 또는 사랑의 탈을 쓰고 있는 것은 참된 사랑이 아님을 보여 줄 뿐이었다.

바람을 읽는다

바람이 땅 위를 지나가는 것이 관觀이다.

風行地上觀
풍 행 지 상 관

풍지관風地觀

관觀은 바람이 땅 위를 두루 불며 지나가는 것이다. 풍지관의 괘는 때의 변화와 방향을 알고 기미를 살피는 통찰력을 말하는 것인바, 통찰이란 말하자면 바람을 읽는 일이다. 바람은 항시 흘러간다. 눈에 보이지 않고 귀로 들을 수도 없으나 그 강함과 방향을 몸으로 체감할 수가 있다.

시간도 이와 같이 눈에 보이지 않고 귀에도 들리지 않는다. 그러나 자신의 주위에 있는 모든 것이 '지금'이라는 시간과 그 방향을 나타내고 있는 것이므로 잘 보면 보이게 된다.

1+1 하루를 두 배로 사는 인생 독본

해결하기 힘든 문제가 그대를 괴롭힐 때면 스스로를 건강한 신체 중의 병든 한쪽 다리라 생각하고, 건강한 신체의 아픈 일부분이라고 생각하라. 그리고 온몸에게 이 한쪽 다리에 협조해 줄 것을 부탁하라. 온몸은 신神이며 병든 한쪽 다리는 자아이다.

순리에 거스르지 않는다

군자는 해가 저물어 어두워지면 집에 돌아가 편히 쉬어야 한다.

君子以嚮晦入宴息
군 자 이 향 회 입 연 식

─────── 택뢰수澤雷隨 ───────

　날이 저물어 어두워진 때는 집에 돌아가 쉬라고 말하고 있다. 때에 따른다는 것은 자연의 시간에 거스르지 않음이다. 기세가 약해졌을 때는 억지로 일을 추진해도 막힐 뿐이다.

　그러나 때에 따른다면 그 때를 원군으로 삼을 수 있다. 때를 원군으로 삼는다면 언젠가 때를 이용할 수 있게 된다. 이렇듯 택뢰수의 괘는 따르는 것의 묘를 가르치고 있다.

1+1 하루를 두 배로 사는 인생 독본

악을 뿌리째 뽑아서 바르게 살기 위해 노력하는 것은 헛된 일이란 의견을 종종 듣는다. 모든 것은 그 자체로서 성취되며 진화는 자연의 결과라는 의견인데, 이것은 마치 한 무리의 사람들이 보트를 타고 가는 도중에 사공이 벌써 육지에 내려 버렸는데도, 지금까지 보트가 나아가고 있었으므로 노를 잡지 않고도 계속 나아가리라고 생각하는 것과 비슷하다.

해산과 대단결

그 무리를 흩트리면 크게 길하다. 흩트리는 데는
언덕 같은 큰 공이 있으니 범인들의 생각 밖의 일이다.

渙其羣元吉 渙 有丘匪夷所思
환 기 군 원 길 환 유 구 비 이 소 사

───── 풍수환風水渙 ─────

'군羣'이란 자신의 동료, 소속 단체, 사당私黨을 일컫는 말이다.
'환渙'은 예를 들자면 스스로 파벌을 해산시키는 것이다. 나라가
혼란에 빠져 있다는 것은 파벌 간에 싸움이 있기 때문이다.

파벌을 해체하면 고립무원의 처지로 떨어질 것으로 생각하나 오
히려 해산함으로써 대단결이 이루어질 수 있다. 그리고 그것은 보
통 사람은 거기까지 생각이 미치지 못하는 일이라는 뜻이다.

'이夷'는 상인常人, 보통 사람이라는 의미이다.

1+1 하루를 두 배로 사는 인생 독본

진정한 행복은 항상 우리들의 손에 달렸다. 그것은 그림자처럼 착한 생활의 뒤를 따르는 것이
다. 선과 악을 구별하는 데는 오직 하나의 기준이 있다. 사랑을 더하고 사람들을 하나로 결합
시키는 행위는 선이며 정의를 낳고도 사람들을 이간시키는 행위는 악이다.

변화를 알고 대응해 나간다

군자는 소식영허消息盈虛하는 하늘의 섭리를 숭상한다.

君子尙消息盈虛 天行也

군 자 상 소 식 영 허   천 행 야

───── 산지박山地剝 ─────

산지박의 '박剝'은 벗겨 낸다, 깎는다는 뜻이다. 음의 기운이 왕성하게 되어 양이 쇠하는 시기로서 함락, 붕괴 같은 것을 의미한다.

'소식영허'라 함은 소멸되었다가 다시 살아나고, 가득 차면 다시 텅 비게 되는 것을 일컫는 말로 천지의 시운時運이 변하고 바뀜을 뜻한다. 아침은 밤이 되고 밤은 또다시 아침이 되듯이, 음양의 대립되는 두 기운이 서로 드나들면서 변화해 가는 것을 말한다.

역易은 변화를 소중히 여긴다. 변화가 없으면 발전도 없다. 가혹한 시대가 찾아와도 진퇴를 정하고 그에 대응해 나감이 중요하다.

1+1 하루를 두 배로 사는 인생 독본

불합리와 어리석음 때문에 겪은 고통은 총명하고 합리적인 생활이 필요로 하는 자각으로 이어진다. 나 역시 내가 경멸해 마지않는 도둑과 다름없이 부끄러운 생활을 해 왔고 여전히 하고 있음을 알았으며, 주위의 많은 사람들도 그와 같은 경우이리라 생각했다. 이 세상에는 무의미한 고통과 죄악으로 가득 차 있는 것이라 여겼다.

바뀐 시점에는 변화를 실감하지 못한다

그 길을 반복하여 7일 뒤에는 되돌아온다.

反復其道 七日來復
반 복 기 도   칠 일 내 복

───── 지뢰복地雷復 ─────

'일양내복一陽來復'은 동지의 다른 말이며 지뢰복은 동지를 나타내는 괘이다. 동지는 음이 다하고 양이 회복되는 분기점으로 이 괘는 회복, 부활, 복귀의 시기를 말한다.

'칠일내복'이란 양기가 극에 이른 하지부터 세어서 7개월, 7번의 변화를 거쳐 양기가 다시 찾아드는 것을 말한다. 동지는 연중 가장 해가 짧고 겨울이 극에 달한 시기이다. 이날을 경계로 해는 길어지고 봄으로 향한다. 동지는 음이 극에 이른 때이며, 그 순간에 양으로 바뀌어 가기 시작한다. 그러나 '일양내복'이라고 해도 동지 후에는 소한, 대한이 있어서 본격적인 겨울 추위가 찾아든다. 겨우 봄이 찾아옴을 실감할 수 있는 것은 입춘이다.

'일양내복'은 『주역』이 가르치는 '조짐'이다. 음에서 양으로 그 흐름이 바뀌었으나, 바뀐 시점에서는 그 변화를 실감할 수 없다. 하지만 매사에는 춘하추동과 같은 음양의 도를 반복하는 법칙과 전환점이 반드시 있다. 그 법칙성을 깨닫고 눈에 보이지 않는 조짐을 읽어 내는 눈을 길러 주려는 것이 『주역』이다.

1+1 하루를 두 배로 사는 인생 독본

자의식의 가장 높은 정점에서 인간은 고독하다. 그 고독감에는 고뇌가 따른다. 어리석은 자들은 그 고독감의 고통에서 벗어나기 위해서 허둥대며 높은 정점에서 낮은 곳으로 내려와 버린다. 하지만 성자는 기도에 의하여 그 정상에 머무른다.

양의 기운을 길러 재출발하는 날

선왕이 이로써 동짓날에 관문을 닫고 장사나 여행을 금하고,
임금은 지방 시찰을 하지 않음이라.

先王以至日閉關 商旅不行 后不省方
선 왕 이 지 일 폐 관 상 여 불 행 후 불 성 방

———— 지뢰복地雷復 ————

'지일'이란 동짓날을 말한다. 동지는 새로운 양기가 회복되는 '일
양내복'의 때이다. 고대 중국에서는 동지에는 관문을 닫고, 상인이
나 여행자의 통행을 금했으며 또한 군주는 정치 활동이나 지방 순
시를 쉬며 양기를 길렀다.

동지는 막 생기기 시작한 양의 기운을 길러 재출발하는 날이라
는 의미로서 앞으로의 1년을 구상하는 날이었다.

1+1 하루를 두 배로 사는 인생 독본

사회제도의 개혁에 방해가 되는 것은 외형적인 형식을 변화시킴으로써 개혁이 가능하다는 생
각이다. 이 그릇된 생각은 사람들이 자신의 과업을 목적에 알맞게 하도록 돕지 않고, 도리어
사회제도의 개혁에 필요한 것들로부터 요원하게 만든다.

'주역'의 원리

그 이름을 칭함이 잡다하면서도 도를 넘지는 않으나,
그 유類를 많이 헤아리는 것은 쇠퇴한 세상의 뜻일 것이다.

其稱名也 雜而不越 於稽其類 其衰世之意耶
기 칭 명 야   잡 이 불 월   어 계 기 류   기 쇠 세 지 의 야

──── 계사하전繫辭下傳 ────

'주역'은 갖가지 사물과 현상을 나타내며 잡다한 말로 표현되고 있으나, 원리 원칙의 근간을 벗어나는 일은 없다.

『주역』에 화를 우려하고 경계하는 가르침이 많은 것은, 번영한 것은 반드시 쇠하고 혼란해진다는 영고성쇠의 원리를 스스로의 몸으로써 경험한 사람들이 그것을 썼기 때문이다.

1+1 하루를 두 배로 사는 인생 독본

성인의 지혜란 인생에 적용될 수 있는 영원의 진리를 아는 것이다. 박학과 성지聖智가 일치되는 일은 드물다. 성자는 많은 것을 아는 사람이 아니라 모든 사람에게 필요한 것들을 알고 있을 뿐이다. 성자가 알고 있는 것은 의심할 여지가 없는 진리이다.

늙어 감을 즐기다

날이 기울어 감이니 이離이다. 부缶를 두드리고 노래하지 않으면
상늙은이가 탄식함이니 흉하다.

日昃之離 不鼓缶而歌 則大耋之嗟 凶
일 측 지 리 불 고 부 이 가 즉 대 질 지 차 흉

───────── 이위화離爲火 ─────────

'일측지리'라 함은 날이 기울어 해가 서산에 걸리는 것을 말한
다. '대질'은 99세, 100세가 다 된 노인이다. 인생의 종말을 맞아
일용으로 쓰는 술 그릇을 두드리며 노래하고 즐길 수가 없으면 늙
음을 탄식할 수밖에 없게 된다는 의미이다.

해가 반드시 기울듯이 사람도 나이를 먹고 죽어 다음에 태어날
생명에 역할을 계승하고 간다. 살아 있는 것은 반드시 죽는다는 사
실을 받아들여 천명이 다함을 즐기자. 죽고 싶지 않다고 생각하는
것은 때를 모르는 사람이다.

1+1 하루를 두 배로 사는 인생 독본

정신의 발달은 유년 시절부터 시작된다. 그리고 육체의 힘이 쇠퇴함에 따라 정비례로 정신력
은 완성되어 간다. 육체적인 힘의 감소와 정신력의 성장은 똑바로 세운 원추형과 거꾸로 세운
원추형과 같이 정비례하는 것이다. 정신의 성장을 위해서 힘쓰라. 다른 사람들의 정신의 성장
을 도와라. 거기에 모든 생활이 존재하고 있다.

하루를 열심히 살자

해는 중천에 있으면 곧 기울고 달도 차면 바로 보이지 않는다.
천지의 영허盈虛는 때와 더불어 변화하고 순환한다.

日中則昃 月盈則食 天地盈虛 與時消息
일 중 즉 측 월 영 즉 식 천 지 영 허 여 시 소 식

─────────── **뇌화풍雷火豐** ───────────

　뇌화풍은 풍요로운 때를 여하히 유지할 것인가를 말해 주는 괘
이다.

　태양은 중천에 오르면 그 다음은 반드시 서쪽으로 기운다. '영허'
는 가득 참과 비움, 번영과 쇠퇴를 뜻한다. 달은 가득 차면 반드시
이지러진다. 가득 차는 것도 기우는 것도 때에 따라 변화해 간다.

　사람도 영고성쇠를 면할 수는 없으나 근심한다 해서 별 도리가
없다. 풍요롭고 왕성한 기세를 잃어버리지 않도록 매일매일 가능
한 한의 노력을 다하여 밝은 지혜와 통찰력을 연마하고 행동해야
할 것이다.

403

1+1 하루를 두 배로 사는 인생 독본

일하는 자만이 자선의 행복을 알 수 있다. 게으름뱅이 부자에게는 이 기쁨을 아는 것이 허용
되어 있지 않다. 또한 자선은 자기 집에서부터 시작된다. 만일 자선을 베풀려고 멀리 떠난다면
이를 진정한 자선이라고 부를 수 없다.

지혜

쉽고 간결한 가운데 천하의 이치가 얻어진다.

易簡而天下之理
이 간 이 천 하 지 리

계사상전繫辭上傳

　쉽고 간결한 시기 변화의 도리를 알아 매일 사용함으로써 천하의 이치를 깨닫는다.

　하루는 아침 점심 저녁, 1년은 춘하추동으로 이루어진다. 그 순서를 틀리지 아니하고 순환하며 인간도 또한 탄생, 성장, 성숙의 단계를 거쳐 쇠한 뒤 시초의 혼돈으로 돌아간다. 만상은 이 원리원칙에 따라 변화한다.

　이 이치를 매일 매일 실천하여 되살림으로써 복잡한 세상만사에 단순 명쾌하고 간결한 한 줄기의 도리를 찾아낼 수 있다. 그것이 천하의 이치이고 그것을 손에 넣는 실천을 지혜라고 한다.

1+1 하루를 두 배로 사는 인생 독본

인간은 그 무엇보다도 유년 시절에 받은 인상을 강렬하게 가지고 간다. 그러므로 눈으로는 전혀 반대의 실례를 보이며 좋은 책을 읽힌들 아무런 소용이 없다. 아이들에게 중용, 공손, 근로, 봉사를 가르치는 것은 무엇보다 필요하지만 아무리 그런 일을 가르쳐도 부모가 게으르고 사치스러운 생활을 보내며 생명을 학대한다면 무용한 일이 된다.

인생은 나그네 길

새 둥지가 타 버리니 나그네가 첫길에는 웃으나
나중엔 울부짖는다. 소를 쉽게 잃어버리니 흉하다.

鳥焚其巢 旅人先笑後號咷 喪牛于易 凶
조 분 기 소   여 인 선 소 후 호 도   상 우 우 이   흉

───── 화산여火山旅 ─────

　여행길에서 자기 집에 있는 양 으스대면서 지내면, 사람 눈에 띈
새집이 망가져 버리듯이 쉽게 숙소를 잃어버리고 만다. 소를 잃듯
이 재산을 잃어버린다는 말이다.

　오만한 나그네는 처음엔 웃고 지내더라도 나중에는 울부짖는 처
지가 된다. 여행이 길어질수록 잠자리를 빌려 사는 신세라는 입장
을 잊어서는 안 된다. 사람의 일생도 긴 여행길과 같다. 오만해지
지 않도록 주의해야 한다.

1+1 하루를 두 배로 사는 인생 독본

교회의 지도자들이 '신은 우리에게 맡기어졌다'라고 선포했을 때부터, 인간의 내면적인 존재
보다 외면적인 권위를 존중하게 되었을 때부터, 또는 인간 내부에 존재하는 이성과 양심보다
교회의 교리나 결의를 신성시하고 중요하다고 인정하였을 때부터, 사람의 몸과 마음을 어둡게
하고 수많은 사람을 멸망시키며 무서운 결과를 낳게 한 허위가 시작되었다.

거듭나 끊임없이 변천한다

비좀가 끝나면 기울어질 것인즉 어찌 가히 길다 하리오.

否終則傾 何可長也
비 종 즉 경 하 가 장 야

천지비天地否

　인재에 의해 초래되는 무도한 난세, 암흑의 시대인 '비否'도 그리 오랫동안 지속되는 것은 아니다. 생생生生하게 유전流轉하며 한시라도 멈추지 않는 것이 자연의 섭리이다. 좋은 때가 있는가 하면 나쁠 때도 있듯이 시간은 끊임없이 순환하고 있다.

　그런 까닭에 인정이 통하지 않는 절망적인 상황이라 해도 반드시 그 상황을 타개하려고 하는 힘이 생기게 된다. 부정적인 시대, 옳지 못한 때는 반드시 태평 시대를 향해 회복되어 가는 것이다.

1+1 하루를 두 배로 사는 인생 독본

종교상의 미신 중에는 인간의 약점을 신이 묵인해 준다는 희망을 품게 하는 어리석은 생각도 존재한다. 이는 참으로 해로운 것이다. 인간의 참된 성품은 자신의 생활이 부정하다는 것을 인식하며 개선하려고 노력하는 데 있다.

쓸데없는 번민을 하면 멀리 돌아가게 된다

천하에 돌아가는 곳은 같아도 길을 달리하며,
이루는 것은 하나라도 백 가지를 생각하니 어찌 생각함이 좋으리오

天下同歸而殊塗 一致而百慮 何思何慮
천 하 동 귀 이 수 도   일 치 이 백 려   하 사 하 려

계사하전繫辭下傳

'도塗'는 길, 돌아오는 길이다. 천하의 일은 돌아갈 곳은 같더라도 사람은 특히 각자의 길을 가며 이것저것을 고려하며 산다. 사람의 인생길은 여러 갈래이다.

그러나 어떠한 경로를 통하더라도 도달하는 곳은 결국 하나라고 생각하면 무엇을 그리 번민할 필요가 있을 것인가. 쓸데없이 번민을 하면 멀리 돌아가게 되고, 길을 잃고 헤매게 된다. 자연의 추세에 따른 길로 나아가는 것이 제일이다.

1+1 하루를 두 배로 사는 인생 독본

살아날 가망이 없는 상황, 동사할 위험, 파선에서의 굶주림, 고독한 상황에서 죽음에 임박한 인간, 단순히 언제 죽을지 모르는 인간, 또는 벙어리나 장님이 될지도 모르는 인간까지……. 자기가 이러한 인간임을 깨달았을 때 어찌 기도 없이 살아갈 수 있겠는가?

미숙함을 몸에 사무치게 안다

미제未濟는 형통한다. 새끼 여우는 거의 강을 건너가는 곳에서
꼬리를 적시고 마니 이로운 데가 없다.

未濟亨 小狐汔濟濡其尾 无攸利
미 제 형 소 호 흘 제 유 기 미 무 유 리

화수미제火水未濟

화수미제의 '미제未濟'란 아직 강을 다 건너지 못했다는 것이다.
즉 아무것도 이루지 못한 미완성, 미숙한 때를 말한다. 그러한 미
숙함을 새끼 여우가 강을 건너는 것에 비유하고 있다. 여우의 풍성
하게 부풀어 오른 꼬리는 물에 젖으면 묵직해져서 헤엄치는 데 부
담이 된다. 다 자란 여우는 꼬리를 높이 쳐들고 강을 건너는 지혜
가 있지만, 새끼 여우는 강가까지 얼마 남지 않은 곳에서 꼬리를
적셔 강을 건너지 못한다.

미숙한 자는 만용을 부리며 일을 해결하려 하나, 거의 다 간 곳에
서 한 발짝이 모자란다. 새끼 여우가 실패하는 것은 지혜나 기술 이
전에 자신의 미숙함을 인식하지 못하기 때문이다. '미제는 형통한
다'는 뜻의 '미제형'이라 함은 미완성이 완성에 도달하는 것이다. '이
래서는 안 된다!' 하고 자신의 미숙함이 몸에 사무쳤을 때부터 완성
을 향한 길이 열리게 된다. 아무리 인생 경험을 쌓았다 해도, 자신
의 미숙함에 생각이 미치게 됨은 새로운 희망이기도 한 것이다.

408

1+1 하루를 두 배로 사는 인생 독본

"수고하고 무거운 짐 진 자들아! 다 내게로 오라! 내가 너희를 쉬게 하리라"고 말씀하신 분은,
이 말씀을 통하여 전 인류의 희망이 되었다. 그것은 인류 전부가 무거운 짐을 지고 고통 속에
살고 있기 때문이다. 반대로 그 같은 무거운 짐을 지지 않고 다른 사람들에게 지우고 있는 사
람, 다른 사람의 노동과 박해를 이용한 사람은 과연 얼마나 많은가?

인생은 미완성으로

『주역周易』64괘는 화수미제火水未濟라는 미완성의 시기를 일컫는 괘를 그 마지막 장에 두고 있다.

완성을 끝으로 하여 만족해서는 더 이상의 발전이 없다. 사람은 자신이 미완성임을 깨닫게 되면 겸허해지고 더 노력하여 성장하려고 생각한다. 미완성이라면 끝없이 성장을 계속해 갈 수 있다. 사람은 항상 새로운 뜻을 품고 어디까지나 뻗어 나가야 한다.

1+1 하루를 두 배로 사는 인생 독본

현재는 이미 존재하지 않는 과거와 아직 존재하지 않는 미래를 잇는 한계의 점일 뿐이다. 시간은 우리들의 뒤에 있다. 시간은 우리들 앞에도 있다. 결국 시간은 우리와 함께 있는 것이 아니다. 그러므로 인간은 그의 정신력을 오직 생활이 이루어지고 있는 현재에만 집중시켜야 한다.

『주역周易』의 음양 개념

『주역』의 기초 지식과 용어를 간략하게 설명한다. 이 책을 읽는 동안 의문이 생긴 경우에 이 해설 부분을 열어 보기 바란다.

I. 음양 사상

먼저 음양의 사고방식을 알아본다. 팔괘八卦·태극도太極圖는 역易의 구성을 한눈에 보여 주는 구성도이다. 『주역』에서는 이 세계의 근본에 있는 것을 '태극'이라 한다. 태극은 음양 변화의 근원으로서 아직 음으로도 양으로도 나뉘지 않은 혼돈 상태의 에너지다.

먼저 태극을 놓고 거기에서 생기는 사상을 알기 쉽게 하기 위해 편의상 소극消極을 음, 적극積極을 양으로 하여 정반대의 특징으로 나누었다. 하늘이 양이고 땅이 음이 된다. 이와 같이 하루를 낮과 밤으로 나눈다면 낮이 양이고 밤이 음이 된다. 편의상 선과 악을 음양으로 나눈다면 선이 양이고 악이 음이다.

정正과 사邪, 그리고 움직이는 것과 멈추는 것을 음양으로 나누어 본다면, 움직이는 것은 양이고 멈추는 것은 음이다. 강약도 강이 양, 약은 음이 된다.

음	地 지	夜 야	惡 악	邪 사	止 지	弱 약	愚 우	柔 유	小 소	月 월	寒 한	女 녀	子 자	子息 자식	＋ (플러스)
양	天 천	晝 주	善 선	正 정	動 동	强 강	賢 현	剛 강	大 대	日 일	暑 서	男 남	親 친	母親 모친	－ (마이너스)

음과 양은 실제로는 하나의 존재이며, 하나의 물건이나 사상에도 음적인 측면과 양적인 측면이 있다. 예를 들어 손을 태극으로 하고 손등을 표면(양)으로 하면, 손바닥은 이면裏面(음)이다. 한 사람의 인간이라면 장점(양)과 단점(음), 또 정(양)과 사(음)의 양면을 다 갖추고 있다고 보는 사고방식이다.

또한 음양의 판단 기준은 고정된 것이 아니고 변화한다. 모친과 자식의 경우 성별로 보면 아들이 양이고 모친이 음이다. 그러면 부모 자식 간의 관계에서 본 경우는 어떤가 하면 모친이 양이고 아들이 음이 된다.

하나의 물건을 강한가(양) 약한가(음)로 판단한다고 치더라도 시점이나 상황이 변하면 음양은 바뀐다.

이들 대립하는 음양이 서로 마주 대하여 작용함으로써 모든 변화가 생겨난다. 밤(음)이 있으니 낮(양)이 있다. 정(음)이 있으므로 동(양)이 있다. 계절은 겨울(음)에서 여름(양)으로 향해 가고, 여름(양)은 다시 겨울(음)이 되어 춘하추동이 순환된다.

음양은 변화하여 순환하는 것만 아니라 서로 섞임으로써 새로운 것을 낳는 진화를 한다. 하늘에서 햇볕과 비가 대지에 내리쏟아져서 인간이나 동식물을 키우고, 남녀가 교합하여 새로운 생명이 탄생한다. 이것이 『주역』의 밑바탕이 되고 있는 음양 사상이다.

II. 8괘와 64괘

팔괘·태극도는 먼저 태극을 음과 양으로 나누고 양을 '—'으로 표시하고 음을 '--'으로 표시해 놓았다. 이것을 효爻라고 한다. 숫자로 말하면 홀수인 1이 양이고, 짝수인 2는 음이 된다.

그러나 음과 양만으로는 너무나 단순하기 때문에, 양 가운데서

도 보다 양이 강한 '양의 양'과 보다 음에 가까운 '양의 음'으로 나누었다. 마찬가지로 음 역시 음이 보다 강한 '음의 음'과 조금 양에 가까운 '음의 양'으로 나누었다.

나아가 '양의 양' 중에서도 더 양이 강한 '양의 양의 양'과 조금 음에 가까운 '양의 양의 음', 그리고 '양의 음' 중에서 좀 더 양의 기운이 강한 '양의 음의 양'과, 더 음의 기운이 강한 '양의 음의 음'으로 나눈다. 음도 이와 같이 '음의 양의 양' '음의 양의 음' '음의 음의 양' '음의 음의 음'으로 나눈다.

이 세 개의 음양의 효로 표시되는 것이 '들어맞아도 팔괘, 맞지 않더라도 팔괘'로 일컬어지는 팔괘이다. 본래는 卦를 '괘'가 아니고 '가'로 읽는다. 팔괘에 이름을 갖다 붙인 것이 '건乾, 태兌, 이離, 진震, 손巽, 감坎, 간艮, 곤坤'이라는 괘명이고, 팔괘 각각의 상징으로서 자연 속에서 '하늘天, 못澤, 불火, 우레雷, 바람風, 물水, 산山, 땅地'을 가져다 붙였다. 건乾(하늘)은 강건함, 곤坤(땅)은 순종 같은 의미가 내포되어 있다.

그런데 이 8종류로 어느 정도 사상의 성질은 알 수 있으나, 그것만으로는 세부까지 상세한 것은 알 수가 없다. 그래서 8괘를 두 번 더 겹쳐 씀으로써 64괘가 되었다.

이 음양의 효로 조합한 6개의 효를 괘의 형상이라는 의미에서 '괘상卦象'이라고 한다. 다른 의미를 갖는 8괘를 두 번 겹치게 함으로써 다시 각각 다른 의미를 갖게 되어 복잡한 사상을 나타낼 수 있게 되었다. 64괘 조견표는 상괘와 하괘로 나뉘어져 있다. 하괘는 밑에 있는 세 개의 효, 상괘는 위에 있는 세 개의 효를 말한다.

건위천乾爲天이란 괘가 있다. 이 괘는 상괘가 건乾이고 하괘도 건乾이다. 자연의 사상으로는 하늘에 해당한다. 건위천이란 '건은 하늘이다'는 말로, 말 그대로의 의미이다. 건위천과 같이 상괘와 하괘가 같은 것으로는 태위택兌爲澤, 이위화離爲火, 진위뢰震爲雷 등 8종류가 있는데 이를 '8순괘八純卦'라고 한다.

이 8순괘 이외에 58종의 괘에는 하늘·못·불·우레·바람·물·산·땅이라는 자연현상을 나타내는 이름이 상괘에도 하괘에도 다 들어가 있다. 예를 들면 하늘과 못으로는 '천택리天澤履'가 된다.

'괘'는 어느 한 시기의 양상을 나타내고 있다. 기쁜 때, 괴로울 때, 안정 태평한 시기, 다툼의 시기 등 64종류의 시기를 펼쳐 놓고 인생의 과정에서 만나게 될 것이라고 여겨지는 모든 때와 그 경과를 나타내 보이고 있다.

말하자면 하나의 괘는 연극의 테마, 한 장면, 한 장면의 설정과 같은 것이다. 각각의 괘에 그 시기의 전체 상을 말해 주는 괘사卦辭와 그 시기의 경과를 6단계로 설명하는 효사爻辭가 기록되어 있어서 지금의 시기, 환경, 입장에서 어떻게 해야 할 것인가 하는 대처 방법을 제시해 준다.

III. 『주역』의 구성

이 책은 『주역』의 말을 발췌해서 소개하고 있다. 따라서 『주역』의 책자로서의 전체 구성을 알고 넘어가기로 하자.

『주역』은 '경經'이라는 본문과 '전傳'이라는 주석·해설로 이루어져 있다. 본문은 64괘를 상경上經과 하경下經으로 나누어서 상경은 30괘, 하경은 34괘이다. '괘'에는 그 '때時'의 전모를 나타내 주는 '괘사'와 변화의 단계를 6단계로 나눈 '효사'가 기록되어 있다.

해설은 본문의 해석을 10개의 날개로 도와준다는 의미에서 '십익十翼'이라고 한다.

「상단전上象傳」「하단전下象傳」「상상전上象傳」「하상전下象傳」「계사상전繫辭上傳 「계사하전繫辭下傳」 「문언전文言傳」 「설괘전說卦傳」
「서괘전序卦傳」 「잡괘전雜卦傳」 등 10전이 있다.

• 상경·하경(『주역』의 본문)

【괘사】

괘의 총체적 뜻을 설명해 놓았다. 그 시기의 전체적인 형상. 단
사象辭라고도 한다.

【효사】

6개 각각의 효를 수식하는 말로서 그 시기와 상황의 6단계 변천
과정과 입장, 시간적인 경과, 환경, 구체적인 상황을 나타낸다. 상
사象辭라고도 한다.

• 십익(본문의 해설과 주석)

【단전】上·下

괘사(단사)의 해설. 6개 효의 조합으로, 괘의 형상에 따라 괘의 의
미를 해설한다. '단象'은 동물로, 동물의 이름을 빌린 이유는 예부
터 '동물은 쇳덩어리도 물어서 끊을 수 있다'는 말이 있어 왔기 때
문이다. '단사'는 '단정적인 말'이라는 뜻이다.

【상전】上·下

'대상大象'과 '소상小象'으로 나누어지는데 '대상'은 괘사의 해설
이다. '단전'의 해설과는 조금 다르며, 땅과 우레 등 8괘의 조합으로
부터 도덕적, 정치적인 면에서 군자가 취해야 할 자세를 말해 준다.

'소상'은 효사의 해석으로서 각 효의 의미와 위치, 다른 효와의
관련성 등을 해설한다.

【계사전】上·下

『주역』의 개론을 철학적 개념으로 해설해 놓은 것이다. 핵심을

찌르는 말을 한 자 한 자에 간결하게 담아 놓았으며 매우 아름다운 문장으로 유명하다.

【문언전】

64괘 중에서 순수한 양과 순수한 음의 괘인 건위천과 곤위지에 특히 중점을 두고 상세하게 기술한 것으로 이 두 괘에만 붙여진 해설이다.

이 책은『주역』상·하경의 본문과「계사전」상·하,「문언전」에서 글을 선별해 올린 것이다.

한문을 번역해 옮긴 글에는 상·하경에 있는 64괘의 괘명을 기록하고 계사상전, 계사하전, 문언전이라고 표기해 놓았다. 번역하여 옮긴 글은 발췌하여 소개했으니, 보다 상세한 것은『주역』전문서를 참고하기 바란다.

【서괘전】【설괘전】【잡괘전】은 점술에 사용되는 내용이 많아 이 책에서는 거론하지 않았음을 밝혀 둔다.